Paul Gallez

DAS GEHEIMNIS DES DRACHENSCHWANZES

PAUL GALLEZ

Das Geheimnis des Drachenschwanzes

Die Kenntnis Amerikas vor Kolumbus

Vorwort von
Professor Dr. Hanno Beck

DIETRICH REIMER VERLAG BERLIN

Aus dem Französischen übertragen
von Wolf-Dieter Grün

CIP-Kurztitelaufnahme der Deutschen Bibliothek

Gallez, Paul:
Das Geheimnis des Drachenschwanzes D. Kenntnis Amerikas vor Kolumbus / Paul Gallez. Vorw. von Hanno Beck. Aus d. Franz. übertr. von Wolf-Dieter Grün. — Berlin : Reimer, 1980. —
 Einheitssacht.: La protocartographie de l'Amérique du Sud du deuxième au seizième siècle ⟨dt.⟩

ISBN 3-496-00109-7

© 1980 by
DIETRICH REIMER VERLAG BERLIN
Inh. Dr. Friedrich Kaufmann
Unter den Eichen 57, 1000 Berlin-West 45

Printed in the Federal Republic of Germany 1980

Meiner Mutter und meiner Frau
gewidmet, ohne die ich diese
Studie nicht hätte durchführen
können.

Inhaltsverzeichnis

Verzeichnis der Abbildungen 11

Danksagungen 15

Vorwort: Die Alten kannten Amerika, von Hanno Beck 19

I *Die Frühkartographie Südamerikas* 27
   1. Die Frühkartographie 27
   2. Glaubwürdigkeit und Wahrscheinlichkeit in der Frühkartographie .. 30
   3. Antonio Galvão und der Drachenschwanz 31

II *Der Drachenschwanz auf den Karten von 1574–1553* 34
   1. Die Ptolemaios-Karten 34
   2. Die Karte des Giulio Sanuto von 1574 35
   3. Die Karte von Francesco Basso *(1571)* 36
   4. Von Gastaldi (1562) bis Girava (1556) 37

III *Ein einziges Amerika: Der Drachenschwanz (1550–1503)* .. 39
   1. Gastaldis Karte von 1548 39
   2. Von Vopelius 1542 bis zum Globus von Gotha 40
   3. Schöners Globus von 1533 41
   4. Die Karte von Oronce Finé von 1531 42
   5. Der Globus des Franz von Mecheln 43
   6. Die Skizzen von Alessandro Zorzi, um 1503 45

IV *Wettstreit zweier Südamerika (1534–1502)* 48

V *Drei Südamerika auf einer Karte: Waldseemüller 1506–1507* .. 53
   1. Die Datierung von Waldseemüllers Karte 53
   2. Feuerland 54
   3. Das Land Coyle 56
   4. Das Land der Alakaluf 58
   5. Die Kommentare Waldseemüllers 59

VI *Martin Behaims Erdapfel von 1492* 61
   1. Mangelnde Übereinstimmung der Reproduktionen des Globus ... 61
   2. St. Thomas in Feuerland 63
   3. Die Echtheit der Erwähnung des Heiligen Thomas 64
   4. Indien im engeren und im weiteren Sinne 65
   5. Die Tehuelche 66

VII	*Die Londoner Ptolemaios-Karte von Hammer (1489)*	67
	1. Der Kartograph Heinrich Hammer.	67
	2. Die Ptolemaios-Karten von Hammer	68
	3. Das Flußnetz auf Hammers Ptolemaioskarte aus London	69

VIII	*Weitere Identifizierungen auf der Londoner Ptolemaios-Karte von Hammer*	72
	1. Die Methode des Verzerrungsgitters.	72
	2. Längen- und Breitengrade auf Hammers Ptolemaios-Karte	73
	3. Die Konstruktion des Gitternetzes.	74
	4. Kartometrische Analyse des erhaltenen Gitternetzes	76

IX	*Südamerika auf den mittelalterlichen Radkarten*	79
	1. Kriterien für die Identifizierung Südamerikas.	79
	2. Die mittelalterlichen Radkarten	80
	3. Walspergers Karte von 1448.	80
	4. Andere Radkarten des 15. Jahrhunderts	82
	5. Radkarten aus dem 14. Jahrhundert	83
	6. Südamerika auf einer Karte aus dem 5. Jahrhundert?	83

X	*Die arabische Karte al-Hwārizmīs (833)*	86
	1. Die arabische Kartographie des Mittelalters	86
	2. Al-Hwārizmī	87
	3. Die Rekonstruktion von Hubert Daunicht.	89
	4. Der Atlantik, die Magellanstraße und Feuerland.	91
	5. Kattigara bei al-Hwārizmī	93

XI	*Ptolemaios und der Große Golf*	95
	1. Die Verkleinerung des Megas Kolpos	95
	2. Wer war Alexandros?	98

XII	*Marinos von Tyros und die Rekonstruktion seiner Karte*	101
	1. Marinos von Tyros und seine Vorstellungen.	101
	2. Der Südosten von Marinos Karte	103
	3. Hat Marinos von Tyros Karten gezeichnet?	103
	4. Die Rekonstruktion der Karte	105

XIII	*Das Rätsel von Kattigara*.	109
	1. Kattigara in Asien?	109
	2. Kattigara in Amerika	110
	3. Mögliche Ortsbestimmungen in Südamerika.	112
	4. Der heutige Stand des Kattigara-Problems.	114

XIV Die Erforschung Südamerikas in der Antike 116
    1. Hervorragende Karten ohne bekannte Quellen 116
    2. Die chinesische Hypothese 117
    3. Die ägyptische Hypothese 118
    4. Die phönizische Hypothese 120

XV Das Geheimnis des Drachenschwanzes 124

XVI Literaturverzeichnis 130

XVII Personenverzeichnis 138

Verzeichnis der Abbildungen

Kapitel II: Der Drachenschwanz auf den Karten von 1553 bis 1574
Karte 1: Weltkarte von Giulio Sanuto, erschienen in der von Girolamo Ruscelli übersetzten *Geographie des Ptolemaios*, Venedig 1574. nach Carlos SANZ (*183*, 291)
Karte 2: Karte von Francesco Basso, 1571.
  Nach IBARA GRASSO (*106*, 155)
Karte 3: Weltkarte von Jacopo Gastaldi, 1562.
  Nach Carlos SANZ (*183*, 286)
Karte 4: Herzförmige Weltkarte von Johann Honter, 1561.
  Nach Carlos SANZ (*183*, 285)
Karte 5: Weltkarte von Hieronymo Girava, 1556.
  Nach Carlos SANZ (*183*, 281)
Karte 6: Karte von Lopo Homem, Lissabon 1554.
  Nach Carlos SANZ (*183*, 279)

Kapitel III: Ein einziges Amerika: Der Drachenschwanz
Karte 7: Carta Marina Nuova Tavola von Jacopo Gastaldi, 1548.
Karte 8: Globus von Gaspar Vopelius, 1542.
  Nach Carlos SANZ (*183*, 269)
Karte 9: Herzförmige Karte von Oronce Finé, 1534–1536.
  Nach Carlos SANZ (*183*, 287)
Karte 10: Gothaer Marmorglobus, ca. 1533.
  in Mollweidischer Projektion von Werner Horn.
  Nach *Der Globusfreund* Nr. 21/23. Wien 1973.
Karte 11: Globus von Johannes Schöner, 1533.
  Nach Carlos SANZ (*183*, 255)
Karte 12: Doppelherzförmige Weltkarte von Oronce Finé, 1531.
  Nach Carlos SANZ (*183*, 253)
Karte 13: Globusentwurf von Franz von Mecheln, ca. 1528.
  Nach Carlos SANZ (*183*, 245)
Karte 14: Erste Alessandro Zorzi zugeschriebene Skizze
  Fol. 60v, Ms. Magl. VIII,81.Florenz
  Nach George NUNN in *Imago Mundi*, IX, 1952.
Karte 15: Zweite Alessandro Zorzi zugeschriebene Skizze
  Fol. 57r, Ms. Magl. VIII,81. Florenz.
  Nach George NUNN in *Imago Mundi*, IX, 1952.

Kapitel IV: Wettstreit zweier Südamerika
Karte 16: Typus Cosmographicus Universalis von Sebastian Münster, 1532.
  Nach Carlos SANZ (*183*, 254)

Karte 17: Herzförmige Weltkarte von Peter Apian, 1530.
   Nach Carlos SANZ (*183*, 252)
Karte 18: Typus Orbis Universalis von Peter Apian, 1530.
   Nach Carlos SANZ (*183*, 251)
Karte 19: Portulan von Pietro Coppo, 1528.
   Nach Carlos SANZ (*183, 249*)
Karte 20: Weltkarte von Benedetto Bordone, 1528.
   Nach Carlos SANZ (*183*, 247)
Karte 21: Weltkarte von Laurentius Frisius, 1522.
   Nach Carlos SANZ (*183*, 235)
Karte 22: Fächerförmige Weltkarte von Jan Ruysch, 1508.
   Nach Carlos SANZ (*183*, 207)
Karte 23: Fächerförmige Weltkarte von Contarini und Rosselli, 1506.
   Nach Carlos SANZ (*183*, 198)

Kapitel V: Drei Südamerika auf einer Karte
Karte 24: Weltkarte von Waldseemüller, 1506–07
   Nach Carlos SANZ (*183*, 203)
Karte 25: Weltkarte von Waldseemüller, 1507.
   Ausschnitt: Ostafrika und Malabarküste
   Nach einer Reproduktion von Carlos SANZ
Karte 26: Weltkarte von Waldseemüller, 1507.
   Ausschnitt: Drachenschwanz und verschobene Inseln
   Nach einer Reproduktion von Carlos SANZ
Karte 27: Weltkarte von Waldseemüller, 1507.
   Ausschnitt: Feuerland
   Nach einer Reproduktion von Carlos SANZ

Kapitel VI: Der Nürnberger Erdapfel
Karte 28: Der Nürnberger Erdapfel von Doppelmayr gezeichnet.
   Nach einer Reproduktion von Carlos SANZ
Karte 29: Der Nürnberger Erdapfel nach der Encyclopaedia Britannica
   Nach: Encyclopaedia Britannica, Ausgabe 1957, XIV S. 842, Stichwort *Map*
Karte 30: Der Nürnberger Erdapfel.
   Der Drachenschwanz und Feuerland nach den Fotografien des Ibero-Amerikanischen Institutes in Berlin
   Fotomontage des Instituto Patagónico in Buenos Aires
Karte 31: Der Nürnberger Erdapfel.
   Der Drachenschwanz und Feuerland auf der Reproduktion in Segmenten aus dem Besitz des Geographischen Dienstes der Spanischen Armee.

Kapitel VII: Die Londoner Ptolemaios-Karte von Hammer (1489)
Karte 32: Die Londoner Ptolemaios-Karte von Hammer
   Fol. 68 v⁰ und 69 r⁰ des Ms. Add. 15760 der British Library
   Wiedergabe vom British Library Board genehmigt.
Karte 33: Die Leidener Ptolemaios-Karte von Hammer.
   Fol. 65v⁰ des Ms. Voss. lat. F. 23 der Zentralbibliothek der Universität Leiden.
   Wiedergabe von der Universität Leiden genehmigt.
Karte 34: Hammers Ptolemaios-Karte aus Yale.
   In der Beinecke Rare Book and Manuscript Library, Yale University
   Wiedergabe mit Genehmigung der Beinecke Library.
Karte 35: Der Drachenschwanz auf der Ptolemaios-Karte aus Yale
Karte 36: Der südöstliche Teil von Hammers Londoner Ptolemaios-Karte
Karte 37: Das Flußnetz Südamerikas auf Hammers Londoner Ptolemaios-Karte und einer heutigen Karte.

Kapitel VIII: Weitere Identifizierungen auf der Londoner Ptolemaios-Karte von Hammer
Karte 38: Verzerrungsgitter der Europakarte von Willem Blaeu um 1630 *(216)*.

Karte 39: Das Verzerrungsgitter von Südamerika auf Hammers Londoner Ptolemaios-Karte.

Kapitel IX: Südamerika auf den mittelalterlichen Radkarten
Karte 40a: Rekonstruktion der *Nova Cosmographia per totum circulum* (1440)
   Tafel XIII von Dana Bennett DURAND *(46)*
   Die patagonischen Riesen werden im äußersten Süden Südamerikas erwähnt.
Karte 40b: Weltkarte von Andreas Walsperger (1448).
   Tafel XV von Dana Bennett DURAND *(46)*
   Erwähnung der Riesen in Patagonien.
Karte 40c: Karte aus der Stiftsbibliothek von Zeitz (1470).
   Tafel XVI von Dana Bennett DURAND *(46)*
   Die patagonischen Riesen werden im äußersten Süden Südamerikas erwähnt.
Karte 41: Weltkarte von Macrobius oder seinem Kopisten.
   Nach Carlos SANZ *(182)*

Kapitel X: Die arabische Karte al-Hwārizmīs (833)
Karte 42: India Transgangetica und der Drachenschwanz auf Daunichts Rekonstruktion der Karte von al-Hwārizmī
   Nach Hubert DAUNICHT *(32)*

Kapitel XI. Ptolemaios und der Große Golf
Karte 43: Karte der Oikumene nach den Vorstellungen von Klaudios Ptolemaios.
   Ulmer Ptolemaois-Karte.
   Nach NORDENSKIÖLD (*156*).
Karte 44: India Transgangetica und der Pazifik auf einer Ptolemaios-Karte, Ms.
   Venetus 516 (r).Nach Louis RENOU (*173*)
Karte 45: Lateinische Übersetzung der Karte Nr. 44.
   Nach Louis RENOU (*173*)

Kapitel XII: Marinos von Tyros und die Rekonstruktion seiner Karte
Karte 46: India Transgangetica und der Pazifik nach Marinos von Tyros.
   Rekonstruktion von Albert HERRMANN (*92*)
Karte 47: Rekonstruktion der Karte von Marinos von Tyros
   Westliche Hälfte und nordöstliches Viertel von E. HONIGMANN (*101*),
   südöstliches Viertel von Paul GALLEZ.

Kapitel XIV: Die Erforschung Südamerikas in der Antike
Abb. 48: Mann aus Fu-Sang, der ein Lama melkt.
   Nach der Chinesischen Universalenzyklopädie *San-ts'ai t'u- hui*
   Nach Gustave SCHLEGEL (*186*)
Abb. 49: Expeditionsschiff der Königin Hatschepsut.
   Relief aus dem Tempel Deir el-Bahri.
   Nach Richard HENNIG (*88*) und Paul HERRMANN (*96*)
Abb. 50: In der brasilianischen Provinz Paraiba entdeckte phönizische Inschrift.
   Nach Lienhard DELEKAT (*35a*)

Die (*kursiv*) gekennzeichneten Ziffern entsprechen den Nummern im Literaturverzeichnis (Kapitel XVI)

Danksagungen

Die hier vorliegende Untersuchung wurde im Instituto Patagónico in Buenos Aires angefertigt. Die ursprüngliche Absicht des Autors war, sie der Frühkartographie Patagoniens zu widmen. Da diese aber untrennbar mit der Frühkartographie von ganz Südamerika verbunden ist, deren Quellen sich in Bibliotheken, Karten-Depots und Museen Europas befinden und in geringerem Maß auch in den USA, erschien eine Erweiterung des Themas unumgänglich.

Fünf Jahre lang habe ich meine Anstrengungen auf dieses Gebiet konzentriert und habe auf der Suche nach Karten und Dokumenten drei Reisen nach Europa unternommen. Dieses alles wäre sicher nicht möglich gewesen, wenn mir nicht umfangreiche Hilfe, sowohl wissenschaftlicher als auch finanzieller Art zuteil geworden wäre.

Für den wissenschaftlichen Teil ist es dem Autor eine angenehme Pflicht, seinen Kollegen, die ihm bei den Recherchen behilflich waren, seinen Dank abzustatten:

- Dr. Willem Julius van Balen, von der Linschoten-Vereeniging. Den Haag.
- Prof. Dr. Manuel Ballesteros Gaibrois, Direktor des Departamento de Antropología y Etnología de América, Universidad de Madrid.
- Kapitän Don Roberto Barreiro-Meiro Fernández, Unterdirektor des Museo Naval, Madrid.
- Prof. Dr. Hanno Beck, Universität Bonn, Leiter des Amtes für Forschung der Humboldt-Gesellschaft für Wissenschaft, Kunst und Bildung.
- Dr. Juan Esteban Belza, Direktor des Instituto de Investigaciones históricas Tierra del Fuego, Buenos Aires.
- Prof. Dr. Marcelo Bórmida (†), Direktor des Argentinischen Zentrums für Amerikanische Ethnologie, Buenos Aires.
- Prof. Dr. Armando Cortesão (†), Direktor des Instituts für alte Kartographie der Universität Coimbra (Portugal).
- Frl. Lisette Danckaert, Leiterin der Abteilung „Cartes et Plans" der Bibliothèque Royale Albert Ier, Brüssel.
- Prof. Louis E. Davin, Präsident der Académie Royale de Belgique.
- Dr. Antoine De Smet, Ehrenkonservator der Bibliothèque Royale Albert Ier, Brüssel.
- Dr. Hosam Elkhadem, vom Centre National d'Histoire des Sciences, Brüssel.
- Prof. Roberto Etchepareborda von der University of North Carolina und der Academia Nacional de la Historia, Buenos Aires.
- R. P. Guillermo Furlong Cardiff S. J. (†), Academia Nacional de la Historia, Buenos Aires.
- Prof. Dr. Enrique de Gandía, Academia Nacional de la Historia, Buenos Aires.

- Oberstleutnant Don Manuel García-Baquero, vom Geographischen Dienst der Spanischen Armee, Madrid.
- Prof. Dr. Günther Hamann, Direktor des Historischen Institutes der Universität Wien, Leiter des Arbeitskreises „Geschichte der Reisen" der Humboldt-Gesellschaft.
- Dr. Dietmar Henze, Humboldt Gesellschaft für Wissenschaft, Kunst und Bildung.
- Prof. Robert Humphreys, Institute of Latin American Studies, University of London.
- Prof. Dr. Dick Edgar Ibarra Grasso, Universidad de Rosario, Argentinien.
- Prof. Dr. Hans Kinzl, Geographisches Institut der Universität Innsbruck.
- Prof. Dr. Jacques de Mahieu, Direktor des Instituto de Ciencia del Hombre, Buenos Aires.
- Dr. Mateo Martinić Beros, Rektor des Instituto de la Patagonia, Punta Arenas, Chile.
- Prof. Dr. Magnus Mörner, Direktor des Latinamerika-Institutet, Universität Stockholm.
- Dr. Kenneth Nesheim, Vizedirektor der Beinecke Library of Rare Books and Manuscripts, Yale University.
- Prof. Dr. Omar Ortiz Troncoso, Instituut voor Prae- en Protohistorie, Universiteit Amsterdam.
- R. P. Pascual Paesa SDB (†), Academia Nacional de la Historia, Buenos Aires.
- Prof. Dr. Demetrio Ramos Pérez, Direktor des Seminario de Historia de las Americas, Universidad de Valladolid.
- Dr. Carlos Sanz Lopez (†) von der Real Sociedad Geográfica, Madrid.
- Dr. Wilhelm Stegmann, Direktor des Ibero-Amerikanischen Institutes, Berlin.
- Dr. Paul Unschuld von der Universität Marburg an der Lahn.
- R. P. Domingo Ventura vom Instituto Salesiano de Artes Gráficas, Buenos Aires.
- Dr. Helen Wallis, Superintendent of the Map Room, The British Library, London.
- Prof. Peter P. Witonski von der Hoover Institution, Stanford (Californien).

Unter ihnen möchte ich Dr. Carlos Sanz besonders erwähnen, der mir die meisten der in diesem Buch wiedergegebenen Karten schenkte, ebenso Professor Hanno Beck, dessen beständige Unterstützung seit dem Beginn meiner Recherchen mir ermöglicht hat, sie zu vollenden.

Für den materiellen und finanziellen Teil danke ich den folgenden Personen und Institutionen für ihre Hilfe:
- Frau Berthe Gallez
- Frau Esther Gallez
- Herrn Pedro Carnicé (†)
- Consejo Nacional de Investigaciones Científicas y Tecnicas, Argentinien

- der Alexander von Humboldt Stiftung
- der Dirección de Asuntos Culturales del Ministerio de Relaciones Exteriores de la Republica Argentina
- der Dirección General de Relaciones Culturales del Ministerio de Asuntos Exteriores de España.

Schließlich danke ich noch den wissenschaftlichen Zeitschriften, die einige Kapitel dieses Buches in einer ersten Fassung schon einmal veröffentlicht haben.
- der Zeitschrift *Karukinka* des Instituto de Investigaciones Históricas Tierra del Fuego, Buenos Aires,
- der Zeitschrift *Investigaciones y Ensayos* der Academia Nacional de la Historia, Buenos Aires,
- der Zeitschrift *Erdkunde* aus Bonn,
- der Zeitschrift *Gesnerus* aus Zürich-Aarau,
- der Zeitschrift *Sudhoffs Archiv* aus Wiesbaden,
- der Zeitschrift *Ciencia e Investigación* aus Buenos Aires,
- der Zeitschrift *Wiener Ethnohistorische Blätter* aus Wien,
- der Zeitschrift *Internationales Jahrbuch für Kartographie*, aus Bad Godesberg.

Ihnen allen gilt mein tiefster Dank.

„... sie dachten, dieser Teil der Erde sei eine Insel und nannten ihn *America,* vierter Erdteil. Ganz neue im Jahre 1519 unter Magellans Leitung ausgeführte Seefahrten haben ergeben, daß dieses Land Oberindien, also ein Teil Asiens ist."

Johannes Schöner

Opusculum Geographicum, Pars II, cap. 20

Nürnberg 1533

„So erfreute sich die Wahnvorstellung von dem asiatisch-amerikanischen Doppel-Continente durch geraume Zeit einer nicht geringen Popularität. Es wäre gewiss nicht ohne Interesse genauer zu verfolgen, wie lange diese phantastische Idee noch gehalten hat, und die zahlreichen Karten miteinander zu vergleichen, welche dieselbe widerspiegeln"

Franz von Wieser

Magalhães-Strasse und Austral-Continent

auf den Globen des Johannes Schöner

Innsbruck 1881

Ein ganzes Jahrhundert ist vergangen seit Franz von Wieser diese Anregung gab. Ich bin ihr gefolgt und glaube auch, der erste zu sein, der dies tat. Hier lege ich das Ergebnis meiner Arbeit vor, die Geschichte der Darstellung Amerikas als Teil Asiens. Mit der Frage von Wiesers, *bis wann* sich diese Vorstellung hielt, gebe ich mich aber nicht zufrieden; ich suche nach den Ursachen, um festzustellen, *seit wann* sie besteht. Und ich weise nach, daß sie nicht etwa der Phantasie der Kartographen entsprungen ist, sondern daß sie die Kenntnis Amerikas schon bei Marinos von Tyros im ersten Jahrhundert unserer Zeitrechnung belegt.

Bahia Blanca (Argentinien) im August 1979   Paul Gallez

Die ahnende Phantasie, die allbelebende Tätigkeit des Geistes, welche in Plato, in Kolumbus, in Kepler gewirkt hat, darf nicht angeklagt werden, als habe sie in dem Gebiet der Wissenschaft nichts geschaffen, als müsse sie notwendig ihrem Wesen nach von der Ergründung des Wirklichen abziehen.
Alexander v. Humboldt: Kosmos II, 1847

Auf einer jener Karten, zeigt sich Mexico als Nachbarstadt von Peking, auf einer anderen liegt Gatigara (jener alte ptolemäische Hafen in Hinterindien) auf der Küste von Chile. Diese „Bizarrerien" oder „groben Irrthümer" erwuchsen ganz natürlich auf dem Felde der damaligen geographischen Vorstellung.
J. G. Kohl an C. Ritter, London, 20. 8. 1854

Die Alten kannten Amerika
Von Entdeckungsreisen, die wir noch entdecken werden
Eine Einführung von Prof. Dr. Hanno Beck, Bonn

Prof. Dr. Paul Gallez, international bekannter belgisch-argentinischer Gelehrter, Direktor des Instituto Patagónico, gibt in diesem Buch einem alten Problem eine neue Wendung. Wir haben längst gewußt, daß Südamerika auf Karten und Globen des 15. und 16. Jahrhunderts aus Südostasien herauswuchs, natürlich, wie ein Ast aus einem Baum, ohne daß dieser „Drachenschwanz" je systematisch untersucht worden wäre. Man sah in ihm eine vorübergehende fehlerhafte Darstellung, nichts anderes.

Prof. Paul Gallez nahm diese Kartenbilder ernst. Er erwies ihre Realität und rüttelte berechtigt an einer fixierten Erkenntnis, als er eine Karte interpretierte, die von einem deutschen Kartographen bereits drei Jahre vor der Tat des Kolumbus veröffentlicht worden war. Seine Untersuchung ergab, daß Kartographen vor und nach Kolumbus mehr von Südamerika wußten als dieser, der den tropischen Subkontinent erst 1498 während seiner dritten Reise entdeckte.

Das vorliegende Buch ist weit von heute üblichen entdeckungsgeschichtlichen Capriccios entfernt, indem es den Leser an dieser Beweisführung teilnehmen läßt. Wir können uns diesem faszinierenden wissenschaftlichen Problem nicht entziehen. Paul Gallez führt Schritt für Schritt an die inhaltliche Würdigung alter Kartenbilder heran und läßt den Leser, unterstützt von zahlreichen Abbildungen, an seinem Denken teilnehmen. Er ist von der Identität Drachenschwanz-Südamerika überzeugt.

Der Leser wird hier fragen: Wie ist es möglich gewesen? Wie konnten Kartographen vor und nach Kolumbus mehr von Südamerika wissen als der weltpolitisch allein folgenreiche Entdecker? Wie ist dieses kartographische Wissen schon vor Kolumbus nach Europa gelangt?

Wir stehen damit vor einem Problem, das in der Wissenschaftsgeschichte nicht unbekannt ist: *Wir erkennen ein vorhandenes Wissen, nur können wir uns (noch!) nicht erklären, wie es zustande kommen konnte.* Wer hat Südamerika vor Kolumbus entdeckt? Gibt es heute schon eine Möglichkeit, wenigstens Spuren solcher Entdeckungsreisen zu sichern? Ich bin überzeugt, daß wir früher oder später Reisen, die den oben dargelegten europäischen Kenntnisstand erklären können, reisegeschichtlich erweisen werden und genau gesehen, sind wir ihnen bereits mehr auf der Spur, als die Öffentlichkeit ahnt. Einige heute schon mögliche Denkbewegungen seien angedeutet, wobei bewußt Wert auf die Meinung anderer Autoren gelegt werden soll.

„Endgültige Resultate" gibt es in der Wissenschaft nicht. Auch die Entdeckungsgeschichte Amerikas kann nicht festgeschrieben werden.

Sicher sind die ersten Entdecker des Doppelkontinents die Vorfahren der Indianer und Eskimos gewesen, die seit 40 000 v.Chr. über die Beringstraße einwanderten[1]. Sicher haben die Wikinger, wie Helge Ingstad auch archäologisch erweisen konnte, von Island aus Nordamerika gefunden[2]. Sicher hat die Tat des Kolumbus Europa nach Amerika gelenkt, die Neuzeit eröffnet, ein neues Staatensystem und ein neues Weltbild ermöglicht.

Ist dies alles?

Der Bonner Gelehrte Lienhard Delekat hat 1969 eine frühere Entdeckung Südamerikas durch Phönizier im 5. Jahrhundert v.Chr. erwiesen[3].

Werden Konsequenzen aus der Geschichte der Reisen gezogen, so sind weitere Entdeckungen Amerikas von Asien aus früher oder später nachweisbar. Auch hier hat die Öffentlichkeit nicht bemerkt, wie sehr sich die klassische Vorstellung reisegeschichtlicher Vorgänge belebt und langsam gewandelt hat.

So hat der international anerkannte Bonner Völkerkundler Prof. Dr. Hermann Trimborn bereits 1961 geschrieben:

„Es fehlt uns zwar auch jeder Quellenbeleg für frühe Reisen zwischen den Küsten Asiens und Amerikas — aber die vielen Entsprechungen, die auf so manchen Gebieten des Lebens zwischen den Hochkulturen der Indianer und denen des östlichen und südöstlichen Asiens walten, machen frühe Überseefahrten von den Küsten Kambodschas und Chinas zu den Gestaden Amerikas zu einer fast an Gewißheit grenzenden Wahrscheinlichkeit"[4].

Diese und andere durchaus begründete Vermutungen wurden allerdings weit weniger wahrgenommen als die gewiß verdienstliche Kon-Tiki-Expedition Thor Heyerdahls 1947, welche die Möglichkeit einer zweifachen Besiedlung der Osterinsel aufzeigen wollte[5]. Die älteste Besiedlung erfolgte nach ihm von Peru aus, und zwar durch einen Nebenzweig der Tiahuanaco-Kultur, welche die amerikanische Pazifikküste auf 2000 km Länge einbezogen gehabt habe. Erst die jüngere Besiedlung sei den Polynesiern aus dem Westen gelungen, welche das Eiland von den Nachkommen dieser noch älteren Seefahrer bewohnt gefunden hätten. Der Forschungserfolg des deutschen Völkerkundlers Thomas Barthel wurde von Heyerdahl bestritten[6].

Bei aller äußeren Anerkennung der Leistung Thor Heyerdahls hat sich in einigen Zellen der Wissenschaft die Überzeugung festgesetzt, diese Unternehmung sei in ihrer Konsequenz suspekt. Dabei ist der Norweger seit den 30er Jahren wissenschaftlich tätig, und überblickt man sein gesamtes Werk, so wird man nicht leugnen können, daß es eine erhebliche Bereicherung darstellt.

Die Vorstellung, die Indianer seien über die Bering-Straße gekommen und hätten sich dann isoliert in ihrem Doppelkontinent entwickelt, bis die Europäer gekommen seien, ist oft zum Dogma geworden. Schrittchen für Schrittchen brach sich der Gedanke lange vor Kolumbus erfolgter Entdeckungen und kultureller Einwirkungen Bahn. Es sind frühe Reisen von Asien über den Pazifik nach Amerika möglich, ebenso Unternehmungen von Amerika in Richtung auf die pazifische Inselwelt wie Vorstöße der mittelmeerisch-orientalischen Kultur nach der Neuen Welt. *Es gibt im Hinblick auf Amerika nicht nur eine Entdeckungsrichtung, sondern zwei.* Thor Heyerdahl denkt selbst mehr an eine frühe Verbindung Alte Welt — Amerika, und zweifellos gibt es dafür längst bemerkenswerte historische und archäologische Zeugnisse. So wurden die Conquistadoren regelrecht begünstigt, weil die indianischen Hochkulturen sie im Zusammenhang mit weißen und bärtigen Göttern sahen. Einige der wichtigsten Monumente, welche die Indianer diesen gesetzt hatten, haben die Spanier leider zerstört; doch wir wissen, daß die weißen Eroberer selbst in diesen Werken ein ihnen ähnliches Menschenbild erkannt hatten und gelegentlich im Inka-Bereich ein Sankt-Bartholomäus-Kult auf eine solche Darstellung zurückging. Die erhaltenen Zeugnisse und archäologische Funde verstärken diese Meinung, indem wir oft eine ältere als die eigentliche indianische Schicht mit zwei verschiedenen Menschentypen feststellen können, einen langschädeligen, hellhaarigen und einen rundköpfigen, dunkelhaarigen, südostasiatischen.[7]

Oft haben sich die Probleme als Ergebnis der zwei bewußten Entdeckungsmöglichkeiten überlagert.

Die auf der Halbinsel Elena, 160 Kilometer westlich von Guayaquil (Ecuador), ausgegrabene Keramik ist in ihren ältesten Stücken (Figuren und Gefäße) über 6000 Jahre alt und findet bis jetzt in der westlichen Hemisphäre keine Entsprechung. Auch den vermutlich frühesten Maisanbau hat es hier gegeben. Diese Kultur erlebte um 500 v. Chr. einen entscheidenden Wandel, den die Keramik der Bahia-Kultur offenbart. Ihre Menschen schufen sich üppigen Goldschmuck für Ohren, Lippen und Nasen, und ihre Hausformen (ostasiatisches Satteldach, dazu Menschen mit Bärten, gelegentlich in Yoga-Sitzhaltung) bezeugen eine frühe Verbindung Asien — Amerika[8].

So hat sich ein starres Schema gelöst, dessen Verabschiedung uns Europäern vielleicht nur deshalb schwerfällt, weil wir in den Dimensionen des modernen Weltverkehrs denken. Als Menschen, die das Laufen weitgehend verlernt haben, sehen wir zu viel Schwierigkeiten, worauf Thor Heyerdahl immer wieder hingewiesen hat. Die alten Wanderbücher nur des 19. Jahrhunderts belegen, welche Entfernungen ein „Handwerksbursche" zurücklegen konnte und Lebensberichte vergangener Zeiten zeigen, daß den Zeitgenossen günstige Schliche und abkürzende Pfade bekannt waren. Männer wie Thor Heyerdahl und der amerikanische Admiral Samuel E. Morison[9] haben vieles zur nautischen Erforschung der Meeresströmungen beigetragen. Im Licht ihrer praktisch nautischen Erfahrungen wird erst vieles verständlich.

Gewiß sind die von Thor Heyerdahl im Pazifik und im Atlantik erwiesenen „Transportbänder" sehr wirksam gewesen. Dennoch erklären sie nicht alles. So scheint mir der norwegische Gelehrte seine eben doch nach heutigem Wissen geplanten nautischen Unternehmungen zu verabsolutieren. Selbstverständlich hat es auch außerhalb günstiger Strömungen Entdeckungen gegeben. Das Studium der „Verschlagungen", d.h. der unfreiwilligen Schiffahrten, die ihr Ziel noch gar nicht kennen konnten, liefert recht beachtliche Beispiele.

So hatte Otto Sittig schon 1890 derartige Vorfälle in beträchtlicher Zahl im Pazifik registriert und vier Verschlagungsgebiete auch kartographisch dargestellt; dabei waren ihm auch wider die Strömungen gerichtete Reisen aufgefallen.

Der Ethnologe und Entdeckungshistoriker Hans Plischke hat 1916 und 1921 auf die wichtige Tatsache der Ankunft einzelner natürlicher Erzeugnisse, Artefakte und Schiffbrüchiger aus den noch unbekannten Welten des (amerikanischen) Westens an vertrauten europäischen Küsten hingewiesen. Diese erregenden Ereignisse haben selbstverständlich den damaligen Zeitgenossen zu denken gegeben und zur Erweckung des europäischen Entdeckerdranges mehr beigetragen, als bisherigen Darstellungen zu entnehmen ist.

Von 1782 bis 1863 sind, soweit die Landungen bekannt wurden, 41 japanische Schiffe mit oft noch lebenden Insassen an der Pazifikküste Amerikas angekommen; zwischen 1850 und 1863 waren es allein 28 Fahrzeuge. Gerade solche Verschlagungen konnten sehr folgenreich sein[10].

Bis in die Neuzeit hinein war die Geheimhaltung wichtiger Entdeckungsfahrten üblich, wie wir heute leider feststellen müssen. Meister darin waren die Phönizier, vermutlich das Volk mit der weitestgehenden und frühesten Entdeckungsenergie, dem nicht nur die erste Umsegelung Afrikas, die ersten größeren Atlantikfahrten und die Erreichung vieler atlantischer Inseln als den Sprungbrettern größerer Erfolge, sondern auch die früheste Entdeckung Amerikas und Australiens von der Alten Welt aus zu verdanken sein dürfte.

Am 8. Juli 1970 überraschte eine Meldung des Überseedienstes der Deutschen Presse Agentur, wonach Amerika von asiatischen Reisenden entdeckt worden sein sollte. Am 7. Juli 1970 hatte die sowjetische Nachrichten-Agentur TASS gemeldet, zwei Leningrader Gelehrte, Lew Gumilow und Bronislaw Kusnetzow, hätten „bei der Deutung sehr alter Landkarten in tibetanischen Büchern herausgefunden . . . , daß asiatische Reisende möglicherweise schon 1500 Jahre v. Chr. Kenntnis von der Existenz des amerikanischen Kontinents hatten.

Die tibetanischen Karten waren den Orientalisten zwar bereits bekannt, wurden von ihnen bisher aber als Produkte der Phantasie eingeschätzt. Erst die Untersuchungen der alten tibetanischen und indischen Ortsnamen hat die beiden Wissenschaftler dazu geführt, die alten Landkarten ernst zu nehmen. Nach dieser Untersuchung hat das rein amerikanische Wort Tabak bereits im Altertum lange vor der Entdeckung des Neuen Kontinents durch Kolumbus oder die Wikinger in zahlreichen orientalischen Sprachen Eingang gefunden. Nach Ansicht der Wissenschaftler kann die in den tibetanischen Büchern enthaltene Anspielung auf ein ‚grünes Land', das ‚fern jenseits des östlichen Meeres liegt' nur auf den amerikanischen Kontinent bezogen werden"[11].

Das vorliegende Werk des belgisch-argentinischen Gelehrten Paul Gallez will zeigen, daß sich eine frühe Amerika-Entdeckung von Asien aus im Kartenbild des Orients und Europas gespiegelt hat.

Wir haben aus den bisherigen Ausführungen ersehen, daß eine Entdeckung der Neuen Welt von Asien her über den Pazifik sehr wahrscheinlich ist. Wenn Europa davon erfahren hat, müssen wir nach einer Verbindungsmöglichkeit suchen. Wo könnte sie gefunden werden?

Überraschenderweise hat hierzu der Bonner Gelehrte Richard Delbrueck im Auftrag der Deutschen Forschungsgemeinschaft hervorragende Vorarbeit geleistet, als er die südasiatische Seefahrt im Altertum vom 4./3. Jahrtausend v. Chr. bis zur römischen Kaiserzeit untersuchte und dabei bei aller Sachlichkeit ein farbiges reisegeschichtliches Gemälde entwarf[12].

Sieht man sich die Weltkarte an, so ist klar, daß das europäische Mittelmeer, das Rote Meer, der küstennahe Indische Ozean von Arabien über Vorder-, Hinter-Indien und Insulinde die Hauptfernverkehrstrace des Altertums werden konnte; die Natur selbst hatte hier einen Weg eröffnet, auf dem es möglich war, in küstennaher Schiffahrt bis nach Ostasien zu gelangen. Delbrueck hat erstmals eine im einzelnen längst bekannte Literatur zusammenhängend ausgewertet und dabei eine weit bessere Weltkenntnis phönizischer, griechischer und römischer Kapitäne nachgewiesen als angenommen wurde. *Orient (vor allem Phönizier) und Abendland waren schon vor Christi Geburt bis zur chinesisch-pazifischen Küste vorgedrungen,* deren ,,Kolumbus", d.h. deren folgenreicher Entdecker erst Marco Polo Ende des 13. Jahrhunderts werden sollte. Delbrueck selbst hat seine Beweiskette ohne jede Sensationsabsicht Glied um Glied zusammengefügt.

Wenn Orientalen und Europäer vor Christi Geburt nach Arabien, nach Indien und nach China kamen, so mußten sie von ihren Handelspartnern mehr erfahren, als die Gelehrten dieser Kulturkreise wußten. Somit konnten Entdeckungserkenntnisse der ostasiatischen Hochkultur auf verschiedenen Wegen, auch durch Vermittlung indischer und arabischer Geographen (und Kartographen) nach Europa gelangen.

Ein begabter Historiker der Reisen wie Alexander v. Humboldt war zutiefst von frühen Verbindungen Europa—Asien auf dem eben dargelegten Weg überzeugt. In seinem ,,Kosmos", dem Bestseller des 19. Jahrhunderts, beweist er bei der Darlegung der Ausweitung des Weltbildes bereits viele Kenntnisse, auf die sich noch Delbrueck stützte: Die Ptolemäer hätten von Alexandrien (Ägypten) aus, die von der Natur vorgezeichnete Straße des Roten Meeres ,,mit beispiellosem Erfolg" benutzt (Seehandel mit Vorderindien). Die Römer erweiterten die Anregungen des Hellenismus noch: Unter der Regierung des Kaisers Claudius (10 v. Chr. — 54 n. Chr.) sei die Gesandtschaft des Rachias aus Ceylon über Ägypten nach Rom gelangt. Unter Marcus Aurelius Antonius (176—217), den die Geschichtsschreiber der Han-Dynastie „An-tun" nannten, erschienen römische Legaten am chinesischen Hof; sie waren auf dem Seeweg über Tonking gekommen. Die Werke von Ptolemaios und Strabon bezeugten die Fortschritte des Verkehrs. Strabon habe selbst in Ägypten die große Zahl der Schiffe, die von Myos Hormos unmittelbar nach Indien segelten, beobachtet; seine Einbildungskraft habe ihn über Indien hinausgeführt bis an die östliche Küste Asiens. Das Vorhandensein der Neuen Welt habe er geahnt; Humboldt wunderte sich, daß diese Bemerkung den nach Quellen fahndenden Spaniern des 15. und 16. Jahrhunderts nicht aufgefallen sei.[13].

Schon vor über 100 Jahren hat Alexander v. Humboldt in seinem „Kosmos" wie selbstverständlich auf die Verbindung Rom — China hingewiesen. Richard Delbrueck hat diese Tatbestände bestätigt und erstmals einen größeren Zusammenhang sichtbar gemacht, indem er einen Weg erkannte, *auf dem wir uns die Vermittlung eines sehr frühen Entdeckungswissens von der Neuen Welt schon jetzt vorstellen können.*

Welchen Weg haben ostasiatische Entdecker in frühgeschichtlicher Zeit vermutlich eingeschlagen?

Dem Vorbild Heyerdahls (1947) folgten von 1954 bis 1973 zwölf bemannte Floßfahrten von der Pazifikküste Südamerikas nach Westen: zwei erreichten nur die Galapagos-Inseln, 10 kamen nach Polynesien, 5 segelten noch weiter nach Melanesien und — nach Australien!

Weit seltener wurde die Reise von Südostasien und China nach Amerika versucht:

Schon vor dem Zweiten Weltkrieg scheiterte Eric de Bishop, als er in dreijähriger Unternehmung eine chinesische Dschunke nicht nach Melanesien geschweige denn nach Polynesien segeln konnte. In einem polynesischen Kanu fuhr er dagegen in wenigen Wochen von Hawaii nach Polynesien. Als er nach der Kon-Tiki-Fahrt (1947) erneut die Gegenprobe, diesmal mit einem Bambusfloß, versuchte und das Band der „braven Westwinde" ausnützen wolle, scheiterte er wieder. Deshalb muß uns ein besonders sorgfältig vorbereitetes Unternehmen eines Schülers des hochverdienten Wiener Gelehrten Robert v. Heine-Geldern zu denken geben:

Nach sechsjähriger Vorarbeit wollte Kuno Knöbl 1974 eine authentische Dschunke vom südchinesischen Meer nach Ecuador steuern (Tai Ki-Fahrt). Das Fahrzeug trieb jedoch nach Norden ab und legte vom 18.6. bis zum 9. 10. 1974 in der Kuroshio-Strömung 2/3 des Weges von Asien nach Amerika zurück. Die nach einem 1500 Jahre alten Vorbild gebaute Dschunke wurde leider von Bohrwürmern zerstört und mußte aufgegeben werden.

Allerdings hat gerade diese Reise ein wichtiges Ergebnis erzielt und erneut die Bedeutung der bereits 1565 von Fray Andrés de Urdaneta entdeckten Karavellenroute bestätigt. Das von der Mannschaft Knöbls verlassene Wrack der Dschunke Tai Ki trieb an der Küste Alaskas entlang. *Diesen Weg dürften frühgeschichtliche Fahrten gefunden und erprobt haben.* Hatten sie die amerikanische Gegenküste von Alaska bis Britisch Kolumbien (Kanada) erreicht, so konnte die weitere Fahrt der Leitlinie des Litorals folgen.

Am Schluß danke ich dem jungen Historiker der Geographie und der Reisen, Herrn Wolf-Dieter Grün, für gute Zusammenarbeit. Herr Grün hat nicht nur das französische Manuskript meines Kollegen und Freundes Prof. Paul Gallez ins Deutsche übertragen, sondern diese Arbeit mit wertvollen Erläuterungen begleitet und auch mir Anregungen für dieses Vorwort gegeben. In einigen Fällen hat er auch bessere Vorlagen für die Abbildungen beschafft, wofür ihm Anerkennung gebührt.

Möchte das Buch, das die Entdeckungsgeschichte Amerikas in neuer Weise diskutiert, auch seinerseits von den Lesern entdeckt werden.

Bonn, 24. 3. 1979   Hanno Beck

---

[1] Hierzu Hermann Trimborn: Altamerikanische Hochkulturen. In: Die große illustrierte Weltgeschichte. Gütersloh 1964, Bd. I, S. 1017 ff.

[2] Helge Ingstad: Die erste Entdeckung Amerikas. Auf den Spuren der Wikinger. Berlin 1966; die norwegische Originalausgabe: Vesterveg til Vinland. Oslo 1965. — In den Büchern Jacques de Mahieus sind den Wikingern zu große Entdeckerqualitäten zugeschrieben worden: Wer entdeckte Amerika? Geheimgeographie vor Kolumbus. Tübingen 1977; ders.: Des Sonnengottes große Reise. Die Wikinger in Mexiko und Peru 967–1532. Tübingen 1975^2; einzelne Argumente und Interpretationen sind durchaus beachtenswert. — Ich war bisher immer geneigt, die Möglichkeit einer irischen Entdeckung Amerikas zu unterschätzen und weiß nicht, ob ich recht daran tue, dabei stehenzubleiben. Steckt etwa im Kern der „Navigatio Sancti Brandani" doch etwas Wahres? Die Coracles, „primitive, aber unerhört seetüchtige Boote aus mit Häuten überzogenem Weidengeflecht", waren recht brauchbare Fahrzeuge; hierzu das bemerkenswerte und wenig gesehene Buch von Ian Cameron: Sie segelten nach dem Abendstern. Eine Geschichte der Erstentdeckungen. Stuttgart 1968, S. 86 (Hinweis von Herrn W. D. Grün). — Heranzuziehen ist ein inhaltreiches Buch von Constance Irwin: Kolumbus kam 2000 Jahre zu spät. Wien 1963; vor allem aber Timothy Severin (Tausend Jahre vor Kolumbus, Hamburg 1979), der die Seetüchtigkeit eines irischen Bootes praktisch erprobte, von Irland aus 3500 Seemeilen zurücklegte und am 26. 6. 1977 die Küste von Peckford Island (150 Meilen nordwestlich von St. Johns, der Hauptstadt Neufundlands) erreichte.

[3] Lienhard Delekat: Phönizier in Amerika. Die Echtheit der 1873 bekanntgewordenen kanaanäischen (altsidonischen) Inschrift aus Paraíba in Brasilien nachgewiesen. Bonn 1969 = Bonner biblische Beiträge, 32. — Der Verfasser hat diese Ausführungen in weiteren Publikationen noch verfeinert: Une nouvelle copie de Paraíba. In: Linguistica Biblica Nr. 15/16. 1972, S. 22–30, mit Nachtrag S. 90 u. Parahyba Inschrift — neue Lesungen und Bemerkungen zu Cross' Verteidigung der Unechtheit. In: Linguistica Biblica Nr. 33. 1974, S. 1–13.

[4] Hermann Trimborn: Eldorado. Entdecker und Goldsucher in Amerika. München und Wien 1961, S. 10 = Janus-Bücher. Berichte zur Weltgeschichte.

[5] Thor Heyerdahl: Expedition RA. Gütersloh u. Wien o. J., S. 22, 32, 38. Die beiden RA-Expeditionen haben die Möglichkeit einer Atlantik-Überquerung in Papyrus-Booten erwiesen. — Eine gute Übersicht aller Unternehmungen Heyerdahls bietet das Buch: Zwischen den Kontinenten. Archäologische Abenteuer. München 1975.

[6] Thomas Barthel: Grundlagen zur Entzifferung der Osterinselschrift. Hamburg 1958 = Universität Hamburg. Abhandlungen aus dem Gebiet der Auslandskunde, Bd. 64, Reihe B. Völkerkunde, Kulturgesch. u. Sprachen, Bd. 36; der Band entspricht mit geringen Korrekturen der Habilitationsschrift des Verfassers; hierzu ablehnend Thor Heyerdahl: Wege übers Meer. Völkerwanderungen in der Frühzeit. München 1978, S. 326 f.

[7] Thor Heyerdahl a.a.O. 1975, S. 83 ff.

[8] Peter Baumann: Valdivia. Die Entdeckung der ältesten Kultur Amerikas. Hamburg 1978.

[9] Eine wichtige Ergänzung bietet der Schwede Björn Landström, der die historisch treusten Zeichnungen früher Entdeckerschiffe und ihres historischen Milieus geschaffen hat: Knaurs Buch der frühen Entdeckungsreisen in Farben. München 1969; Landström hat auch gründliche Skizzen für die Konstruktion des ersten Papyrus-Bootes der Expedition Thor Heyerdahls geschaffen.

[10] Otto Sittig: Über unfreiwillige Wanderungen im Großen Ozean. In: Petermanns Mitteilungen 36, 1890, S. 161–166, S. 185–188, mit Karte: Tafel 12, nach S. 208 (Den Hinweis auf diesen seltenen Aufsatz danke ich Herrn W. D. Grün); Hans Plischke: Verschlagungen von Bewohnern Amerikas nach Europa im Altertum und Mittelalter. In: Petermanns Geographische Mitteilungen 62. 1916, S. 93–95; ders.: Eine Verschlagung von Eskimos nach Holland aus dem Jahre 1577. In: Petermanns Geographische Mitteilungen 67. 1921, S. 125; angeschwemmte natürliche Erzeugnisse und Artefakte (etwa geschnitzte Holzleisten) waren Kolumbus schon vor Beginn seiner Fahrt bekannt. Außerdem berichtete Plischke von angetriebenen Eskimos um 60 v. Chr. in Gallien, um 1160 in Lübeck, 1508 in Rouen, 1577 in Holland (zwei Kajaks mit Eskimos, ein Kajak hat sich erhalten). – Paul Gaffarel: Histoire de la découverte de l'Amérique depuis les origines jusqu'à la mort de Christophe Colomb. Paris 1892, S. 170 u. Lienhard Delekat a.a.O. 1972, S. 27.

[11] dpa-Überseedienst/Ausl. Korr. v. 8. Juli 1970, S. 4. Den Hinweis verdanke ich Herrn Botschaftsrat Peter Schoenwaldt, damals in der Kulturabteilung des Auswärtigen Amtes in Bonn. Die Meldung ist von der deutschen Presse so gut wie nicht aufgegriffen worden.

[12] Richard Delbrueck: Südasiatische Seefahrt im Altertum. In: Bonner Jahrbücher des Rheinischen Landesmuseums in Bonn (im Landschaftsverband Rheinland) und des Vereins von Altertumsfreunden im Rheinlande. Heft 155/156. 1955/56, S . 8–58 u. S. 229–308.

[13] Ich zitiere zunächst nach der Original-Ausgabe des „Kosmos" (Stuttgart u. Tübingen 1847, II, S. 202, 204, 221, 223; S. 463 weist Humboldt auf Johann Schöner hin, der noch 1533 behauptet habe, die Neue Welt sei ein Teil von Asien und die von Cortez eroberte Stadt Mexiko sei die von Marco Polo begeistert beschriebene chinesische Stadt Quinsay [Hang-tschou], obgleich sie nur wenigen Lesern zugänglich sein dürfte, dann den von mir bearbeiteten „Kosmos" (Quellen u. Forschungen zur Geschichte der Geographie und der Reisen, Nr. 12) Stuttgart 1978, S. 333, 334 f., 348, 349 f.). – Demgegenüber ist ein Motto dieser Einführung Johann Georg Kohl eingeräumt worden, der in Andeutungen und Vorahnungen eines neuen Weltbildes der Alten nur „Bizarrerien" zu erkennen vermag: „Wenn man die Karten studiert, hat man Gelegenheit genug zu erkennen, daß auch in der Narrheit, wie Shakespeare sagt, Methode ist"; Aus einem Schreiben von Herrn J. G. Kohl an Herrn C. Ritter. In: Zeitschrift für Allgemeine Erdkunde 4. (Dietrich Reimer, Berlin) 1855, S. 334–337; hier S. 335 (Hinweise von Herrn W. D. Grün); zusätzliche moderne Erörterung bei Hans-Günther Gierloff-Emden: Geographische Bedingungen früher Seefahrt und Bevölkerungsausbreitung im Pazifischen Ozean. In: Mitteilungen der Geographischen Gesellschaft in München 64. 1979, S. 217–253, es werden u.a. vom Computer berechnete Diffusionsmodelle, der Sichtbarkeitsschirm von Inseln, die Beeinflussung der polynesischen Seefahrt durch tropische Wirbelstürme erörtert. – Hanno Beck: Germania in Pacificio. Der deutsche Anteil an der Erschließung des Pazifischen Beckens. Wiesbaden 1970 = Akad. d. Wiss. u. d. Lit., Abh. d. Math.-Naturwiss. Klasse, Jg. 1970, Nr. 3.

I. Die Frühkartographie Südamerikas

> Wo das Wissen aufhört,
> beginnen Hoffnung und Entdeckung
> Armando Cortesão

I.1 Die Frühkartographie*

Der Titel dieses Werkes erfordert einige einleitende Erklärungen, um für den Leser die Grenzen des behandelten Gegenstandes abzustecken: zeitliche Grenzen, Grenzen des bearbeiteten wissenschaftlichen Gebietes und auch Grenzen der Glaubwürdigkeit und Wahrscheinlichkeit der vorgetragenen Thesen.

Die Frühkartographie ist eine Wissenschaft, von der nur selten die Rede ist. Das, was in der wissenschaftlichen Welt unter dem Namen der „argentinischen Schule der Frühkartographie" schon bekannt ist, ist eine Gruppe von für sich arbeitenden und ihre Ergebnisse in zeitlichen Abständen vergleichenden Forschern:

— Professor Enrique de Gandia,
— Professor Dick Edgar Ibarra Grasso
und der Verfasser.

Das sind die drei „Ritter vom Drachenschwanz".

Die Frühkartographie ist oft mit der Frühgeschichte verbunden. So wie die Geschichte von den Begebenheiten berichtet, von denen wir relativ sichere schriftliche Zeugnisse besitzen, die sie studiert, analysiert, vergleicht und diskutiert, so untersucht die Frühgeschichte die Ereignisse, von denen wir nur durch indirekte Hinweise Kenntnis haben, durch nicht immer sehr deutliche Fingerzeige oder durch Dokumente, denen es, für sich genommen, an Glaubwürdigkeit mangelt, z.B. wenn ihr Verfasser ein Interesse an der Verzerrung der Wahrheit hatte, oder weil wir davon weder Datum noch Verfasser oder Empfänger kennen.

Zur Frühgeschichte gehört die gesamte Epoche der frühen Entdeckungsreisen: z.B. geheime Expeditionen, die von einem König ausgeschickt wurden, der befürchtete, daß seine Rivalen die Ergebnisse erfahren könnten oder Unternehmungen von Privatpersonen, die den Nutzen der Entdeckung für sich allein erhalten wollten. Ich spreche hier von Nutzen, denn es kann keinen Ruhm für eine Entdeckung, die geheim bleiben muß, geben, und dieser Nutzen ist immer sehr mager im Vergleich zu den erbrachten Opfern und dem eingegangenen Risiko.

Ist eine solche Reise gut dokumentiert, gehört sie zur Geschichte. Wenn wir davon, außer einigen zweifelhaften Angaben, nichts kennen, wenn diese Entdek-

---

* Die Anmerkungen des Autors sind ausschließlich bibliographischer Art. Die erste kursive Zahl verweist auf die entsprechende Nummer in Kapitel XVI: *Literaturverzeichnis*. Die folgenden Zahlen geben Band und Seiten an.
Die mit 1,2 usw. bezeichneten Anmerkungen stammen von Herausgeber und Übersetzer.

kung nicht mehr ist als „möglich" oder „wahrscheinlich", dann gehört sie zur Frühgeschichte. Deren Aufgabe besteht dann darin, andere Indizien und Angaben zu suchen, die sich gegenseitig stützen und die Ausarbeitung einer wahrscheinlichen und annehmbaren Deutung erlauben. Diese hat zumindest den Wert einer Arbeitshypothese, wenn man keinen schlüssigen Beweis erreicht.

Das ist der Fall bei vielen Reisen nach Amerika, die vor Kolumbus ausgeführt wurden und bei Unternehmungen zur Patagonischen Meerenge vor der Reise Magellans. Viele archäologische und kartographische Fakten deuten an, daß die mediterrane Welt eine gewisse Kenntnis von Südamerika besaß, lange vor der offiziellen Entdeckung. Aber die Seefahrten, die diese Kenntnisse ermöglichten, sind so dürftig dokumentiert, daß man im allgemeinen weder das Datum ihrer Abreise von Europa, noch das ihrer Rückfahrt kennt, weder die in der Neuen Welt erreichten Orte, noch den Namen des Kapitäns oder des Reeders. Wegen des Mangels an Angaben rechnet man diese Reisen nicht zur Geschichte der Entdeckungen, sondern zu deren Frühgeschichte.

Diese ist eng mit der Frühkartographie verbunden. Einer Wissenschaft, die sich mit den alten Karten beschäftigt, die eine Interpretation nötig haben, weil sie augenscheinlich unerklärliche Angaben oder schwere Fehler und Verzerrungen enthalten und ihre Lektüre Zweifel erregt.

Wenn eine geheime Expedition ins Mutterland zurückkehrte, wurde sowohl vom Kapitän als auch von den Seeleuten unter Androhung der Todesstrafe völliges Schweigen verlangt über die geographische Lage der erforschten Gebiete, ihre Reichtümer und alle Details der Reise. Für diese Geheimhaltungspolitik ist vor allem das Portugal des 15. Jahrhunderts bekannt, aber sie war auch in Spanien und anderen Seefahrernationen üblich.

Der offizielle Kartograph war in die größten Geheimnisse eingeweiht und mußte größte Verschwiegenheit üben. Die nicht dem Hofe angehörenden Geographen konnten von den neuen Entdeckungen nur durch Indiskretionen erfahren. Im allgemeinen war der Kapitän zurückhaltend, weil er wußte, in welche Gefahr er sich begab, wenn er zuviel redete. Um eine, wenn auch nur summarische und oft irrige Beschreibung der neuen Gebiete jenseits der Meere zu erhalten, waren die Erzählungen der Seeleute, die oft, vom Alkohol beflügelt, die Kühnheit besaßen, sich tausender wirklicher oder eingebildeter Abenteuer zu rühmen, die einzigen verfügbaren Quellen. Aber sie kannten im allgemeinen weder die erreichten Längen noch Breiten, dagegen übertrieben sie die erlittene Kälte und Hitze und schilderten die Eingeborenen in monströsen Bildern. Wochen und Monate, die sie, ohne Land zu sichten, ohne Süßwasser und ohne frische Lebensmittel verbracht hatten, vervielfachten sich in ihren Berichten.

Was von diesen Kneipengeschichten konnte man glauben? Wie sollte man dieses Seemannsgarn interpretieren, um seinen Inhalt in geographische Karten umzusetzen?

Die Aufgabe der Kartographen war sehr schwierig. Sie mußten ihren kritischen Sinn schärfen, um in diesen Berichten Falsches von Wahrem, Schein von Wirklichkeit, die Früchte der Einbildung von denen der Beobachtung zu trennen. Sie siebten die Informationen über unbekannte Gebiete im Licht ihrer eigenen geographischen Vorstellungen und taten ihr Möglichstes, um auf ihren Karten das Ergebnis ihres Nachdenkens zu zeigen.

Trotz so vieler Hindernisse und Schwierigkeiten war man dazu gekommen, Südamerika mit einer erstaunlichen Genauigkeit darzustellen, bevor es offiziell überhaupt entdeckt war. Die Genauigkeit ist so groß, daß es in vielen Fällen unmöglich ist, die Informationen der Kartographen einfachen Berichten von Seeleuten oder sogar Kapitänen oder Steuerleuten[1] zuzuschreiben. Bestimmte Gegebenheiten konnten nur von ausgezeichneten Astronomen und Kartographen aufgenommen werden, das führt zur Annahme von großen, von mächtigen Staaten durchgeführten Expeditionen.

Warum weiß die Geschichte nichts von solchen Expeditionen? Aus dem ganz einfachen Grund, weil kein einziges Dokument davon spricht und nur ein paar Legenden aus Antike und Mittelalter einige Anspielungen auf große Reisen über das Meer enthalten. Das ist natürlich für eine historische Analyse unzureichend. Man kann unterstellen, daß die Staaten, die solche Expeditionen durchgeführt haben, das Geheimnis der Quellen, aus denen sie sich mit Gold, Edelsteinen, edlen Hölzern, Sklaven, Gewürzen, Duftstoffen usw. versorgten, wahren wollten. Wurden Zivilisationen vollkommen zerstört, so gingen ihre Legenden und Traditionen verloren, aber einige ihrer Geheimnisse können durch geographische Karten überliefert worden sein und so bis zur Wiederentdeckung schon einmal entdeckter Gebiete überdauert haben.

Die Frühkartographie untersucht und interpretiert diese Karten und stellt oft ihre hervorragende Qualität fest. Die Frühgeschichte versucht die hypothetische Rekonstruktion der Expeditionen, die den Kartographen diese geographischen Angaben geliefert haben. Diese beiden Wissenschaften lösen einige Probleme und werfen viele neu auf, für die man heute noch keine Lösung anbieten kann.

In zahlreichen Fällen ergänzen und verflechten sich Frühkartographie und Frühgeschichte zu einer Art Spirale. Eine geheime oder eine offizielle Expedition, deren Ergebnisse aus politischen Gründen geheim bleiben mußten, hat Entdeckungen gemacht, die man wohl oder übel auf den Karten wiedergibt; das ist ein Fortschritt der Frühkartographie. Seinerseits lädt nun das der Karte Hinzugefügte dazu ein, eine Expedition, geheim oder auch nicht, auszusenden, um diese angebliche Entdeckung eines womöglich großsprecherischen Kapitäns zu bestätigen und um zu wissen, was es jenseits der Inseln und Länder gibt, deren Darstellung die Kartographie gerade begonnen hat.

---

[1] Damals waren die Steuerleute, Piloten genannt, für die Navigation verantwortlich.

I.2. Glaubwürdigkeit und Wahrscheinlichkeit in der Frühkartographie

Die Historiker arbeiten gewöhnlich mit relativ sicheren Dokumenten. Sie haben deshalb einen Berufsfehler: angesichts der Interpretation einer frühen Karte fragen sie gleich nach Beweisen! Dabei handelt es sich offensichtlich um einen Irrtum. Wenn es Beweise gäbe, befänden wir uns auf dem Gebiet der Geschichte oder der Kartographie. Eben weil es keine gibt, haben wir es mit der Frühgeschichte oder der Frühkartographie zu tun. Das, was man verlangen kann, ist die Formulierung möglichst folgerichtiger Thesen. Diese können übereinstimmend oder alternativ sein, und demzufolge ergänzen sie sich gegenseitig oder schließen sich aus.

Nach den Worten von Armando Cortesão „reicht es nicht aus, zu verneinen und zu kritisieren. Wichtiger als die systematische Verneinung ist die andauernde Erforschung. *Es ist wertvoller zu hoffen als zu zweifeln*, und es wäre verhängnisvoll, wenn der Historiker, der Philosoph, der Wissenschaftler nur aus Furcht, sich zu irren oder kritisiert zu werden, die geistige Spekulation in bestimmten Grenzen aufgeben würde. Die Geschichte der Philosophie und der Wissenschaft zeigt, daß keine Theorie als endgültig betrachtet werden kann" (*27 II 195*).

Andererseits arbeitet die Frühkartographie nicht mit imaginären Karten. Sie untersucht und interpretiert wirklich existierende Darstellungen von Gebieten, die zu der Zeit, als die Karten entworfen wurden, offiziell überhaupt noch nicht entdeckt worden waren, und sie würdigt die Verzerrung von bekannten Gebieten, die die normale Kartographie einfach als „Fehler" bezeichnet, ohne zu versuchen, sie zu erklären.

Enrique de Gandia hat geschrieben: „Man kann aus Prinzip verneinen, blindlings, aber nicht in einem wissenschaftlichen Geist. Mit Gelassenheit erwarten wir die Angriffe, das Mitleid oder die Empörung, die Skepsis oder die Gleichgültigkeit. Es wird für die alten Gelehrten sehr schwierig sein, ihre verwurzelten und versteinerten Überzeugungen, die schon seit Jahrhunderten bestehen, von Grund auf zu ändern" (*69 43*).

Obwohl sie nur wenige Anhänger hat, ist die Frühkartographie heute eine dynamische Wissenschaft und befindet sich in voller Entwicklung. Sie wendet sich nicht an die „steinalten Gelehrten", sondern an Menschen der Wissenschaft mit frischem Geist, die leidenschaftlich für den Fortschritt ihres Faches eintreten und bereit sind, die Risiken, die der Erforschung unberührter Pfade innewohnen, auf sich zu nehmen. Wir wissen sehr gut, daß es nötig ist, zehn Interpretationen vorzulegen, sie zu analysieren und sie der Kritik zu unterwerfen, bevor sich eine davon als richtig herausstellt. Wir wissen, daß der wissenschaftliche Fortschritt darin besteht, eine nur mäßig befriedigende Erklärung durch eine andere, die besser ist, zu ersetzen, und wir wissen auch, daß diese neue „wissenschaftliche Wahrheit" später gestürzt werden wird, um ihren Platz einer dritten „wissenschaftlichen Wahrheit" zu überlassen, die weniger Unstimmigkeiten als die vorherige enthält.

Der wissenschaftliche Fortschritt ist wie die Echternacher Springprozession: 3 Schritte vorwärts und einer zurück. Und sogar von diesem Vergleich kann man sagen, daß er noch zu optimistisch ist. Die falschen Interpretationen, die teilweisen Mißerfolge, die Bedenken und die Berichtigungen sind vollkommen unvermeidlich, denn sie sind Teil wissenschaftlicher Arbeit. Deshalb entmutigen diese Widerwärtigkeiten den Forscher nicht. Wenn dieser endlich eine Hypothese ausgearbeitet hat, die sich als unfruchtbar erweist, so ist diese Erfahrung positiv, denn sie verringert immerhin die Anzahl der noch zu erforschenden Wege.

Dazu noch einmal Armando Cortesão: „Wo das Wissen aufhört, beginnen Hoffnung und Entdeckung" (*26* 15).

Dank seines Fehlers in der Schätzung des Erdumfanges suchte Kolumbus Asien jenseits des Atlantik und fand Amerika. Man hat ihn als Verrückten angesehen, wie alle wissenschaftlichen Pioniere. Die, die fliegen wollten, waren auch Verrückte bis zur Erfindung des Flugzeugs. Die, die zum Mond reisen wollten, waren Verrückte, bis zum Flug von Apollo 11. Man hat zuweilen auch die Frühkartographen als verrückt bezeichnet, und alle, die sich auf die Suche nach wissenschaftlichen Erkenntnissen machten, für die ihre Zeit psychologisch noch nicht vorbereitet war. Gesegnet sei diese Verrücktheit, die, wie Erasmus sich ausdrückte, „die Jugend bewahrt und das lästige Alter in die Flucht jagt"! (*49* XIV).

I.3. Antonio Galvão und der Drachenschwanz

Es ist nun an der Zeit, diese allgemeinen Betrachtungen zu beenden und an das Thema heranzugehen:

Die Frühkartographie Südamerikas ist die Geschichte des Drachenschwanzes und seiner kartographischen Darstellung. Diese Art der Darstellung hörte im dritten Viertel des 16. Jahrhunderts auf. Aber wann begann sie? Dieses ist einer der Hauptgegenstände dieser Untersuchung.

Was ist eigentlich dieser „Drachenschwanz"?

Auf zahlreichen im 16. Jahrhundert erschienenen Weltkarten bildet Südamerika eine riesige Halbinsel, die im Nordwesten über die mittelamerikanische Landenge mit dem asiatischen Kontinent, genauer gesagt mit China, verbunden ist. Traditionell wird China von seinem Jahrtausende alten Sinnbild, dem Drachen, verkörpert. So bildet die große Halbinsel, die Südamerika darstellt, den *Schwanz des chinesischen Drachen*. Unter diesem Namen erwähnt Antonio Galvão sie in seiner 1563 in Lissabon erschienenen *Abhandlung über die alten und neuen Entdeckungen* (*64*), die nach dem ersten Wort des Titels auch kurz als *Tratado* bezeichnet wird.

Antonio Galvão († 1557) ist eine sehr interessante Persönlichkeit. Sein Buch über die Geschichte der Entdeckungen ist ein Meilenstein auf diesem Gebiet und stellt eine erstklassige Quelle für die Frühgeschichte und die Frühkartographie dar. Antonio Galvão ist aber nicht nur Historiker, sondern auch Militär, Verwaltungsbeamter, ein Weiser und ein Heiliger.

Die meisten portugiesischen Eroberer, die sich während der Regierungszeit Manuels des Großen[2] von 1495 bis 1521 hervortaten, wurden für ihre hervorragenden Dienste sehr schlecht entlohnt. Der König wollte den Ruhm der Entdeckungen und das Ansehen der Eroberungen für die Krone erhalten und nicht zuletzt den Gewinn aus dem Gewürzhandel.

Die großen Männer seiner Epoche wurden alle Opfer seines Egoismus: Bartolomeu Diaz, der das Kap der Guten Hoffnung entdeckte; Vasco da Gama, der das erste portugiesische Geschwader an die Malabarküste führte; Pedro Alvares Cabral, der offiziell Brasilien entdeckte; Francisco de Almeida, der die Malabar-Küste eroberte; Alfonso de Albuquerque, der Eroberer von Malakka. Ebenso erging es Antonio Galvão, dem „Apostel der Molukken", dem ersten Gouverneur dieser Inseln.

Nach Ablauf seines Mandats nach Lissabon zurückgekehrt, erkrankte Galvão, wurde Franziskaner und starb 1557 in Armut.

Sein Vater, Duarte Galvão, war Sekretär und offizieller Geschichtsschreiber der Könige aus dem Hause Avis: Alfons V., des Afrikaners (1438—1481), Johann II., des Vollkommenen (1481—1495) und Manuel I., des Großen (1495—1521), so daß sein Sohn die besten Voraussetzungen hatte, die Geheimnisse des Hofes von Lissabon und der Seefahrtschule von Sagres, wo die großen portugiesischen Seefahrer seit der Schaffung dieser Einrichtung durch Heinrich den Seefahrer (1394—1460) ausgebildet wurden, zu kennen.

Sechs Jahre nach dem Tode von Antonio Galvão wurde sein berühmter *Tratado* (64) von seinem Freund Francisco de Sousa Tavares, einem ehemaligen Kapitän der „Indischen Flotte", veröffentlicht. Man kann dort den Bericht von der Reise des Infanten Dom Pedro von Coimbra, dem Sohn des Ordensmeisters von Avis, Johann I. (König von 1385 bis 1433) und Bruder von Heinrich dem Seefahrer, in England, Frankreich, Deutschland, im Heiligen Land, Ungarn und Italien lesen. Dom Pedro, der spätere Regent von Portugal, heißt es, habe 1428 eine Weltkarte aus Rom oder Venedig mitgebracht, welche die „ganze Oberfläche der Erde" und „die Magellanstraße *im Drachenschwanz*" zeigte.

Die Leser des 16. Jahrhunderts mußten das genau so verstehen, wie Galvão es gemeint hat, denn zahlreiche Karten dieser Zeit stellten Südamerika als den Schwanz des chinesischen Drachen dar.

Die Magellanstraße war 1563, dem Erscheinungsjahr des *Tratado* (64), recht gut bekannt, schon 1514 war sie von der Flotte von Haro befahren worden (53), 1520 von Magellan, 1526 von der Flotte von Loaysa (Loaisa), 1540 von der des Camargo, 1558 hatte Ladrillero sie, vom Pazifik kommend, als erster in beiden Richtungen durchfahren. Alle diese Seefahrer, außer Magellan, waren an dieser Stelle ungeheueren Schwierigkeiten begegnet und hatten beträchtliche Opfer an Menschen und Schiffen erlitten.

---

[2] Manuel I., Manoel o Venturoso. * 1469 † 1521.

Südlich der Meerenge erstreckt sich Feuerland, das man sich mit der *Terra Australis Incognita* vereinigt vorstellte, die den ganzen antarktischen Kontinent, das heutige Australien und die nur in der Vorstellung existierenden Landflächen im südlichen Indischen Ozean umfassen sollten.

Das Befahren der Drake-Straße durch diesen englischen Seefahrer 1579 (*208*) und die Entdeckung von Kap Hoorn durch Le Maire 1616 reichten nicht aus, diese geographische Vorstellung abzuändern, denn man sah die Staaten Insel als Teil des antarktischen Kontinents an, bis Brouwer sie 1643 östlich umsegelt hatte.

Der Drachenschwanz hat bis 1574 weiterhin die Südhalbkugel beherrscht, wie wir im folgenden Kapitel sehen werden. Erst seitdem scheinen Galvão und sein Drachenschwanz in der Vergessenheit versunken zu sein, während der Infant Dom Pedro und seine wunderliche Weltkarte als mittelalterliche Phantastereien abgetan wurden, sehr zu Unrecht, wie sich noch zeigen wird.

Das Problem der Frühkartographie, dem ich diese Untersuchung gewidmet habe, ist die Herkunft und Geschichte dieses geographischen Konzeptes, das aus Südamerika den Drachenschwanz geformt hat.

Auf der Suche nach einer Antwort werde ich von Karte zu Karte in der Zeit zurückgehen, denn ich weiß, daß die Kartographen — und wohlgemerkt nicht nur sie — oft ihre wichtigsten Informationen in den Arbeiten ihrer Vorgänger vorfinden. Sie verändern und fügen nur das hinzu, wozu sie durch eigene Forschung oder eigenes Nachdenken gekommen sind, sowie die Angaben, an die sie während der Vorbereitung ihrer Arbeit gelangten.

II. Der Drachenschwanz auf den Karten von 1574—1553[3]

II.1. Die Ptolemaios-Karten

Auf sehr vielen Karten bildet Südamerika eine über die mittelamerikanische Landenge an das chinesische Festland anschließende asiatische Halbinsel. Ich greife hier aber nur die wichtigsten heraus, denn die anderen sind einfache Kopien davon und oft genug auch noch schlechte dazu.

Die letzte bekannte Karte, auf der Südamerika mit Asien verbunden ist, ist die Weltkarte von Giulio Sanuto, erschienen als Anhang zu einer von Girolamo Ruscelli aus dem Griechischen in Latein übersetzten und später von Giovanni Malombra durchgesehenen und verbesserten *Geographie des Ptolemaios*. Diese Ausgabe erschien 1 5 7 4 in Venedig (*183* 137 und 291).

Im Verlauf dieses Buches werden wir Ptolemaios noch häufig begegnen, ein ganzes Kapitel ist ihm gewidmet. Obgleich er den Fehler beging, den Heliozentrismus seiner Vorgänger zu verlassen und zum geozentrischen System zurückkehrte, war der Einfluß seiner geographischen Arbeiten, vor allem seiner Weltkarte, nach ihm *Ptolemaios-Karte* genannt, bis zum 17. Jahrhundert groß. Er lebte im 2. Jahrhundert in Alexandria und schrieb mehrere wissenschaftliche Arbeiten. Uns interessiert hier nur die *Geographiké Hyphégesis* oder *Anleitung zum Zeichnen einer Erdkarte*, traditionell ist sie unter dem Namen *Geographie des Ptolemaios* bekannt. Wie die meisten wissenschaftlichen Werke der Antike blieben die Arbeiten des Ptolemaios, insbesondere seine *Geographie*, in der christlichen Welt des westlichen Europa fast durch das ganze Mittelalter hindurch unbekannt. Dagegen bewahrte man sein Andenken in den Klöstern des oströmischen Reiches, besonders in Konstantinopel und Griechenland, wo sich die Kopisten nicht darauf beschränkten, die Handschriften der *Geographie* abzuschreiben: sie nahmen sich oft auch die Freiheit, den Originaltext auf den neuesten Stand zu bringen, das Vorbild zu verbessern und zu ergänzen, was da nach ihrer nicht immer sonderlich von Sachverstand erhellten Auffassung fehlte. Zum Glück steuerte jeder Kopist seine Veränderungen nach seinen persönlichen Vorstellungen bei und der Vergleich der erhaltenen Handschriften ermöglicht uns heute in einem gewissen Maß die Rekonstruktion des Originaltextes.

Seit dem 9. Jahrhundert wurde die *Geographie des Ptolemaios* in der *Dar al Hikma*, dem *Haus der Weisheit*, d.h. der Großen Bibliothek von Bagdad in Arabisch übersetzt. Dabei haben sich die Übersetzer aus Bagdad noch mehr Freiheit genommen als die Kopisten aus Byzanz.

Im Jahre 1410 stellte der Italiener Jacopo d'Angelo, manchmal auch „de Scarperia" genannt, die lateinische Übersetzung der *Geographiké Hyphégesis* als

---

[3] Aus notwendigen, sich aus dem Text ergebenden Gründen ist die Darstellung nach dem Ausdruck Hellmut Diwalds „gegenchronologisch" und stößt von jüngeren und dabei schlechteren zu älteren und dabei besseren Karten vor.

eigene Arbeit vor, in Wirklichkeit war sie von seinem verstorbenen Lehrer, dem Griechen Manuel Chrysoloras angefertigt worden, ausgeschmückt mit zahlreichen Irrtümern, die im allgemeinen das Werk von d'Angelo selbst sind (*40*). Am Ende des 15. Jahrhunderts wurde diese Übersetzung durch die Buchdruckerkunst in Westeuropa verbreitet, trotz der Proteste der zeitgenössischen Gelehrten. Unter ihnen demonstrierte Erasmus von Rotterdam (1467–1536) seine Gegnerschaft dadurch, daß er 1532 in Basel den griechischen Text des Ptolemaios herausgab (*38*).

II.2. Die Karte des Giulio Sanuto von 1574   (Abb. 1)

Die Karte von Giulio Sanuto ist keine Darstellung im Sinne des Ptolemaios, sondern eine Weltkarte, d.h. die Darstellung der ganzen Erdoberfläche in zwei Halbkugeln. Dieses System erscheint nicht anwendbar, solange weite Gebiete der Erde noch nicht entdeckt sind.

Trotzdem wurde es seit dem 5. Jahrhundert von Ambrosius Aurelius Theodosius Macrobius (ca. 395–436) in seinen *Kommentaren zu Scipios Traum* (*134*) angewendet. Dort hat Macrobius eine Weltkarte entworfen, die man als sehr abstrakt bezeichnen könnte, um seine Auffassung von der Aufteilung der Erde in vier Teile zu illustrieren (*183 26–39*).

Auf der Karte von Sanuto hat Südamerika im allgemeinen eine von der Realität stark abweichende Form, besonders im südlichen Teil. Die Breite des Kontinents beträgt auf 35°s. Br. ungefähr 50 Längengrade, wohingegen seine wirkliche Breite nicht mehr als 15° beträgt. Von da an wird der Kontinent nach Süden zu immer schmaler und endet bei 53° s. Br. mit der Magellan-Straße, wo sie sich auch tatsächlich befindet. Südlich davon hat Feuerland ungefähr die richtige Ausdehnung, der Kartograph gab ihm allerdings eine viereckige statt der dreieckigen Form.

Das Flußnetz dieser Karte ist dürftig. Das System des Paraná ist auf der Grundlage spanischer und portugiesischer Expeditionen annehmbar eingezeichnet. Der Amazonas, den Orellana 1541 hinabgefahren war und der Orinoco, den schon Kolumbus entdeckt hatte, scheinen dem Kartographen unbekannt gewesen zu sein.

Zwischen Rio de la Plata und Magellan-Straße zeichnet Sanuto keinen Fluß ein, obwohl Magellans Flotte dort 1520 die Mündung des Rio Deseado (unter dem Namen Rio de Juan Serrano) und die des Santa Cruz, in deren Nähe dieser Juan Serrano Schiffbruch erlitten hatte, entdeckt hatte.

Genau in der Mitte Südamerikas kann man die Eintragung lesen: AMERICA ASIAE PARS, Amerika Teil von Asien, wie es außerdem noch die Vereinigung der beiden Kontinente zwischen 48° und 70° n. B. auf dieser Weltkarte zeigt. Der südlich des 48. Breitengrades liegende Teil Nordamerikas ist ungefähr richtig eingezeichnet. Man kann deutlich die Halbinseln Florida auf der Atlantikseite und Niederkalifornien, auf der Pazifikseite, erkennen.

Der Teil Chinas, der die Verbindung zum heutigen Kanada herstellt, trägt die Bemerkung TERRA INCOGNITA, das traf sowohl für den Norden Asiens, als auch für den Norden Amerikas zu. Diese geographische Darstellung konnte für diese Epoche gerechtfertigt erscheinen, denn die Meerenge, die Amerika von Asien trennt, wurde offiziell erst 1728 von dem Dänen Vitus Bering (1680– 1741) entdeckt[4], dessen Namen sie auch heute trägt. Doch erscheint diese Meerenge schon unter dem Namen *Straße von Anian* auf den Karten von Bolognino Zaltieri, Gerhard Mercator, Abraham Ortelius, Nicolas Desliens, Tramezini usw., alle Zeitgenossen von Sanuto und demzufolge der offiziellen Entdeckung eineinhalb Jahrhunderte voraus (*44*).

II.3. Die Karte von Francesco Basso 1571 (Abb. 2)

Diese Teile der Erde sind auf einer von Francesco Basso 1 5 7 1 in Mailand gezeichneten Karte, die also älter ist als die von Sanuto, etwas anders dargestellt. Sie befindet sich heute in der Universitätsbibliothek von Turin (*106 155*).

Auch hier ist Südamerika als Drachenschwanz dargestellt. Seine Identifizierung läßt keinen Zweifel zu, denn man kann dort die Namen *El Peru*, *El Brasil*, *Castilla Doro*, *Bresilia* und *America Nova* lesen, außerdem die Warnung *Anthropophagi*, Menschenfresser, in Nordbrasilien.

Das Flußnetz ist sehr spärlich. Der Amazonas mündet viel zu weit südlich in den Atlantik, noch schlechter ist die Lage seiner Quelle bei 39°s. Br., also in einem Gebiet, das dem nördlichen Patagonien zuzurechnen ist. Sein Lauf durchquert im Zickzack den ganzen Kontinent von Süden nach Norden, rechtwinklig zu seinem wirklichen Verlauf.

Die Mündungstrompete des Rio de la Plata ist hier nach Norden ausgerichtet und scheint nur den Rio Uruguay aufzunehmen, ohne daß man eine Spur vom Paraná feststellen könnte, der doch schon von Sebastian Cabot 1526–1532 erforscht worden war.

Der Süden des Kontinents ist vom Rand der Karte abgeschnitten. Man weiß weder, welche Form der Kartograph Feuerland zuschrieb, noch ob er von seiner Existenz überhaupt eine Ahnung hatte. Jedoch ist das weite Gebiet *Patali*, das aus dem unteren Kartenrand zu wachsen scheint, ein Erbe aus früheren Epochen der Kartographie, als Patali der nördlichste Teil des antarktischen Kontinents war. Vielleicht handelt es sich aber auch um eine frühkartographische Darstellung Australiens, auch wenn die Nordgrenze nur bis 40°s. Br. reicht, statt bis 10° s. Br. beim wirklichen Australien.

Die Inseln Kuba und Hispaniola sind an der richtigen Stelle eingezeichnet, während Florida zu stark gewundene Umrisse hat und nach Südosten statt nach

---

[4] Die heute anerkannte Entdeckung durch den Kosaken Semen Dežnev (Deshnew) 1648 war zu dieser Zeit noch unbekannt!

Süden gerichtet ist. Auf der pazifischen Seite ist Niederkalifornien zu nahe an *Giapan* (Japan) gerückt und zieht sich im Norden bis *Asia Magna sive India Borealis* (Groß-Asien oder Nordindien). Die Südküste der Landbrücke zwischen den beiden Kontinenten, d.h. der nördlichste Punkt des Pazifik befindet sich bei 33°n. Br., 15° südlicher als auf der Karte von Sanuto.

Die Landbrücke, die Asien und Amerika nördlich von Japan verbindet, entspricht zweifellos dem östlichen Sibirien und Alaska. Francesco Basso nennt sie *India borealis*. Auf vielen Karten der Renaissance wird das als Drachenschwanz oder südliche Verlängerung Chinas angesehene Südamerika als *India Meridionalis* (Südindien) bezeichnet.

Diese Namen und geographischen Vorstellungen sind von den antiken Kartographen übernommen worden. Sie nannten *alles, was sich östlich von Persien befand, Indien*. Schon Ktesias schrieb im 5. Jahrhundert v. Chr. ein Buch über Indien (*31*). Wenig später gab Herodot von Halikarnassos (ca. 484—ca. 425 v. Chr.) eine ausführliche Beschreibung der Inder, deren Staat das 20. Verwaltungsgebiet im Imperium des Darius bildete (*89* III 94—105). Es handelte sich nicht nur um das Land zwischen Ganges und Indus, *India Cisgangetica*, d.h. das Indien diesseits des Ganges, sondern auch um das Gebiet nördlich des Himalaya, östlich von Baktrien, das man *India superior*, Oberindien, nannte; diese Bezeichnung wurde später auf das übrige China ausgedehnt.

Seit Marinos von Tyros, im ersten Jahrhundert unsrer Zeitrechnung, erlauben die über Birma, Siam und Indochina gesammelten Informationen die Zusammenfassung dieser Gebiete unter dem Begriff *India transgangetica*, Indien jenseits des Ganges. Wir sprechen heute noch von Hinterindien. Und endlich besaßen Marinos und seine Nachfolger noch einige wenige Informationen von einem vierten Indien, das jenseits eines großen Golfes liegt und sich weit nach Süden erstreckt. Das ist es, was die Kartographen der Renaissance als *India meridionalis*, Südindien, bezeichneten, das die Spanier aber *India occidentalis*, Westindien, nannten, ein Begriff, der mit einer räumlich eingeschränkten Bedeutung auch heute noch gebraucht wird, damals aber ganz Südamerika umfaßte.

Francesco Basso fertigte 1570 einen Erdglobus an, auf dem Südamerika auch den Drachenschwanz bildet (*106*).

II.4. Von Gastaldi (1562) bis Girava (1556)

a) Im Jahre 1 5 6 2 veröffentlichte der venezianische Verleger Giovanni Francesco Camo eine von Jacopo Gastaldi signierte Weltkarte (Abb. 3), deren große Abmessungen und gut lesbare Aufschriften eine eingehende Prüfung zulassen (*183* 286).

Im allgemeinen Eindruck, den diese Karte von Amerika gibt, ähnelt sie der von Francesco Basso. Der Amazonas entspringt hier bei 39° s. Br., also im Norden der patagonischen Einöde und schlängelt sich bis zum Nordwesten von

Brasilien. Der Rio de la Plata ist ganz klein; der Paraná, sehr kurz, entspringt bei 30° s. Br. in der heutigen Provinz Corrientes.

Nordamerika ist über eine sehr breite Landbrücke, die sich von 40° bis 70° n. Br. erstreckt, mit Asien verbunden.

b) Die in der 1 5 6 1 in Basel von Johannes Honterius veröffentlichten *Cosmographiae Rudimentis* enthaltene herzförmige Weltkarte (*183* 285) zeigt ein sehr ähnliches Weltbild wie die Gastaldis von 1562, allerdings mit projektionsbedingten starken Verzerrungen (Abb. 4).

c) 1 5 5 6 veröffentlichten Juan Antonio Castellón und Cristobal Caro in Mailand die *Dos Libros de Cosmographia* des aus Tarragona stammenden katalanischen Kartographen Hieronymo Girava (*182* 46 und *183* 281).

Die Karte in herzförmiger Projektion (Abb. 5), die zu diesem Buch gehört, entstand nach einer Vorlage des Deutschen Gaspar Vopelius, wie Girava eingesteht oder vielmehr angibt. Sie unterscheidet sich von anderen Karten ihrer Zeit darin, daß auf ihr die Quelle des Amazonas weiter südlich eingezeichnet ist, als auf irgendeiner anderen Karte: bei 44° s. Br., mitten in der Provinz Chubut.

Diese Karte trägt übrigens eine Angabe über die Entdeckung von Feuerland im Jahre 1499, der ich eine Untersuchung gewidmet habe (*57*).

d) *Die Weltkarte von Lopo Homem aus dem Jahre 1554* (Abb. 6). Zu Unrecht wird diese 1 5 5 4 von Lopo Homem in Lissabon von Hand gezeichnete Karte als Weltkarte bezeichnet. Sie wurde 1948 von Levillier (*132*) und 1964 von Bagrow und Skelton (*11*) kommentiert. Die Gesamtlänge dieser Karte beträgt nicht 360°, sondern nur 250°, das ermöglicht dem Autor, das Problem der Landbrücke zwischen Asien und Nordamerika zu umgehen. Der Vermerk *Quarta pars mundi* in Nordamerika ist kein Argument gegen die mögliche Annahme der Existenz dieser Landbrücke durch Homem, denn eine viel größere Landverbindung besteht zwischen Europa und Asien, die trotzdem als zwei Erdteile betrachtet werden. Es ist also wahrscheinlich, daß Homem Südamerika als Drachenschwanz ansah, wie seine Zeitgenossen.

Auf der Karte von Homem fließt der Amazonas von Westen nach Osten, was der Wirklichkeit entspricht, während auf den schon betrachteten späteren Karten dieser Fluß von Süden nach Norden fließt. Dies ist nur das erste Beispiel für ein Phänomen, dem wir im Laufe dieser Untersuchung noch häufiger begegnen werden: *ungefähr zwischen 1489 und 1589 hat sich die kartographische Darstellung Südamerikas nur verschlechtert.*

III. Ein einziges Amerika: Der Drachenschwanz (1550—1503)

III.1. Gastaldis Karte von 1548

Die *Carta Marina Nuova Tavola* benannte Karte von Jacopo Gastaldi (Abb. 7) ist ein Portulan, der die ganze Erdoberfläche wiedergibt, mit Ausnahme vielleicht der nicht schiffbaren Polargebiete. Er ist Teil des Anhangs über moderne Kartographie zur von Sebastian Münster 1 5 4 8 in Venedig herausgegebenen *Geographie des Ptolemaios*.

Diese *Geographie* von Münster enthält die lateinische Übersetzung Jacopo d'Angelos, die nach der Überlieferung Agathodaimon zugeschriebenen und die modernen Karten, die den „neuesten Stand" des Atlasses begründen.

Auf der Karte von Gastaldi sieht man die Halbinsel *Florida*, die Inseln Kuba und Hispaniola, Mexiko unter der Bezeichnung *Nueva Hispania*; etwas weiter südlich den Namen *Mexico*; den Hafen *Nombre de Dios* mit seinem Ortsnamen und Venezuela, *Castilla del Oro* genannt.

Vom Amazonas sieht man nur den Unterlauf, denn der Kartograph ist ein vorsichtiger Mann, der den Legenden, die sich um den Oberlauf ranken, mißtraut. Der Rio de la Plata und der Paraná-Paraguay sind bis Asunción richtig gezeichnet. Schließlich die Namen *El Brasil* und *El Peru*; sie erscheinen an den richtigen Stellen.

Diese ersten Beobachtungen erlauben schon auf einen Blick den Schluß, daß diese 1548 gezeichnete Karte ganz eindeutig den im vorangegangenen Kapitel betrachteten, später erschienen Karten von Sanuto, Francesco Basso und Girava überlegen ist, wegen ihrer größeren Genauigkeit und Vollständigkeit. Dies ist ein weiterer Beweis für den seltsamen Umstand in der Kartographie Südamerikas in den hundert Jahren nach 1489: *je älter eine Karte ist, um so genauer ist sie!*

Auf dem Portulan von Gastaldi endet der amerikanische Kontinent im Süden mit einer Meerenge, die den Namen *Strecho de Fernando Magalhaes* trägt, darin vermischen sich Italienisch, Spanisch und Portugiesisch. Südlich dieser Meerenge erstreckt sich eine sehr große Insel, die einen sehr großen Teil des antarktischen Kontinents umfaßt und als *Tierra del fuego* bezeichnet wird. Daß Feuerland der Antarktis oder vielmehr, daß die Antarktis dem Feuerland einverleibt wurde, ist den meisten zwischen den Fahrten von Magellan-Elcano (1519—1522) und Le Maire (1615—1617) gezeichneten Karten eigen.

Auf dem gleichen Portulan bilden *Florida* und *Nueva Hispania* den östlichen Teil von China, das sich im Süden durch den Drachenschwanz verlängert. Westlich von Florida steht zu lesen *Mangi R.*, d.h. *Mangi Regnum*, Chinesisches Reich. Weiter westlich, immer noch im asiatisch-amerikanischen Kontinent befindet sich *Catayo R.*, der Name Chinas nach Marco Polo. Genau südlich von Catayo erscheint der Name *la Chine* zum dritten Mal. Ein viertes China, *Serica R.* befindet sich noch weiter westlich, es bezeichnet wahrscheinlich nicht das Land, in

39

dem die Seide gewebt wurde, sondern das, in dem die arabischen Händler sie kauften, vielleicht Sinkiang oder Sogdiana[5] (95).

Die Inseln *Malucho* oder Molukken, *Iaua* oder Java und die Halbinsel Malakka nehmen auf der Karte im Verhältnis zu China fast die richtige Lage ein.

Der südlich von Malakka und westlich von *El Peru* liegende Ozean wird als *Oceano Meridional* bezeichnet. Er ist das *Mar del Sur,* der Pazifik der Spanier.

III.2. Von Vopelius 1542 bis zum Globus von Gotha

a) *Der Globus von Vopelius 1542* (Abb. 8). Dieser 1 5 4 2 in Köln angefertigte Globus (*183* 269) enthält für beide Amerika zahlreiche Ortsnamen. China ist nicht nur mit Kanada durch Festland verbunden, sondern auch weiter südlich mit den heutigen USA und Mexiko, denn der südlichste Teil der Landbrücke befindet sich schon bei 20° n. Br., was damit auch der nördlichsten vom Pazifischen Ozean erreichten Breite entspricht.

Feuerland bildet einen Teil des antarktischen Kontinents, dessen nördlichstes Gebiet, *R. Patalis,* 25° s. Br. erreicht.

b) Der vergoldete Silberglobus von Nancy, 1 5 3 5 angefertigt, entspricht dem Stil der Zeit (*183* 258). Er unterscheidet sich hauptsächlich durch das Metall, aus dem er gefertigt ist. Auffällig erscheint, daß der nördlichste Punkt des Pazifik noch weiter nach Süden verlegt wurde als beim vorangegangenen Globus: auf 16° n. Br..

c) Der Atlas Lafreri, 1566 erschienen, enthält eine Weltkarte (Abb. 9) in herzförmiger Projektion, die zwischen 1 5 3 4 und 1 5 3 6 von dem berühmten französischen Kartographen Oronce Finé entworfen wurde, es handelt sich um die *Cosmographia Universalis ab Orontio olim descripta* (*183* 287 und 62).

Die herzförmige Projektion verzerrt die am Rand gelegenen Gebiete beträchtlich. Da der Meridian der Kanarischen Inseln als Hauptmeridian gewählt wurde, ist ganz Amerika stark verzerrt. Sein Flußnetz ist recht dürftig. Der Amazonas ist hier ein sehr kurzer Fluß, dessen Quelle bei 12° s. Br. liegt und der nach Norden abfließt. Die Hydrographie des Kontinents ist ziemlich undurchsichtig. Die Nordgrenze des Pazifischen Ozeans ist bei 22° n. Br. eingezeichnet, nahe dem Wendekreis des Krebses.

d) *Der Marmorglobus von Gotha* (Abb. 10) scheint eine verkleinerte Kopie des Globus von Johannes Schöner aus dem Jahr 1 5 3 3 zu sein. Es gibt eine Reproduktion des Globus in Mollweidescher Projektion, entworfen von Werner Horn, der diesem Globus mehrere Beiträge gewidmet hat (*103*).

Die Gestalt der Halbinsel Florida ähnelt stark der bei Gastaldi. Der Golf von Mexiko ist dort weniger gut dargestellt, und das Gleiche kann man auch von Kuba und Hispaniola sagen. Ein großer Mündungstrichter ist möglicherweise der des Amazonas, obwohl seine Koordinaten eher auf den Orinoko schließen lassen.

---

[5] Die Hauptstadt dieses Gebietes ist das heutige Samarkand.

Die allgemeine Form der südatlantischen Küste stimmt, man sucht allerdings vergeblich nach dem Rio de la Plata. Feuerland ist vollkommen im antarktischen Kontinent aufgegangen, der sich weit gegen Norden ausdehnt und Australien und ein imaginäres Land im Süden des Indischen Ozeans mit umfaßt, hervorgerufen durch flüchtige Sichtung der Prinz Edward Inseln, Crozet und Neuamsterdam.

Mexiko verlängert sich nach Nordwesten zum asiatischen Kontinent. Die Halbinsel Malakka ist in West—Ost-Richtung größer als Indien. Die Form und Lage der Inseln östlich von Malakka erlauben es nicht, Indonesien und die Philippinen zu unterscheiden, obwohl diese beiden Inselgruppen zur Entstehungszeit des Globus von Gotha schon gesichtet und erforscht worden waren.

III.3. Schöners Globus von 1533

Johannes Schöner, der berühmte Nürnberger Kartograph, hat 1533 den vierten von ihm bekannten Globus angefertigt (Abb. 11). Im Gegensatz zu seinen Globuskonstruktionen 1515 und 1520 hat Schöner 1533 die Idee des Drachenschwanzes übernommen und Südamerika als asiatische Halbinsel dargestellt.

Die Küstenlinie, die der auf dem Gothaer Globus stark ähnelt, zeigt sehr viel mehr Einzelheiten. Die verhältnismäßig große Anzahl von Ortsnamen an der Küste stellt allerdings nur einen geringen Fortschritt dar. Das Flußnetz ist äußerst spärlich und läßt den Gedanken aufkommen, daß der Kartograph nicht über die notwendigen Informationen verfügte, um es richtig einzuzeichnen. Die allgemeine Darstellung Südamerikas und Feuerlands zeigt zahlreiche Fehler an Stellen, die Schöner auf seinen früheren Globen richtig gezeichnet hatte. Man kann hier erneut den Verfall der Kartographie im 16. Jahrhundert feststellen.

Mitten in Brasilien kann man lesen: AMERICA, INDIAE SUPERIORIS ET ASIAE CONTINENTIS PARS, d.h. „Amerika, Teil Oberindiens und des asiatischen Kontinents".

Auf Schöners Globus von 1533 ebenso wie auf dem Gothaer Marmorglobus sind die Ortsnamen so geschrieben, daß die Unterkante der Buchstaben zum Äquator gerichtet ist, d.h. man muß den Globus umdrehen, wenn man die Ortsnamen auf der Südhalbkugel lesen möchte.

Der Pazifik trägt auf diesem Globus den Namen *Mare Magellani* und die Namensgebung an der patagonischen Küste stammt von Antonio Pigafetta, dem Chronisten der ersten Erdumsegelung.

Sowohl in Asien als auch in Amerika sind die Ortsnamen an die Küste gesetzt. Die *Regio Patalis*, damals sehr in Mode, reicht bis 22° s. Br. Weiter im Westen befindet sich eine *Terra Australis recenter inventa sed nondum plene cognita*[6], wie auf dem Gothaer Globus, bei Vopelius und bei so vielen anderen (63).

---

[6] Das Südland, neuerdings aufgefunden, aber noch nicht vollständig bekannt.

III.4. Die Karte von Oronce Finé von 1531 (Abb. 12)

Gehen wir auf der Suche nach den Ursprüngen des Drachenschwanzes weiter zurück. Jetzt ist eine Karte an der Reihe, die die Aufmerksamkeit der Forscher unseres Jahrhunderts besonders auf sich gezogen hat: die *Nova et integra Orbis Descriptio* in doppelherzförmiger Projektion, angefertigt von Oronce Finé 1 5 3 1 in Paris (*183* 235 und 62).

Die Berühmtheit Oronce Finés (Orontius Finaeus) rührt zum großen Teil von der 1890 in Latein abgefaßten Doktorarbeit eines der besten Historiker der Kartographie der Renaissance, Lucien Gallois, her (62).

Immerhin hat diese Karte 1966 neues Interesse hervorgerufen, als Charles Hapgood in der amerikanischen Zeitschrift *Fate* einen Artikel veröffentlichte (87), in dem er zu folgenden Schlüssen kam: Der antarktische Kontinent von Oronce Finé ist eine außerordentlich gute Darstellung der ganzen unter dem Eis liegenden Küstenlinie des sechsten Kontinents, und seine im Innern eingezeichneten Gebirge entsprechen ebenfalls der Realität. Mit anderen Worten, die Küste nach Finé ist die, die der antarktische Kontinent hätte, wenn alles Eis, das sein Küstengebiet bedeckt, abschmelzen würde. Hapgood schließt daraus, daß Finé eine sehr alte Karte kopiert hat, die während einer Zwischeneiszeit gezeichnet worden ist, als die Küste des antarktischen Kontinents eisfrei war. Die letzte dieser Perioden begann ungefähr 6000 v. Chr. und endete 4000 v. Chr.

Die kartometrische Analyse von Hapgood zeigt, daß die von Finé benutzte Vorlage in doppelherzförmiger Projektion gezeichnet war, das ist um so bemerkenswerter, als die Erfindung dieser Projektion im allgemeinen Finé selbst zugeschrieben wird, denn er ist der früheste bekannte Kartograph, der sie angewendet hat.

Beiläufig wäre noch anzumerken, daß Paul Rivet, der Gründer des „Musée de l'Homme" in Paris, überzeugt war, daß die Eingeborenen von Feuerland während der gleichen Zwischeneiszeit von Australien aus über den antarktischen Kontinent dorthin gelangt seien. Wußten diese späteren Feuerländer etwas von Astronomie und Kartographie? Selbst wenn es so wäre, wie gelangten dann ihre Informationen und Karten in die Hände von Finé, der im Frankreich des 16. Jahrhunderts arbeitete?

Diese Fragen, die einigermaßen überspannt erscheinen, sind es sehr viel weniger, wenn wir uns ansehen, daß ähnliche Probleme sich den anderen Kartographen des Mittelalters und der Renaissance stellten — gleich wie sie uns heute erscheinen.

Hapgood führt seine Darlegungen noch weiter aus. Die geheimnisvollen Seefahrer haben sicher über solide gebaute Schiffe verfügt. Ihr Wissen über die Kunst der Navigation war hervorragend. Um eine derart genaue Karte anzufertigen, hatten sie ebenso gute Triangulationsinstrumente nötig, wie die, die wir seit dem 18. Jahrhundert kennen. Die Zeichnung der Karte in doppelherzförmiger

Projektion erfordert unter anderem die Anwendung der sphärischen Trigonometrie.

Die Erforschung eines Kontinents, auf die Hapgood aufmerksam macht, die kartographische Aufnahme seiner Küsten und zahlreicher geographischer Kennzeichen des Innern, setzen das Vorhandensein einer zivil und militärisch hoch organisierten Gesellschaft und einer Regierung, die zugleich mit ungeheuren materiellen Mitteln und einer großen Machtfülle ausgestattet gewesen ist und einen großen Willen zur Ausdehnung besitzt, voraus. Das alles verträgt sich schlecht mit unserem heutigen Wissen über menschliche Gesellschaften des 6. Jahrtausends vor unserer Zeit. *Daß wir keine Lösungen für diese vor- und frühgeschichtlichen Probleme haben, schmälert nicht die Tatsache ihrer Existenz.*

Nachzutragen ist noch, daß auf dieser Karte von Oronce Finé der asiatische und der amerikanische Kontinent zwischen 20° und 70° n. Br. zusammengewachsen sind.

Der Drachenschwanz befindet sich in einem Zwischenstadium zwischen älteren und jüngeren Karten; z.B. fließt der Amazonas von Süden nach Norden, aber seine Quelle liegt auf 18° s. Br., anstatt wie bei einigen späteren Karten, bei 39° s. Br.

III.5. Der Globus des Franz von Mecheln

Die Karte von Oronce Finé und die anderen in diesem Kapitel besprochenen Karten und Globen haben einen Charakterzug gemeinsam: das Vorhandensein eines einzigen Südamerika, das durch einen schmalen Isthmus, den man leicht als Mittelamerika identifizieren kann, mit China verbunden ist.

Diese geographische Vorstellung hat nur wenige vor 1531 bekannte Vorläufer: einen Globusentwurf und einige Kartenskizzen. Der Entwurf für einen Globus stammt von dem flämischen Mönch Frans Smunck, besser bekannt unter dem Namen Franz von Mecheln oder auch Franziskus Monachus (*183 245*).

Einer der hervorragendsten Kenner der Kartographie der Renaissance, Antoine De Smet, Ehrenkonservator der Bibliotheque Royale Albert Ier in Brüssel, hat dem flämischen Mönch einen sehr interessanten Beitrag gewidmet (*39*). Danach wurde Frans Smunck um 1490 in Mecheln oder seiner Umgebung geboren. Nach seinem Studium an der Universität Löwen wurde er Franziskaner und verbrachte den Rest seines Lebens an seinem Geburtsort. Zwischen 1526 und 1530 entwarf und bereitete er einen Erdglobus vor, der von dem Goldschmied Gaspard van der Heyden, besser unter dem Namen Gaspard a Myrica (*37*) bekannt, ausgeführt wurde. Der Globus ist verloren gegangen, aber der Kommentar, der zu ihm gehörte, ist erhalten geblieben.

Diese kleine Druckschrift widmete Franz von Mecheln seinem Förderer Jean Carondelet, dem Erzbischof von Palermo und Präsidenten des Geheimen Rates der Niederlande, der seinen Sitz in Mecheln hatte. Karl, der Erbprinz der Niederlande, war zugleich König Karl I. von Kastilien und der deutsche Kaiser Karl V., er konnte deshalb seinem Geburtsland nur wenig Zeit widmen und vertraute die Regierungsgeschäfte seinen Verwandten mit der Unterstützung des Geheimen Rates an.

Der Titel der kleinen Druckschrift lautet: *De Orbis Situ ac Descriptione, ad Reverendissimum Dominum Archiepiscopum Panormitanum Francisci Monachi ordinis Franciscani epistola sane quam luculenta.* Davon sind drei Ausgaben bekannt. Der Text umfaßt die vollständige Beschreibung der Erdkugel ebenso, wie die ihrem Bau zugrunde liegenden Theorien. Die Erstausgabe enthält außerdem die älteste bekannte Darstellung der Erde in zwei Halbkugeln (Abb. 13), wenn man die schon erwähnte von Macrobius ausnimmt, die ja nicht die bekannte, sondern die imaginäre Welt zeigte. Die beiden Halbkugeldarstellungen in dem Büchlein von Franz von Mecheln erheben nicht den Anspruch, Karten zu sein, sondern sie sind Skizzen, gezeichnet, um das Verständnis der Ausführungen über die Herstellung des Globus zu erleichtern.

Die westliche Halbkugel zeigt Südamerika in der Form des Drachenschwanzes, mit dem einzigen Unterschied, daß die mittelamerikanische Landbrücke von einem schmalen Kanal durchschnitten wird, einer Art Vorläufer des Panamakanals. Dieser Kanal spiegelt die von Christoph Kolumbus, Rodrigo de Bastidas, Alonso de Ojeda und anderen geteilte Vorstellung von einer westlichen Durchfahrt auf der Höhe der Antillen wider.

Der Globus von Franz von Mecheln hat Oronce Finé und Gemma Frisius als Vorbild gedient. Diese Globen haben folgende Merkmale:
1. Die Inschriften auf der Südhalbkugel stehen, wenn der Nordpol oben ist, auf dem Kopf.
2. Südamerika bildet den Schwanz des chinesischen Drachen.
3. Zum ersten Mal erscheint ein großes Südland auf diesen Globen, durch eine Meerenge, eher ein Vorläufer der Drake-Passage als der Magellanstraße, vom Drachenschwanz getrennt.

Die Darstellung von Franz von Mecheln ist so die älteste bekannte Karte, auf der der antarktische Kontinent nicht mit Südamerika zusammenhängt.

Es sind drei Globen bekannt, deren Inschriften auf der Südhalbkugel auf den Kopf gestellt sind: der Gothaer Marmorglobus, der von Schöner 1533 und der von Franz von Mecheln (*103*). Das gleiche Merkmal findet sich aber auf der Weltkarte von Nicolas Desliens aus dem Jahr 1566 wieder (*183* 288).

Außerdem bringt der Text Franz von Mechelns einen Hinweis auf die Stadt *Catigara* an der Pazifikküste Südamerikas, auf die in diesem Buch noch in einem eigenen Kapitel eingegangen wird.

Der vergoldete Globus, der sich in der Bibliothèque Nationale in Paris befindet, stammt aus der gleichen Zeit wie der Entwurf von Franz von Mecheln und wird im allgemeinen auf 1 5 26 datiert. Sein unbekannter Autor hat Südamerika ebenfalls als Drachenschwanz dargestellt.

III 6. Die Skizzen von Alessandro Zorzi, um 1503

Auf allen bisher betrachteten Karten war Südamerika durch eine verhältnismäßig lange und schmale Landenge mit dem asiatischen Kontinent verbunden, die Mittelamerika entspricht.

Später werde ich noch auf eine Reihe von Karten eingehen, auf denen dieser mittelamerikanische Isthmus nicht vorhanden ist. Der Drachenschwanz ist dort direkt an den Süden Asiens angehängt, mit der ganzen Breite des nördlichen Südamerika und ohne irgendeine Landenge. Vor der Betrachtung dieser Kartenfamilie, sehen wir uns noch eine Gruppe von Skizzen an, die ihren Merkmalen nach zur älteren Gruppe gehören und die Gegenstand einer ausgiebigen Debatte waren. Es handelt sich um die im allgemeinen „Karten des Bartholomeus Kolumbus" genannten Zeichnungen.

Während seiner vierten Reise erkundete Christoph Kolumbus die südamerikanische Küste von Kolumbien bis Panama auf der Suche nach einer Meerenge, die die Weiterfahrt nach Westen erlaubt hätte, zum asiatischen Indien, das Vasco da Gama 1498 an der Spitze einer offiziellen portugiesischen Flotte erreicht hatte. Durch die Eingeborenen von Veragua erfuhr Kolumbus von der Existenz eines großen Ozeans, neun Tage Fußmarsch weit im Westen.

Von diesem Moment an änderte sich die kartographische Vorstellung von der Verbindung zwischen Asien und dem Drachenschwanz. Die älteren Karten, über die auch Kolumbus verfügte, zeigten die beiden Kontinente über die ganze Breite der Nordseite des Drachenschwanzes, ungefähr $40°$, vereinigt, wie die folgenden Kapitel noch darlegen werden. Durch die *Entschleierung von Veragua* erfuhr Kolumbus, daß sich diese Entfernung auf neun Tage Fußmarsch (rund $3°$) verringerte, Später, nach der Entdeckung der engsten Stelle des Isthmus von Panama, schrumpfte die Verbindung zwischen den beiden Kontinenten auf nur $1°$. Der Drachenschwanz verwandelte sich so zu einer fast selbständigen Festlandmasse (*158* und *159*).

George Nunn zeigte, daß die drei Skizzen, die lange Zeit Bartholomeus Kolumbus, dem Bruder des Admirals, zugeschrieben wurden, die ersten kartographischen Darstellungen dieser gewandelten Vorstellung waren (*160*).

Diese Skizzen befinden sich in einer Sammlung von Reiseberichten unter dem allgemeinen Titel *Alberico*, d.h. Amerigo Vespucci, aufbewahrt in der Nationalbibliothek in Florenz. Die vier Teile umfassende Sammlung war von dem Venetianer Alessandro Zorzi[7] zusammengetragen worden. Zahlreiche Skizzen und Planzeichnungen schmücken den Rand des Textes. Die hier interessierenden befinden sich allerdings nicht am Rand, sondern unten auf den Blättern, so auf der Rückseite von Blatt 56, Vorderseite von Blatt 57 und der Rückseite von Blatt 60 des Kodex 81 (Abb. 14 und 15), der die italienische Fassung des Briefes von

---

[7] A. Zorzi sammelte zu Beginn der zwanziger Jahre des 16. Jahrhunderts Karten und Tagebücher von Entdeckungsreisen.

Christoph Kolumbus vom 7. Juli 1503 unter dem Titel *Como Colombo navego per ponente et trovo l'Asia et navego per la Costa de India del equinoctial ver il Polo Arctico et arrivo nel Regnio del Cataio (161)* enthält.

Diese Skizzen waren 1893 durch den österreichischen Historiker Franz von Wieser, der sie Bartholomeus Kolumbus zuschrieb, erstmals veröffentlicht worden *(211)*. Der Schwede Adolf Erik Freiherr von Nordenskiöld hat sie in seinem Buch über die Geschichte der Kartographie Periplus *(157)* abgebildet, ohne die Zuschreibung von Wiesers an den Bruder des Admirals in Zweifel zu ziehen.

Die folgende Generation hat die Arbeiten des vorigen Jahrhunderts einer harten Kritik unterzogen und von Wiesers Theorie wurde wenigstens in diesem Punkt von John Bigelow und Roberto Almagià angegriffen.

Bigelow schreibt, daß für diese Skizzen die heute verlorene Karte von Veragua, als deren Urheber man Christoph Kolumbus ansah, nicht als Vorlage diente *(17)*. Nach Bigelow suchte Kolumbus während seiner vierten Reise nichts als Gold und Edelsteine, vor allem Perlen und nicht eine Meeresstraße zum Pazifischen Ozean, den Kolumbus zu Recht mit dem *Großen Golf* identifizierte, der auf seinen Karten den lateinischen Namen *Sinus Magnus* trug, die Übersetzung von *Megas Kolpos* des Ptolemaios und Marinos von Tyros.

Bigelow behauptet, daß von Wieser drei Verwechslungen unterlaufen sind: 1. er verwechselte die Skizzen von Florenz mit der Karte von Bartholomeus Kolumbus; 2. er verwechselte die Bemerkungen von Bartolomeus mit der *Descriptio Jeronima*, dem angeblich von Bartholomeus seinem Beichtvater, dem Bruder Hieronimus von der Basilika San Giovanni in Lateran, anvertrauten Text; 3. er verwechselte die *Descriptio Jeronima* mit der Denkschrift von Zorzi, die das in der Nationalbibliothek in Florenz aufbewahrte Dokument ist. Bigelow fügt hinzu, daß diese Skizzen keine Randnotizen zum Text des „Briefes von Christoph Kolumbus" seien, sondern wohl Illustration des Textes von Alessandro Zorzi.

Almagià wendet sich ebenfalls gegen die Zuschreibung dieser Skizzen an Bartholomeus Kolumbus *(2)* und weist auf die von Zorzi angefertigten Skizzen in einem Kodex in Ferrara hin. Diese Skizzen sind Almagià zufolge, eine erste Version derer von Florenz. Daraus zieht er den Schluß, daß die Zeichnungen von Zorzi selbst sind und nicht von Kolumbus und daß sie eher der kartographischen Vorstellung Zorzis entsprechen als der des Kolumbus.

Die Karten, die die Grundlage für Christoph Kolumbus' Ideen zur Vorbereitung seiner ersten Reise bildeten, gehören zur Gruppe Hammer — Behaim — Laon. Diese drei kartographischen Dokumente sind bekannt und den beiden ersten ist je ein besonderes Kapitel dieses Buches gewidmet. Der Globus von Laon ist wahrscheinlich von Behaim beeinflußt, wie Behaim von Hammer. Es ist möglich, daß Hammer einen Teil seiner Vorstellungen von Toscanelli übernommen hat, aber da dessen Karte verschollen ist, ist es schwierig, zu unumstößlichen Schlüssen in diesem Punkt zu kommen.

Die Darstellung der Nordküste im Karibischen Meer auf den Skizzen Zorzis entspricht nach George Nunn (*161* 19) nicht den Vorstellungen der Brüder Kolumbus. Als er die Zeichnungen in Florenz eingehender untersuchte, stellte Nunn fest, daß der Abschnitt zwischen Retrete und dem Cabo de Luna der Skizze auf der Rückseite des Blattes 60 von Kolumbus stammt, das Übrige aber von Zorzi ist, es entspricht nämlich nicht den Vorstellungen des Kolumbus.

Zorzi seinerseits versichert, die Notizen von Bruder Hieronimus in Venedig erhalten zu haben, der sie seinerseits von Bartholomeus Kolumbus in Rom erhielt. Er sagt aber nichts über die kartographischen Skizzen aus.

IV. Wettstreit zweier Südamerika (1534—1502)

Zwischen 1534 und 1502 gab es gleichzeitig zwei Kartenfamilien, die unvereinbare Vorstellungen wiedergeben. Die eine, im vorigen Kapitel besprochen, verlegt alle von den spanischen und portugiesischen Konquistadoren zusammengetragenen geographischen Angaben über Amerika in den Drachenschwanz. Die zweite, der dieses Kapitel gewidmet ist, zeigt zwei Südamerika: eines in „Fernost" und eines in „Fernwest".

Das fernöstliche Südamerika ist zugleich der Ursprung des Drachenschwanzes auf den schon besprochenen Karten, die zwischen 1574 und 1502 gezeichnet worden waren und das Ergebnis der früheren Karten, deren Spur dieses Buch verfolgt, *in der Hoffnung, die Herkunft der Vorstellung von Südamerika als dem Drachenschwanz genau festzustellen.*

Das „fernwestliche" Südamerika ist im Westen des Atlantischen Ozeans eingezeichnet, gegenüber den Küsten Europas und Afrikas. Und hierher, in dieses westliche Amerika setzten die Karten dieser zweiten Gruppe die seit 1492 von den offiziellen kastilischen und portugiesischen Flotten erhaltenen Informationen ein. Die mittelalterlichen Vorstellungen über die Inseln des westlichen Atlantik veränderten sich dank der neuen Expeditionen in dieses Meeresgebiet. Zum Beispiel wandelte sich die Insel *Antilla* der Karten vom Anfang des 15. Jahrhunderts zu dem von Kolumbus und seinen Nachfolgern entdeckten Archipel der Antillen (*28*).

Das neueste kartographische Dokument, auf dem die beiden Südamerika zu finden sind, ist die sehr schöne Weltkarte eines unbekannten Autors, überschrieben: *Typus Cosmographicus Universalis*, die aus dem 1 5 3 4 in Tiguri gedruckten *Epitome trium terrae partium Asiae, Africae et Europae* von Joachim Vadiano stammt (*182* 135). Abgesehen von einigen Einzelheiten des Indischen Ozeans, die für diese Untersuchung keine Bedeutung haben, handelt es sich um die Kopie einer Weltkarte von Sebastian Münster, die den gleichen Titel trägt und in zahlreichen Exemplaren des Atlas *Novus Orbis Regionum ac Insularum Veteribus Incognitarum* enthalten ist, der 1 5 3 2 gleichzeitig in Paris und Basel von Simon Grynaeus herausgegeben wurde (Abb. 16).

Auf dieser Karte hat das neue, das westliche Amerika eine Form, die in nichts an die Wirklichkeit erinnert. Im Innern fehlen Ortsnamen, Flüsse und Berge vollkommen: es herrscht dort totale Leere. Man kann nur drei Namen lesen: *America, Terra Nova* und *Bresilia* (*183* 254 und 256).

Das „alte" Südamerika nimmt die normale Stelle des Drachenschwanzes ein, es bildet die südliche Verlängerung Chinas im fernen Osten. Seine allgemeine Form kommt der Realität recht nahe, jedenfalls ist sie sehr viel richtiger als die des „neuen" Amerika. Seine Küstenlinie gibt zahlreiche Einzelheiten richtig wieder und weist nur einige wenige Verzerrungen auf, die wohl über die zahlreichen

Vermittler vom hervorragenden deutschen Kartographen Heinrich Hammer aus Florenz vererbt worden sind.

Dieses östliche Amerika ist der wirkliche Schwanz des chinesischen Drachen, denn er ist an China angewachsen. Das Bedauerliche an den Karten mit den zwei Amerika ist, daß alle neuen Informationen dem westlichen Amerika, einer kümmerlichen Andeutung, dazu noch voller Irrtümer, zugute kamen.

Der bedeutende Kartograph Peter Apian(us) (eigentlich Bennewitz oder Bienewitz) teilte die Ideen seiner Zeit. In einer einfachen herzförmigen Karte (Abb. 17), die er *1530* in Ingolstadt gezeichnet hat (*183* 252), ist der Drachenschwanz besser dargestellt als auf anderen Weltkarten, die hier noch besprochen werden, denn Apian ist weniger vom Vorbild, Hammers Ptolemaioskarte, abgewichen, die hauptsächlich durch Waldseemüllers Weltkarte 1507 vermittelt wurde. Das westliche Amerika ist besser dargestellt als auf bestimmten späteren Weltkarten; für diese Untersuchung, die sich auf den Drachenschwanz beschränkt, ist das allerdings weniger von Interesse.

Ebensoviel kann man zu der 1530 in Antwerpen unter dem Titel *Typus Orbis Universalis iuxta Ptolemei Cosmographi traditionem et Americi Vespucii Aliorumque lustraciones a Petro Apiano Leysnico elucubr(atus)* (*183* 251) erschienenen Karte des gleichen Autors sagen (Abb. 18). Sie ist deutlicher als die vorhergehende, denn ihre Projektion verzerrt die vom mittleren Meridian weiter entfernten Gebiete nicht so stark.

Ein *1528* in Venedig von Pietro Coppo gezeichneter Portulan (Abb. 19) zieht die Aufmerksamkeit nur durch die ungewöhnliche Form seines neuen Amerika auf sich, die an eine gefüllte Tomate erinnert, der Drachenschwanz dagegen hat im großen und ganzen die richtige Form Südamerikas (*10* und *183* 249).

Die gleiche Auffassung gilt auch für die ebenfalls *1528* in Venedig von Benedetto Bordone angefertigte Weltkarte (Abb. 20), auf welcher der Drachenschwanz eine dürftige Imitation der Vorbilder ist, während das neue Amerika in nichts der Realität entspricht. Woher wissen wir, daß diese groteske Form Südamerika darstellen soll? Nur durch seine geographische Lage westlich von Afrika und die Bezeichnung, die man dort lesen kann: *mondo nuovo* (*183* 247).

Es gibt also eine ganze Reihe von Weltkarten, die sich von der Waldseemüllers aus dem Jahre 1507 ableiten lassen. Der Drachenschwanz besitzt immer die gleiche Form. Das neue Amerika im Westen ist dagegen nur eine unförmige Masse, deren Konturen von einer Karte zur anderen stark variieren und die kaum Ortsnamen aufweist. Das ist z. B. der Fall bei der neuen Weltkarte, die Laurentius Frisius seiner 1 5 2 2 in Straßburg erschienenen Ausgabe der Geographie des Ptolemaios beigefügt hatte, die er etwas hochtrabend mit *Orbis Typus Universalis iuxta Hydrographorum Traditionem exactissime depicta* (*183* 235) betitelt hat (Abb. 21).

Der 1 5 2 0 in Wien von Peter Apian herausgegebene *Typus Orbis Universalis* hat pseudoherzförmige Projektion. Er zeigt den Drachenschwanz wie alle Karten dieser Gruppe.

Johannes Schöner behält den Drachenschwanz auf seinem Globus von 1 5 2 0 ebenfalls bei (*183* 234). Es ist jedoch bemerkenswert, daß sein neues Amerika im Westen eine bessere allgemeine Form und Küstenlinie hat, als die auf den Karten von Laurentius Frisius von 1522 und 1525, Bordone 1528 und Pietro Coppo aus dem gleichen Jahr usw.. Hier zeigt sich erneut, daß die Entwicklung der Kartographie zwischen 1489 und ungefähr 1570 rückläufig war.

Der Globus des Johannes Schöner von 1 5 1 5 enthält einige wichtige Unterschiede im neuen Amerika im Vergleich zum Globus von 1520. Aber der Drachenschwanz ist auf beiden Globen gleich geblieben (*210* und *183* 215).

Die Weltkarten der Margarita Philosophica und der Globus von Louis Boulengier von 1 5 1 4 (*183* 221 und 222) schöpfen aus der gleichen Quelle wie die zuvor genannten Karten, in Genauigkeit und Ausstattung sind sie ihnen jedoch unterlegen.

Von der sehr bekannt gewordenen Karte des Piri Re'is aus dem Jahr 1 5 1 3 besitzen wir nur den westlichen Teil, auf dem das neue Amerika mit zahlreichen Einzelheiten dargestellt ist, die man durch die vor dem Herstellungsdatum durchgeführten bekannten Expeditionen nicht erklären kann (*86, 183* 216 usw.). Da die Piri Re'is-Karte sowohl zur europäischen als auch zur arabisch-islamischen Kartentradition gehört, ist es uns nicht möglich, das Aussehen des fernen Ostens auf ihr zu rekonstruieren. Jedoch scheint es sowohl aus der mittelalterlichen arabischen als auch aus der europäischen Tradition heraus sehr wahrscheinlich, daß Piri Re'is im Osten den Drachenschwanz eingezeichnet hatte. Inwieweit er richtig dargestellt war, kann natürlich nicht gesagt werden.

Die Karten von Stobnicza 1 5 1 2 und Bernardus Sylvanus von 1 5 1 1 sind einfache Kopien der Karte von Waldseemüller, abgesehen von der Projektion der Karte des letzteren. Schwächer sind die Darstellungen des Henricus Glareanus von 1 5 1 0. Der Globus von Lenox entspricht der gleichen Konzeption (*183* 209).

Die *Universalior Cogniti Orbis Tabula ex recentibus confecta Observationibus* (*183* 80–82 und 207) des holländischen Mönches Jan Ruysch (Abb. 22) erschien 1 5 0 8 in Rom als aktualisierender Anhang zur Geographie des Ptolemaios, um das Heft *Nova Orbis Descriptio* von Marco Beneventano zu erläutern. Die große Eigentümlichkeit dieser Karte ist ihre fächerförmige Projektion mit einem polaren Winkel von 222°. Diese Darstellungsweise stammt von Contarini – Rosselli aus dem Jahre 1 5 0 6 (*183* 198), aber trotz ihrer großen Vorzüge wurde sie von späteren Kartographen nicht übernommen.

Auf dieser Karte von Jan Ruysch hat eine Inschrift südlich des neuen Amerika große Bedeutung für die frühe Entdeckungsgeschichte: *Nautae lusitani partem hanc terrae hujus observarunt et usque ad elevationem poli antarctici 50 graduum pervenerunt nondum tamen ad ejus finem austrinum.* Auf Deutsch: ,,Die portugiesischen Seefahrer haben diesen Teil des Gebietes gesichtet und sind bis 50° s. Br. gekommen, ohne sein südliches Ende zu erreichen." Das ist offensichtlich eine Anspielung auf die Reise der zeitweilig Amerigo Vespucci unterstellten portugiesischen Flotte von Gonzalo Coelho in den Jahren 1501 und 1502.

Für den übrigen Inhalt der Karte bediente sich Ruysch der Weltkarte von Waldseemüller als Vorlage, die zwar 1507 gedruckt wurde, deren Druckstöcke aber 1 5 0 6 geschnitten worden waren. Er übernimmt einige ihrer Fehler, verbessert aber gewisse wichtige Punkte: er ersetzt die alte Bezeichnung Taprobana durch den Namen Seylam (Ceylon), der von Waldseemüller und anderen einer fiktiven Insel nahe bei Feuerland gegeben worden war, den Namen Taprobana gibt er der Insel Sumatra gegenüber von Chryse Chersonnesus (54). Diese Konzepte werden in den folgenden Kapiteln noch erläutert.

Die Karte von Contarini und Rosselli aus dem Jahr 1 5 0 6 führt, wie schon erwähnt, die fächerförmige Projektion ein (Abb. 23), die Ruysch übernommen hatte. Dessen Karte ist, was den Inhalt an Ortsnamen des neuen Amerika angeht, besser als die von Contarini, obwohl sie nur zwei Jahre jünger ist. Dagegen ist die Form des alten Südamerika, des Drachenschwanzes, bei Contarini genauer als bei Ruysch (*183* 198). Ich komme nun zu den drei Karten, die von Rosselli signiert sind, der seit ungefähr 1480 als Kupferstecher in Florenz gearbeitet hatte, bevor er sich ausschließlich der Kartographie widmete. Seine drei Karten sind nicht datiert und unterscheiden sich in Darstellungsweise und Verwendungszweck. Dagegen ist ihr kartographischer Inhalt sehr ähnlich. Es handelt sich um zwei ovale Weltkarten und eine Seekarte.

Die drei Karten müssen vor 1 5 0 6 gezeichnet worden sein, obwohl sie erst viel später veröffentlicht wurden. Vermutlich waren sie Waldseemüller nicht bekannt, als er seine 1507 erschienene Karte entwarf.

Eine der ovalen Weltkarten von Rosselli mißt 35 · 19 cm. Es ist eine sehr schön kolorierte Karte. Sie wurde zwar gedruckt, es ist aber nur ein einziges Exemplar bekannt, das zu Beginn des 20. Jahrhunderts entdeckt wurde (*183* 70 und 199).

Die ebenfalls kolorierte Seekarte mißt 29 · 14 cm und gehört zum gleichen Atlas wie die beschriebene Weltkarte. Der geographische Inhalt beider Karten ist nahezu identisch, die Seekarte ist allerdings als Portulan gezeichnet (*183* 70 und 201).

Die andere ovale Weltkarte mißt 172 · 325 mm. Aufbewahrt wird sie in der Nationalbibliothek in Florenz, wo sie in einer 1532 erschienenen Ausgabe von Bartolomeo dalli Sonettis „Isolario" (Inselbuch) enthalten ist. Die Jahresangabe ist allerdings zweifelhaft, Almagià vermutet, daß 1 5 1 0 oder 1 5 1 6 richtiger wären.

Auf diesen drei Karten bildet das alte Amerika den Drachenschwanz, ähnlich wie auf der von Waldseemüller, aber mit weniger morgenländischem Einfluß; diese Einschränkungen der Fehler ist ohne Zweifel durch den Mangel an Platz bedingt, wegen der kleinen Abmessungen dieser Karte im Vergleich mit der Waldseemüllers. Das neue Amerika befindet sich im äußersten Westen. Es ist eine tomatenförmige große Insel, die die Bezeichnung *Terrae Sanctae Crucis sive Mundus Novus* (*193*) trägt.

Erwähnenswert ist schließlich noch die Seekarte von King — Hamy (gekauft von Richard King und untersucht von Ernest Théodore Hamy). Alberto Magnaghi schrieb sie Amerigo Vespucci zu, den portugiesischen Einfluß in ihr kann man aber nicht außer acht lassen. Wenn diese Karte 1 5 0 2 gezeichnet worden ist, wie man annimmt, ist sie das älteste Dokument, daß die beiden Südamerika zeigt (*183* 64 und 191, *182* 57—59).

V. Drei Südamerika auf einer Karte: Waldseemüller 1506—1507

V.1. Die Datierung von Waldseemüllers Karte

Die berühmte Weltkarte, die Waldseemüller 1507 herausgegeben hat (Abb. 24), ist die älteste gedruckte Karte auf der Südamerika zweimal dargestellt ist. Genauer gesagt sogar dreimal:
— Südamerika Nr. 1 ist der Drachenschwanz im fernen Osten.
— Südamerika Nr. 2 ist eine große Insel, die sich im äußersten Westen zwischen der mittelamerikanischen Meerenge bei 10° n. Br. und dem unteren Rand der Karte bei 42° s. Br. erstreckt.
— die Nr. 3, die den Namen PARIAS trägt, liegt zwischen dieser interamerikanischen Meerenge und 28° n. Br.; es ist der südliche Teil einer großen Insel im äußersten Westen, die sich bis 53° n. Br. erstreckt. Wie Professor Demetrio Ramos von der Universität Valladolid gezeigt hat, stellt diese Insel das ganze Amerika, also Nord- und Südamerika, dar. Deutlich kann man bei 30° n. Br. die Halbinsel Florida und den Golf von Mexiko unterscheiden, an den sich Südamerika südlich anschließt, das in der Größe zwar beträchtlich verkleinert, in der allgemeinen Form aber richtig dargestellt ist. Drei Flüsse, die in der Nähe des Wendekreises des Krebses münden, sind vermutlich Orinoko, Amazonas und Tocantins. Nach Waldseemüller haben sie eine gemeinsame Quelle. Dieses ganze Amerika befindet sich auf der Nordhalbkugel.

Andere Kartographen haben dieses Kennzeichen der Karte von Waldseemüller übernommen, so daß sie ebenfalls drei Südamerika eingezeichnet haben: unter anderem sind das die Globen von Johannes Schöner aus den Jahren 1515 und 1520 und die Karte *Typus Cosmographicus Universalis* von Sebastian Münster, 1532.

Waldseemüllers Weltkarte von 1506—1507 erlangte diese Berühmtheit, weil sie das älteste gedruckte Dokument ist, auf dem die Neue Welt den Namen Amerika trägt.

Sie besteht aus zwölf Einzelblättern, die zusammen eine Wandkarte von 136 · 248 cm ergeben, mit dem Titel *Universalis Cosmographia secundum Ptolomaei traditionem et Americi Vespucii aliorumque lustrationes*. Sie wurde begleitet von einem kurzen Traktat Mathias Ringmanns, *Cosmographiae Introductio*, in dem die allgemeinen Prinzipien dargelegt sind, von denen sich die Kartographen aus Saint — Dié in Lothringen bei der Vorbereitung dieser Karte leiten ließen (*40* 152ff.).

Mehrere überlieferte Briefe Waldseemüllers beweisen, daß diese undatierte Karte 1507 gedruckt wurde, aber auch, daß sich der Druck durch die Langsamkeit der notwendigen Schritte verzögerte. Das heißt, daß die Karte v o r 1 5 0 7 druckreif war, und in diesem Falle bedeutet „druckreif", daß die hölzernen Druckstöcke geschnitten waren. Läßt sich der Zeitpunkt des Schneidens festlegen?

Eine eingehende Untersuchung von India cisgangetica, also des Indiens diesseits des Ganges im Vergleich zur afrikanischen Küste (Abb. 25) ermöglicht, dieses Datum auf den Zeitraum zwischen Januar und Mai 1506 festzulegen.

Der Kartograph hat bei jeder Stadt an der ostafrikanischen Küste, vom Kap der Guten Hoffnung bis Malindi, einen *Padrão* eingezeichnet, eine Steinsäule, gekrönt mit einem von einem Wappen Portugals verzierten Kreuz. Die portugiesischen Seefahrer hatten den Auftrag und die Gewohnheit, solche Säulen als Zeichen ihres Souveränitätsanspruchs in allen eroberten Gebieten zu errichten.

Nun hat Waldseemüller aber nirgends an der Malabarküste oder an irgend einer anderen Stelle Indiens einen Padrão eingezeichnet.

Die Reise Vasco da Gamas (1498—99) war eine reine Handelserkundung der von Indern und Arabern gehaltenen hochentwickelten Häfen. Sie konnte also nicht als Vorwand dienen, um einen portugiesischen Herrschaftsanspruch auf diese Orte anzumelden. Die Eroberung konnte erst 1505 durch den Vizekönig Francisco de Almeida durchgeführt werden, der Lissabon am 25. März des gleichen Jahres mit einer mächtigen Flotte verließ. An der Ostküste Afrikas eroberte er alle arabischen Forts bis Malindi im heutigen Kenia. Von dort begab er sich auf direktem Wege zur Malabarküste, die er zwischen September und Dezember des gleichen Jahres 1505 ganz eroberte.

Die erste zurückkehrende Flotte kam am 23. Mai 1506 in Lissabon an. Sie brachte eine große Ladung von Gewürzen mit und die Neuigkeit von der Eroberung, insbesondere der Städte Cananore, Coulão und Cochim. Wäre die Karte Waldseemüllers nach dem Monat Mai 1506 geschnitten worden, hätte sie notwendigerweise *Padrões* an den Städten der Malabarküste tragen müssen.

Andererseits waren die afrikanischen Häfen, bei denen Waldseemüller diese *Padrões* eingezeichnet hat von der gleichen Flotte Almeidas 1505 erobert worden. Man muß deshalb annehmen, daß ein oder mehrere Schiffe nach der Eroberung von Malindi, aber vor der Einnahme von Malabar nach Portugal zurückgekehrt sind. Im Idealfall hätten diese Schiffe im Januar 1506 ankommen können. Das Schneiden der Druckstöcke für diese Karte von Waldseemüller muß notwendigerweise nach diesem Datum erfolgt sein und muß zwischen Januar und Mai 1 5 0 6 stattgefunden haben.

V.2. Feuerland

Die Karte Waldseemüllers (Abb. 26) zeigt im äußersten Osten die gleiche Halbinsel, die ich auf den vorhergehenden Darstellungen festgestellt habe. Es ist der Drachenschwanz, also Südamerika.

Ein Vorteil von Waldseemüllers Karte gegenüber den schon genannten späteren Karten ist, daß Feuerland in seinen richtigen Abmessungen dargestellt ist, auf alle Fälle genauer als auf Karten, die es als Teil des antarktischen Kontinents zeigen (Abb. 27).

Waldseemüllers Feuerland war Gegenstand einer heftigen Kontroverse zwischen den argentinischen Historikern früher Karten. Der erste, der dieses Thema anging, war Professor Enrique de Gandia, der Feuerland mit der großen dreieckigen Insel, die unmittelbar südöstlich des Drachenschwanzes liegt, identifizierte (68). Form und Größe dieser Insel sprechen für diese Interpretation. Jedoch gibt Waldseemüller dieser Insel den Namen *Seylam*, eine andere Schreibweise für Ceylon.

Den Meeresarm, der diese Insel vom Festland trennt, identifiziert Gandia natürlich mit der Magellanstraße (66), die zwischen 1490 und 1520 sehr eingehend erkundet worden war, als Südwestpassage[8], um von Europa auf dem westlichen Weg nach Indien und China zu gelangen und später auch zu den Molukken. Die Länge dieses Meeresarms auf der Karte entspricht sehr gut der der Magellanstraße. Aber ihr gradliniger Verlauf und ihre Nord- Süd- Orientierung stimmen nicht mit der Wirklichkeit überein, denn die Meerenge hat in Wirklichkeit die Form eines nach Norden offenen V und ihre beiden Mündungen befinden sich auf der gleichen geographischen Breite.

Aber kann man so viel Genauigkeit von einem europäischen Kartographen verlangen, der die Magellanstraße 13 Jahre vor ihrer offiziellen Entdeckung eingezeichnet hat?

Die Praxis der frühen Kartographie hat mich daran gewöhnt, von den Kartographen der Renaissance viel zu verlangen. Ich konnte mich mit der angebotenen Erklärung nicht zufrieden geben und habe eine andere gesucht.

Ich habe das südliche Ende des Drachenschwanzes eingehend untersucht, wo der Kontinent in einer dreieckigen Halbinsel endet, die ihn nur über eine schmale, von zwei Buchten flankierte Landbrücke vereinigt. Die östliche Bucht ist viel größer und abgerundeter als die westliche.

Ein solcher Isthmus existiert in Südamerika nicht. Nun läßt die Form der Halbinsel daran denken, daß es sich um Feuerland handeln könnte. Das wiederum ließe darauf schließen, daß die Magellanstraße noch nicht als Meerenge erkannt worden wäre, aber man kannte die beiden als Buchten angesehenen Einfahrten.

Diese Auffassung wird durch den Bericht Pigafettas, des Chronisten von Magellan, bestätigt, zumindest stark gestützt, der in der Tat feststellt, daß, als die Flotte an der Mündung der Wasserstraße ankam, alle Steuerleute überzeugt waren, daß die Bucht, zwischen Punta Dungeness und Primera Angostura (Erste Enge), in der sie sich befanden, von Gebirgen umgeben sei und keine Ausfahrt nach Westen besitze (165). Sie konnte deshalb nicht die so gesuchte Durchfahrt zum Pazifik sein. So ist es ganz natürlich, zu vermuten, daß die geheimnisvollen Forscher, die den Vorläufern und Vorlagen Waldseemüllers die nötigen Informa-

---

[8] Im Gegensatz zu Nordwestpassage (nördlich von Nordamerika) und Nordostpassage (nördlich von Europa und Asien).

tionen geliefert haben, an der östlichen Einfahrt vorbeifuhren, ohne etwas anderes als eine große runde Bucht gesehen zu haben.

Durch ihre dreieckige Form und ihre Abmessungen bietet sich die Halbinsel des Drachenschwanzes zur Identifizierung mit Feuerland ebenso gut an, wie die Insel Seylam, die zugegebenermaßen auch dreieckig ist und die gleichen Abmessungen besitzt.

Andererseits stellt sich durch diese Interpretation ein neues Problem: wenn diese Halbinsel Feuerland darstellt, was ist dann die Insel Seylam? Ist es die Staaten Insel? Sie könnte es ihrer Lage wegen sein, aber sicher nicht wegen ihrer Form und Ausdehnung. Die Frage war schlecht gestellt, das behindert die Lösung.

Die Insel Seylam ist eine aus einer Gruppe von acht großen Inseln, die bei Waldseemüller und seinen Vorbildern südöstlich des Drachenschwanzes eingezeichnet sind. Sie heißen: *Candin, Java Maior, Necura, Angana, Peutam, Java Minor* und *Seylam*. Ihre Namen zeigen schon an, daß es sich um Inseln aus dem Indischen Ozean handelt, die durch einen Fehler im geographischen Konzept an eine Stelle versetzt worden sind, die durch ihre Lage im Verhältnis zum Drachenschwanz der Südosten des Atlantiks ist.

Diesen Fehler hat Waldseemüller von Behaim übernommen und der wiederum von der heute in Yale befindlichen Karte von Hammer.

Die Verlagerung dieser Inseln schließt die von Ceylon ein. Das Seylam von Waldseemüller ist also nicht Feuerland, sondern ein Eindringling, der an dieser Stelle nichts zu suchen hat. Das wirkliche Feuerland ist demnach die Halbinsel am Ende des Drachenschwanzes. Das bestätigt, daß die Patagonische Meerenge, heute Magellanstraße genannt, auf dieser Karte durch den *Patagonischen Isthmus* ersetzt ist, der Feuerland mit dem Drachenschwanz vereinigt.

V.3. Das Land Coyle

Mit dem Ziel, neue Elemente zu finden, die diese Thesen entweder stützen oder schwächen, habe ich die Ortsnamen und Inschriften dieser Halbinsel am Ende des Drachenschwanzes untersucht.

Ortsnamen im eigentlichen Sinn gibt es nur zwei, aber jeder der beiden ist von einem kurzen Kommentar begleitet. Ein Vergleich mit den Vorbildern Waldseemüllers zeigt, daß nur die Ortsnamen ihnen entlehnt sind, während die Kommentare eigene, meist irrige Interpretationen des Kartographen aus Saint Dié zu sein scheinen, der Informationen über den fernen Osten und das asiatische Indien nach Feuerland verlegt hat.

Im östlichen Teil Feuerlands, an der Atlantikküste, befindet sich der Name *Coilum Civitas*. Die wichtigste Vorlage Waldseemüllers zeigt eine sehr ähnliche Bezeichnung *Regnum Coylum* oder *Land Coyle*, was genauer ist. Der Name bezeichnet heute einen Fluß im südlichen Patagonien, nördlich der Magellanstraße, und das gleiche Wort Coyle ist in mehreren Ortsnamen des Gebietes enthalten.

Es ist offensichtlich, daß der Coyle dieser Karten der Coyle des heutigen Patagonien ist. Er befindet sich auf dem Festland, wie es auch tatsächlich der Fall ist, da ja auf der Karte statt einer Patagonischen Meerenge eine Patagonische Landenge eingezeichnet ist. Man könnte Waldseemüller oder vielmehr seiner Vorlage nur vorwerfen, Coyle zu weit nach Süden verlegt zu haben. Diese Verschiebung ereignete sich für die in Europa arbeitenden Kartographen 15 oder 30 Jahre vor Magellans Reise und fast drei Jahrhunderte vor der Entdeckung der Mündung des Coyle durch die Expedition von Malaspina.

Felipe Bauzá, der Kartograph dieser Expedition, hat dem Fluß den Namen *Coy* gegeben, der unter den argentinischen Historikern eine Kontroverse ausgelöst hat.

Paul Groussac hat diesem Ortsnamen eine lange Untersuchung gewidmet und ist zu der Überzeugung gelangt, daß *Coig* die richtige Schreibung sei. So hieß ein spanischer Marineoffizier, der an der Ergänzungsexpedition teilnahm, die zwei Jahre nach der von Malaspina geleiteten zur patagonischen Küste entsandt wurde, um die kartographischen Arbeiten zu vollenden (*80*). Der Bericht der Ergänzungsexpedition erwähnt tatsächlich die Teilnahme des Offiziers *Claude Coig y Sansón*, gibt aber dem Fluß nicht dessen Namen (*139*).

Leoncio Déodat behauptet, daß der Name eigentlich *Coy* laute, was das einheimische Wort für „See" sei (*36*).

Die englische Beagle-Expedition unter Kapitän Fitz Roy[9] nennt die Mündung des Flusses *Coy — Inlet*, d. h. Einbuchtung des Coy, ein Name, der ohne Zweifel auf der angesprochenen spanischen Karte fußt.

Milanesio und Vuletín bestreiten die Schreibung *Coyle* und nehmen eine araukanische Wortherkunft an, die von Déodat zurückgewiesen wird (*175*), mit der guten Begründung, daß die Araukaner[10] nie so weit nach Süden vorgestoßen waren.

Groussac weist den Namen *Coyle* gleichermaßen zurück, als dessen Ursprung er den englischen *Coy — Inlet* ansieht. Aber Déodat weist seinerseits Groussacs *Coig* zurück und verteidigt seinen „eingeborenen" *Coy*, ohne anzuführen, welchem Dialekt er angehört.

Diese auf hohem geistigem Niveau geführte Diskussion von Geographie, Geschichte und Ortsnamenkunde verliert jeden Sinn, wenn man berücksichtigt, daß der Ortsname *Coyle* oder lateinisch *Coylum* schon auf Waldseemüllers Karte von 1506—07 und auf seiner Vorlage, der Karte von Hammer aus dem Jahre 1489 zu finden ist.

---

[9] Durch die Teilnahme von Charles Darwin berühmt gewordene Expedition (1833—1835).

[10] Bis ins 19. Jahrhundert kriegerischer Indianerstamm in Chile und im westlichen Argentinien.

V.4. Das Land der Alakaluf

Der Nordwesten der dreieckigen Halbinsel, die ich als Feuerland identifiziert habe, ist mit einem einzigen Ortsnamen versehen: *Lac Regnum*, d. h. *Land der Lac*. Wer sind nun diese Lac?

Der ganze westliche Teil des feuerländischen Archipels wird seit unvordenklichen Zeiten von den Alakaluf bewohnt, so daß eine Eingeborenenlegende weder von der Ankunft ihrer Vorfahren an den feuerländischen Kanälen berichtet, noch daß sie Völker hätten besiegen müssen, um sich des Gebietes zu bemächtigen.

Ich habe einige Fachleute über die Herkunft des Wortes *Alakaluf* befragt. Es gibt eine gewisse Übereinstimmung über die Tatsache, daß dieses Wort von dem Ruf *Alak — wulup* kommt, mit dem die Eingeborenen die ersten europäischen Reisenden des 18. Jahrhunderts begrüßten. Die vorangegangenen Kontakte beschränkten sich auf tragisch verlaufene Begegnungen, wie die mit den Holländern des Van Noort 1599 (*111*). Dieses Wort, mehrfach wiederholt, ist ihnen als Volksname geblieben, wie es manchmal im Laufe der Geschichte geschehen ist.

Ich habe diese Erklärung nicht als zufriedenstellend empfunden und habe die Suche fortgesetzt. Dabei habe ich das Glück gehabt, die Antwort im Wörterbuch Italienisch — Alakaluf von Pater Maggiorino Borgatello (*19*) zu finden, das das Ergebnis seiner langen Gespräche mit in der Mission auf der Insel Dawson in der Magellanstraße Schutz suchenden Alakalufen war.

Darin steht auf den Seiten 539—540:

Indi Tehuelci[11]	Ciettistar
Indi Onas[11]	Schelkenam
Indi Alacaluffi[11]	Hairo
Indi qualunque	Aloculup

und auf Seite 548:

Uomo civilizzato	Iepaicot
Uomo indiano	Aloculup

Ein Vergleich der beiden Reihen zeigt deutlich, daß das Wort Aloculup alle Eingeborenen umfaßt, sowohl die vom Festland (die Tewelche oder Tehuelche), als auch die der großen Insel Feuerland (die Onas) und die an und auf dem Wasser lebenden Völker der feuerländischen Kanäle (die Alakaluf), aber nicht die „zivilisierten Menschen", die Weißen.

Mit anderen Worten, *Aloculup* bedeutet *Bewohner des Landes, Eingeborener* oder sogar einfach *Mensch*, denn es ist klar, daß der Europäer kein normaler Mensch ist und mit dem gleichen Wort nicht bezeichnet werden kann, wie die Menschen dieser Region.

So kann man auch verstehen, daß das Wort *Aloculup* der Alakaluf-Gruppe von der Insel Dawson dem Wort Alak-wulup entspricht, von dem ihr heutiger

---

[11] Stammesnamen.

Name stammt. Davon kann man auch ableiten, daß dieses Wort in der einen oder anderen Form das Wort *Eingeborener* in ihrer eigenen Sprache ist.

In diesem Wort werden die zweite und die vierte Silbe betont: *lak* und *lup*. Eine dieser beiden Silben mußte überleben, wenn sich das Wort durch Überlieferung und Weiterüberlieferung durch zahlreiche unbekannte Vermittler verschlissen hat, bis es über geheimnisvoll gebliebene Wege der Kartographen der Renaissance gelangte. *Lac* ist die Silbe, die sich behauptet hat, denn sie hat drei Vorzüge: sie kommt vor *lup*, der bekannte Vorrang von a gegenüber u und die stärkere Betonung.

Man könnte einwenden, daß Alakaluf nur eines der gebrauchten Worte ist, um diesen Volksstamm zu bezeichnen, den man auch *Enoos*, *Keyuhunes* und *Pecherai* nannte, während sie von sich als den *Hairo* oder *Qawashqar* sprachen (23).

Dieses Argument hat nur geringe Bedeutung, denn in gleicher Weise werden die, die sich selbst als *Deutsche* bezeichnen, von anderen Völkern *Tedeschi*, *Njemec* oder *Germans* genannt, was den Wert der Worte *Allemands*, *Alemanes* oder *Alemãos*, mit denen man sie auf Französisch, Spanisch und Portugiesisch bezeichnet, nicht im geringsten mindert.

Außerdem wurden die Namen *Enoos* und *Pecherai* den Eingeborenen der inneren und östlichen Teile der Magellanstraße von Reisenden gegeben, während *Alakaluf* sich auf die Eingeborenen des westlichen Teils des Archipels bezieht, genau dort, wo die Worte *Lac Regnum* auf Waldseemüllers Karte von 1507 zu lesen sind.

V.5. Die Kommentare Waldseemüllers

Unter den Worten *Lac Regnum* steht ein Kommentar, der beweist, daß Waldseemüller einen Fehler begangen hat, als er der Karte von Hammer Angaben hinzufügte, die ergänzend sein sollten, aber nichts anderes als irrig sind.

Entsprechend der allgemeinen Form seiner Weltkarte glaubt der Autor, daß der Drachenschwanz Teil der Länder des fernen Ostens sei, auf die sich das Interesse der Portugiesen richtete und von denen man schon einige Informationen durch den italienischen Reisenden Nicolo de Conti erhalten hatte (24).

Die Inschrift unter den Worten *Lac Regnum* ist teilweise undeutlich und teilweise nachträglich bearbeitet. Ich habe jedoch die meisten Worte entziffern können und bin zu einem Text gekommen, der, wie ich hoffe, nur wenige Fehler enthält:

Hic habitant habramim (?) qui super modum menda / cum horrent viuunt casti valde sunt boni et iusti / sed ydolatre nudi totali/per vadunt bouem ado/rant.

Mit den gebotenen Vorbehalten, schlage ich die folgende Übersetzung vor:

Hier wohnen die Brahmanen (?), die die Lüge ungewöhnlich stark verabscheuen; sie leben sehr keusch und sind gut und gerecht, aber Götzendiener; sie laufen ganz nackt herum; sie beten Kühe an.

Dieser Hinweis ist fast wörtlich aus Marco Polos Reisebericht übernommen, in dem es in Kapitel 178: „Von der Provinz Lar" heißt: „De cest provence sunt nes tuit les abraiman... ils ne diroient nulle mensonge... Ils ne font luxure for que con lor femes. Ils tollirent a nelui nulle couse" (*168*). „Aus dieser Provinz stammen alle Brahmanen... sie würden nie eine Lüge sagen... Sie schlafen nur mit ihren Gattinen. Sie stehlen niemandem etwas." Daraus wird deutlich, daß Waldseemüller Feuerland mit das asiatische Indien betreffenden Angaben versehen hat.

In die Mitte von Feuerland setzt Waldseemüller den Hinweis:

Silva lign / Sethim,

eine Mischung aus Latein und Hebräisch, das nach Wörterbüchern mit *Sandelwald* oder *Brasil(holz)wald* zu übersetzen ist und ebenfalls Informationen indischer Herkunft verkündet.

Unter den Worten *Coilum Civitas* bestätigt ein anderer Text den Irrtum des Kartographen:

Hic habitant christiani/ & Judei et idolatri ha/bent linguam propriam / rex nulli tributarius / habent omnium ge/nera specierum.

Das läßt sich ohne Schwierigkeiten übersetzen:

Hier leben Christen, Juden und Götzenanbeter; sie haben eine eigene Sprache, ihr König ist niemandem tributpflichtig; sie besitzen alle Arten von Gewürzen.

Es handelt sich hier um aus Marco Polos 181. Kapitel übernommene Angaben, die das Königreich Coilum betreffen. Einmal mehr verwechselt Waldseemüller Feuerland mit südostasiatischen Gebieten, vielleicht mit Malakka, wohin die Portugiesen 1509 erst eine Handelsexpedition entsendet hatten, um 1511 als Eroberer wiederzukommen.

Ein letztes Textbeispiel bestätigt den Irrtum des Kartographen aus Saint Dié. Neben Feuerland beginnt der Text einer großen Kartusche mit den Worten:

In regionibus istis pe/nosum est viuere propter / calorem nimium.

In diesen Regionen ist das Leben mühselig, wegen der großen Hitze.

Wie die geographische Breite seiner Karte beweist, hat Waldseemüller geglaubt, daß Feuerland sich unter dem Wendekreis des Steinbocks befinde, und seine Darlegungen spiegeln die Fehler in seinen Voraussetzungen wider.

Das ist sicher entschuldbar, denn Feuerland wurde erst sieben Jahre später durch eine bekannte Flotte, durch die Flotte von Haro, erreicht und erhielt erst dreizehn Jahre später seinen Namen (*53*).

VI. Martin Behaims Erdapfel von 1492

VI.1. Mangelnde Übereinstimmung der Reproduktionen des Globus

Wir treten jetzt in den Zeitraum unmittelbar vor der ersten Reise des Christoph Kolumbus ein und damit auch in die Epoche vor der ersten Entdeckung Amerikas durch die Flotte von Kastillien und Aragon. Die Karten dieser Zeit sind also Ausdruck der geographischen Vorstellungen zu der Zeit, als Kolumbus seine erste Reise vorbereitete *(158)*.

Martin Behaims Erdapfel, der sich heute im Germanischen Nationalmuseum in Nürnberg befindet, war während der ersten Reise von Christoph Kolumbus entstanden, also ohne deren Ergebnisse zu kennen. Er ist sicher nicht der älteste Erdglobus, der je gebaut wurde, denn man weiß, daß Krates von Mallos dem König Attalos II. von Pergamon um 150 v. Chr. einen Globus geschenkt hat *(197 II C 116)*. Man hat übrigens weiter Globen gebaut, sogar in der Zeit des Mittelalters, als viele Geographen glaubten, die Erde sei eine Scheibe, und Bagrow versichert, daß der Kardinal Nikolaus von Cues (Nicolaus Cusanus), der 1464 starb, „mehrere Erdgloben" besaß *(11 190)*, die leider alle verloren gegangen sind.

Daraus könnte man schließen, daß der Nürnberger Erdapfel der älteste Globus ist, der sich bis in unsere Tage erhalten hat. Das ist nur zum Teil richtig.

Tatsächlich ist es nötig zu unterscheiden zwischen dem inneren Teil ohne geographisches Interesse und einem äußeren Teil, der die Zeichnung der Kontinente, Berge und Flüsse trägt mit den Orten, ihren Namen und zahlreichen erklärenden Bemerkungen, die für die Geschichte der geographischen Wissenschaft von großer Bedeutung sind.

Der innere Teil des Nürnberger Erdapfels ist tatsächlich der, den Martin Behaim dem Rat dieser Stadt 1492 übergab. Wenn wir Oswald Muris glauben, der diesem Globus eine hervorragende Studie gewidmet hat *(148)*, wurde das Innere der Kugel von Kalperger und Glockendon mit Pappmaché auf Halbkugelformen geklebt und mit einer Lage Gips überzogen. Andere Fachleute glauben, daß das Innere der Kugel aus Holz ist *(41 234)*. Auf den Gips wurden die unter Aufsicht von Martin Behaim gemalten, beschrifteten und kolorierten Pergamentsegmente geklebt.

Der äußere Teil des Globus, seine Küstenlinien, Gebirge und Miniaturen und vor allem die Texte, die fast die ganze Oberfläche des Globus bedecken, wurden im Laufe der Jahrhunderte mehrmals von Leuten mit den besten Absichten, aber leider nicht so sachverständig, wie man sich gewünscht hätte, „verbessert" und auf den neuesten Stand gebracht, so daß viele Einzelheiten des Globus verloren sind.

Der Drachenschwanz auf dem Nürnberger Erdapfel erinnert, wenigstens im Umriß des Kontinents, stark an die Karte Waldseemüllers, die übrigens von Behaim und seinem Vorbild Hammer beeinflußt ist.

Das Innere des Drachenschwanzes, sein Gewässernetz und seine zahlreichen Inschriften sind, wie schon gesagt, oft geändert worden. Glücklicherweise sind seine aufeinanderfolgenden Zustände auf verschiedenen Reproduktionen des Globus in Form von Weltkarten, Globen oder Segmenten, die von Geographen der vergangenen Jahrhunderte angefertigt worden sind, überliefert (*207*).

Solche Reproduktionen gibt es von Doppelmayr (Abb. 28) 1730 (*43*), Murr 1778 (*149*), Lelewel 1849 (*131* Atlas, Tafel XXXI), Ghillany 1853 (*74*), Jomard 1862 (*112*), Nordenskiöld 1889 (*156*), Guillemard 1890 (*82*), Ravenstein 1908 (*171*), Carlos Sanz (*182* und *183*), sowie in der Encyclopaedia Britannica (*48*) (Abb. 29) und eine Reproduktion in Segmenten im Besitz des Geographischen Dienstes der Spanischen Armee (Abb. 31), außerdem gibt es eine in der Zeitschrift *Ibero – Amerikanisches Archiv* (Berlin) veröffentlichte (Abb. 30) wunderbare Zusammenstellung von 92 Fotografien, die den ganzen Globus in seinem heutigen Zustand abdecken (*107*).

Von allen Reproduktionen ist ohne Zweifel die Serie der 92 Fotografien die zuverlässigste. Darauf kann man sehen, daß die ganze Kugel über und über mit Inschriften bedeckt ist, die einen alt und verwischt, andere neuer und gut leserlich, mit allen Abstufungen dazwischen. Es ist nicht immer einfach zu klären, ob das Verschwinden von bestimmten Inschriften durch das Alter bedingt ist, ob sie durch den Gebrauch verwischt wurden oder mit wohl überlegter Absicht. Einige dieser Inschriften, aber nicht alle, sind durch einen Text, der vielleicht die getreue Wiederholung des verschwundenen Textes ist, aber zuweilen auch durch eine „Berichtigung" oder eine Zusammenfassung dieses Textes ersetzt worden.

Die Inschriften nach ihrem Alter zu ordnen, wäre für einen Spezialisten der deutschen Kalligraphie (Schriftkunst) der Renaissance eine Aufgabe, die mehrere Jahre in Anspruch nehmen dürfte.

Nach Muris sind die originalen Farben verschwunden (*148*). Ghillany spricht von einer 1823 durch einen Herrn Karl Bauer und seinen Sohn durchgeführten Restaurierung. Ravenstein erwähnt eine andere Restaurierung 1847 und hebt die Unzulänglichkeit des Restaurators und Verfassers zahlreicher irriger Inschriften hervor.

Nach seiner Erwerbung durch die deutsche Regierung 1937 wurde der Globus „auf der Grundlage der ältesten Kopien und Faksimiles" restauriert. Diese Aufgabe muß sehr schwer gewesen sein, denn die Reproduktionen, die ich erwähnt habe, ähneln sich nicht, weder untereinander, noch im Vergleich zur Wirklichkeit. Vom 16. bis zum 20. Jahrhundert hat jeder „Korrektor" oder „Restaurator" auf dem Globus seine persönlichen Vorstellungen über die Hydrographie des Drachenschwanzes verwirklicht – ohne zu wissen, daß es sich um Südamerika handelt!

Zahlreiche Fehler wurden Behaims Globus hinzugefügt, der seinerseits seinem hervorragenden Vorbild, der Ptolemaios – Karte von Hammer, mit der sich das nächste Kapitel beschäftigt, nicht sehr treu geblieben ist.

Die analytische und vergleichende Studie des Drachenschwanzes auf den verschiedenen Reproduktionen dieses Globus würde leicht ein ganzes Buch füllen, ich beschränke mich deshalb auf die Südspitze von Südamerika: Feuerland, das auch hier als Halbinsel dargestellt ist.

Eine erste Prüfung enthüllt schon, daß einige Reproduktionen Kopien von anderen sind, das erlaubt ungefähr die Hälfte dieser Dokumente von der weiteren Untersuchung auszuschließen.

Schon ein einfacher Vergleich der Ortsnamen auf den verschiedenen Reproduktionen zeigt, daß sie nicht übereinstimmen. Die Darstellung, von Guillemard zeigt keinen einzigen Namen in ganz Feuerland. Doppelmayr und Lelewel vermerken nur *Coyl* in der Nordwestspitze. Die Encyclopaedia Britannica gibt *Coilur* im Süden und *Calmia* im Norden an. Die Reproduktion von Jomard zeigt einen langen, auf dem Hintergrund des Ozeans direkt neben der Westküste der Halbinsel geschriebenen Text.

VI.2. St. Thomas in Feuerland

Auf Fotos der Berliner Zeitschrift ist in großen Buchstaben das Wort *Coilur* im zentralen Teil Feuerlands zu lesen.

Mehr im Südosten, auf der heutigen Halbinsel Mitre sind von einer langen aber unleserlichen Bemerkung nur die ersten beiden Worte zu entziffern: „Das Lant", — das ist wenig aufschlußreich.

Auf den Fotos habe ich das Wort *Calmia* aus der Encyclopaedia Britannica nicht entdecken können.

Seitlich von Feuerland, auf dem Hintergrund des Ozeans, zeigt der heutige Globus an der Stelle, an der Jomard eine zwölfzeilige Inschrift wiedergibt, nur eine dreizeilige fast vollständig lesbare Bemerkung:

In dieser Insel Coylur
Ist Sct tohmas der Zw...
vol gemartert worden

In der ersten Zeile erregt das Wort *Insel* die Aufmerksamkeit; denn Feuerland genau neben der Inschrift ist augenscheinlich eine Halbinsel, wie auf allen Karten vor der Entdeckung der Patagonischen Meerenge durch die Flotte des Gewürzhändlers Christoph von Haro 1514 (53). Die einzige Ausnahme stellt eine arabische Karte dar, auf die in Kapitel X noch eingegangen werden wird.

In der ersten Zeile ist *Coylur* die Schreibweise, die man im Bericht Marco Polos für das auf Karten mit lateinischem Text *Coylum* genannte Land finden kann, bei Waldseemüller heißt es *Coilum*.

Die Schreibweise *tohmas* in der zweiten Zeile ist ohne Bedeutung, denn derartige Fehler sind auf dem Nürnberger Erdapfel reichlich vorhanden. Es gab zu dieser Zeit noch keine festgelegte Rechtschreibung.

Das Wort *vol* in der dritten Zeile ist nicht sehr gut lesbar; ich nehme aber an, daß es dem heutigen *voll* oder *wohl* entspricht.

Damit ergibt sich die folgende Übertragung in unser heutiges Deutsch:
In dieser Insel Coylur
Ist Sankt Thomas der Zw...
voll (wohl?) gemartet worden

„Voll" oder „wohl gemartert" bedeutet „zu Tode gemartert" oder „vermutlich gemartert". Das mit *Zw* ... beginnende Substantiv ist ohne Zweifel ein Beiname des Heiligen Thomas. Dieser Apostel wurde auch nach der griechischen Übersetzung seines aramäischen Namens *Didymos* genannt, und das heißt auf Deutsch der „Zwilling", was meine Lesart in zufriedenstellender Weise ergänzt.

VI.3. Die Echtheit der Erwähnung des Heiligen Thomas

Ich habe schon davon gesprochen, daß der Nürnberger Erdapfel mit Inschriften von unterschiedlichem Alter überdeckt ist. Welches Alter und welche Echtheit kann die Erwähnung des Heiligen Thomas haben?

Nach der Schrift zu urteilen, gehört dieser mittelmäßig erhaltene Text weder zu den neueren Zusätzen, noch zu den originalen vollkommen unleserlich gewordenen Anmerkungen. Andererseits macht das Foto nicht den Eindruck, daß der Text unleserlich geworden und erneuert worden sei. Man bleibt ratlos, wenn man ihn nicht mit anderen Reproduktionen des Globus vergleicht.

An der gleichen Stelle hat Jomard im 19. Jahrhundert einen zwölfzeiligen Text festgestellt. Daraus kann man schließen, daß diese Inschrift von einem Restaurator nach Jomard stammt, vielleicht von Barfuß und daß dieser der Meinung war, diese zwölf Zeilen seien irrige Ergänzung eines seiner Vorgänger.

Die Restaurierung einer Karte muß darin bestehen, spätere Ergänzungen zu entfernen und die ursprüngliche Zeichnung und den ursprünglichen Wortlaut wiederherzustellen. Gehörte die Erwähnung des Heiligen Thomas wirklich zum ursprünglichen Text?

Um diese Frage zu beantworten, habe ich andere Karten aus der gleichen Zeit zu Rate gezogen.

Der Heilige Thomas ist auch auf Waldseemüllers Karte von 1506/07 genau nördlich der Patagonischen Landenge zu finden, ebenso auf der fächerförmigen Karte von Contarini und Rosselli von 1506. Da diese beiden Karten möglicherweise Behaim kopiert haben, kann man es als sehr wahrscheinlich ansehen, daß St. Thomas auf dem Nürnberger Erdapfel schon vor 1506 erschien, dem Jahr, in dem nicht nur die beiden Karten erschienen, sondern auch Behaim starb.

Das ist jedoch keine absolute Echtheitsgarantie, denn Behaim ist bald nach der Fertigstellung seines Globus von Nürnberg abgereist, zurück zu den Azoren und nach Lissabon. Es ist nicht undenkbar, daß der Globus zwischen 1492 und 1506 in Nürnberg von anderer Hand bearbeitet wurde, also zu Lebzeiten des Autors, aber ohne daß er davon Kenntnis hatte.

Dieser Zweifel hat allerdings wenig Bedeutung, denn wir finden St. Thomas auch auf der 1489 gezeichneten Londoner Ptolemaios-Karte von Hammer.
Hier die Gegenüberstellung der Texte dieser drei Karten:
- Waldseemüller   *Hic occisus S. thomas*   Hier wurde St. Thomas getötet
- Contarini-Rosselli   *Civitas S. Thomae*   Stadt St. Thomas
- Hammer   *Hic S. tomas occidit*   Hier starb St. Thomas

Der Schluß ist klar: die Anspielung auf den Tod des Heiligen Thomas entsprach der Mentalität der Zeit. Sie findet sich sowohl bei Behaims Vorbild Hammer, als auch bei denen, die ihn kopiert haben, Waldseemüller und Contarini – Rosselli. Auf dem Nürnberger Erdapfel war diese Inschrift verwischt und wurde vor der Zeit Jomards ersetzt, und sie wurde während der letzten Restaurierung wiederum, vielleicht als getreue Nachbildung des Originals, erneuert.

Nun bleibt noch, die Anwesenheit des Heiligen Thomas in Feuerland oder Patagonien zu erklären.

Es gibt eine Legende, nach welcher der Apostel als Sklave an einen nach Indien reisenden Kaufmann verkauft worden sei, um dort das Evangelium predigen zu können. Der Heilige habe dort für den König Gundophorus oder Gondiffer ein Schloß errichtet (*212*) und habe in La Calamine das Martyrium erlitten. Sein Grab in Mailapur bei Madras an der Koromandelküste ist heute noch erhalten. Nicolo Conti hat es 1420 besucht (*24*) und die Portugiesen haben dort 1547 eine Kapelle errichtet.

VI.4. Indien im engeren und im weiteren Sinne

In diesem und im vorigen Kapitel wurde sichtbar, daß geographische Gegebenheiten, die in das asiatische Indien gehören, von zahlreichen Geographen, unter anderem von Waldseemüller und Behaim, in den *Drachenschwanz*, also nach Südamerika, verlegt wurden. Es handelt sich um *Seylam* (Ceylon), die indonesischen Inseln und den Tod des Heiligen Thomas. Diese drei Verwechslungen finden ihre deutliche Erklärung in der Verwechslung von *Indien im engeren Sinne* und *Indien im weiteren Sinne*, die während der ganzen Zeit bis zum 16. Jahrhundert herrschte.

Das Wort *Indien* bezeichnete bei Herodot (*89* III 98–106) und bei Ktesias (*31*) das Flußbecken des Indus. Onesikritos dehnt diesen Begriff auf den größten Teil Indiens aus. Megasthenes berichtet im Zusammenhang mit seinem Aufenthalt am Ufer des Ganges über das weite Gebiet jenseits des Flusses. Die griechische Welt stand also vor der Notwendigkeit, den zu weit gewordenen geographischen Begriff *Indien* zu präzisieren und unterschied *India Cisgangetica*, Indien diesseits des Ganges und *India Transgangetica*, Indien jenseits des Ganges. Marinos von Tyros wußte von der Reise des Abgesandten des makedonischen Kaufmannes Maes Titianos durch *Baktrien* und *Sogdiana* ins *Land der Seide*. Da diese Gebiete auch im Osten liegen, wurden sie ebenfalls Indien einverleibt und bildeten *India Superior*, Oberindien, ein Begriff, der sich bis zum 16. Jahrhundert als Bezeichnung für China erhalten hat.

Schließlich erhielt Marinos noch Informationen von Alexandros über das Land Kattigara jenseits der Meere, weit im Südosten von China, „an der Grenze zur unbekannten Welt" (*104* I 43). Da dieses Land südöstlich von *India Superior* und *India Transgangetica* liegt, wurde es *India Meridionalis*, Südindien, genannt, ein Name, der sich in der Geographie ebenfalls bis zum 16. Jahrhundert hielt.

Indien im engeren Sinne ist das heutige asiatische Indien, der Indische Subkontinent, das *India Cisgangetica* (India intra Gangem) der Alten. *Indien im weiteren Sinne* wird von *India Cisgangetica*, *India Transgangetica* (Inda extra Gangem) *India Superior* und *India Meridionalis* gebildet.

Als die mittelalterlichen Kartographen von der Existenz einer Insel *Seylam* südlich von *Indien* erfuhren, zeichneten sie sie südlich von *Indien im weiteren Sinne* ein, d. h. südlich des Drachenschwanzes, südlich von Patagonien. Ebenso verfuhren Ruysch, Contarini, Waldseemüller und vor ihnen Behaim und andere.

Sie haben ebenfalls gewußt, daß *Java* und andere indonesische Inseln sich südöstlich von Indien befinden und haben sie im Südosten von *Indien im weiteren Sinne*, *India Meridionalis*, eingezeichnet, also im Atlantik.

Und als sie erfuhren, daß der Heilige Thomas im südöstlichen Indien gestorben war, trugen sie diese Tatsache in *India Meridionalis*, also in Patagonien, ein.

VI.5. Die Tehuelche

Kehren wir nach diesen grundsätzlichen Ausführungen zurück zu Feuerland auf dem Nürnberger Erdapfel. Ich möchte es nicht verlassen, ohne einen neuen Beweis für die Kenntnis von Feuerland zu geben, die die europäischen Kartographen noch vor der offiziellen Entdeckung Amerikas besaßen.

Die Inschrift *Das Lant*, die auf den Berliner Fotos nicht mehr weiter zu entziffern war, habe ich auf der Reproduktion in Segmenten, die der Geographische Dienst der Spanischen Armee besitzt, deutlich lesbar gefunden. Der Text lautet dort:

Das Lant wird genannt Cytisella.

Diese mitten in das *Land Coyle* gesetzte Inschrift bestätigt, daß seine Einwohner die Tehuelche sind, denn wie schon gesagt, in dem kleinen Wörterbuch Italienisch — Alakaluf von Pater Borgatello (*19*) ist zu lesen:

Indi Tehuelci   *Ciettistar*

Es handelt sich um zwei linguistische Anmerkungen, die im Abstand von mehr als fünf Jahrhunderten durch einen Italiener und einen Informanten unbekannter Herkunft aufgenommen wurden. Die Übereinstimmung von *Cytisella* und *Ciettistar* ist doch überzeugend. Es ist also sicher, daß *die Tehuelche auf dem 1492 von Martin Behaim in Nürnberg angefertigten Globus erwähnt sind.* Sie wurden mit größter Genauigkeit im Süden von Patagonien, im Land Coyle, eingezeichnet.

VII. Die Londoner Ptolemaios-Karte von Hammer (1489)

VII.1. Der Kartograph Heinrich Hammer

In diesem Kapitel werde ich *die beste Karte von Südamerika vorstellen, die vor der ersten Reise von Christoph Kolumbus gezeichnet worden ist;* gleichzeitig ist es die vollständigste und richtigste Darstellung des südamerikanischen Flußnetzes die vor der Mitte des 19. Jahrhunderts angefertigt worden ist.

Es handelt sich um den Drachenschwanz auf der Ptolemaioskarte von Heinrich Hammer, die im Department of Manuscripts der British Library in London aufbewahrt wird (*84*). Der Kartograph Hammer arbeitete ungefähr zwischen 1480 und 1496 in Florenz und Rom. Er hatte die Gewohnheit lateinisch zu schreiben und zu signieren: Henricus Martellus Germanus und arbeitete gewöhnlich mit dem Kupferstecher Francesco Rosselli, den ich schon als Kartographen vorgestellt habe.

Von Hammer sind mehrere sehr interessante Karten von Mitteleuropa bekannt, insbesondere seine Karte von Deutschland. Er gehörte zur Schule des Kardinals Nikolaus von Kues (1401–1464)[12], des weisen Bischofs von Brixen in Südtirol, einer Geistesgröße in Philosophie, Theologie, Mathematik, Geographie, Astronomie, öffentlichem Recht, Rechtsgeschichte und auf zahlreichen anderen Gebieten (*77*).

Zu den Karten schrieb der Superintendent der Kartographischen Abteilung des Britischen Museums, R. A. Skelton: „1487 drang Bartolomeu Diaz bis zum Indischen Ozean vor und öffnete damit den Seeweg nach Indien. Als er in Lissabon Anker warf, stand Christoph Kolumbus am Kai. Die Neuigkeit gelangte bald vom Tejo nach Florenz, wo sie im folgenden Jahr (1489) in einer Karte von Henricus Martellus Germanus verwertet wurde" (*193*).

Die von Hammer gezeichneten Weltkarten erinnern an die Vergangenheit und kündigen die Zukunft an. Da alle portugiesischen Karten des 15. Jahrhunderts verloren sind[13], sind Hammers Ptolemaioskarten die ältesten kartographischen Zeugnisse der Reisen von Diego Cao 1485–87 und Bartolomeu Diaz 1487–88. Hammer hat die ptolemaischen Karten von Asien auf Grund der portugiesischen Informationen über den Indischen Ozean und der Beschreibung des Fernen Ostens durch Marco Polo und Nicolas Conti abgeändert. Er folgte Toscanellis Auffassung über die Gesamtlänge Eurasiens und die Längenausdehnung des Meeres der Finsternis, des Atlantiks.

Die Darstellung der Erde auf Hammers schwächster Karte, die sich in Yale befindet, wurde die kartographische Basis, der seine Nachfolger die neuen Entdeckungen aufpropften. Ihre große Verbreitung legt nahe, daß sie auf der Presse von

---

[12] Lat. Nicolaus Cusanus, eigentlich N. Cryfftz oder Krebs (*77*).

[13] Durch das Erdbeben von Lissabon 1755 wurden die Archive mit den strengster Geheimhaltung unterliegenden Dokumenten über die Expeditionen vernichtet. Einzelne noch vorhandene Karten sind durch Spionage oder Diebstahl meist nach Italien gelangt.

Rosselli gedruckt worden ist. Hammers Einfluß auf die kosmographischen Ideen von Christoph Kolumbus, Amerigo Vespucci, Sebastiano Caboto und Fernando Magellan ist feststellbar, ebenso wie auf die kartographische Produktion der Werkstätten in ganz Westeuropa, in Portugal, in Italien, im Rheinland, in Lothringen und in Franken.

VII.2. Die Ptolemaios-Karten von Hammer

Man kennt heute vier Ptolemaios-Karten von Hammer, die alle 1489 angefertigt zu sein scheinen: die gedruckte Wandkarte, die sich in der Beinecke Library der Universität Yale befindet und die drei Manuskriptkarten, die sich kaum unterscheiden und zu den drei Exemplaren des *Insularium Illustratum Henrici Martelli Germani* gehören (Abb. 32, 33, 34), sie befinden sich in der British Library (*84*), der Zentralbibliothek der Universität Leiden (*85*) und der Nationalbibliothek in Florenz[14].

Umriß und geographische Lage von Südamerika sind auf allen vier Karten genau gleich. Es ist trotzdem nicht gleichgültig, welche Karte ich für meine weiteren Untersuchungen verwende, denn sie unterscheiden sich in der Darstellung des Innern des Kontinents.

Die Ptolemaios-Karte aus London enthält in Feuerland die Ortsnamen *Regnum Lac* und *Regnum Coylum*, wie auf der Karte von Waldseemüller, aber bei Hammer sind diese beiden Namen nicht von einem nach Asien gehörenden Kommentar begleitet.

Hammers Karte aus der British Library hat eine große Bedeutung für die Geschichte der Kartographie Südamerikas vor Kolumbus, denn auf ihr sind alle großen Flüsse wiedergegeben, wie ich in diesem Kapitel noch zeigen werde. Diese Ptolemaios-Karte wurde von zahlreichen Autoren reproduziert: Johann Georg Kohl 1856 (*117*), José de Lacerda 1867 (*124*), Adolf Erik Nordenskiöld 1897 (*157*), W. B. Greenlee 1937 (*78*), Roberto Almagià 1940 (*3*), Leo Bagrow 1951 (*10*), Bagrow und R. A. Skelton 1960 (*11*), Carlos Sanz 1962 (*182*) und 1970 (*183*), Björn Landström 1969 (*127*), Laguarda Trías 1973 (*126*) und Arthur Davies 1977 (*33*).

Da alle diese Autoren ihre Aufmerksamkeit auf Europa oder Afrika richteten, hat keiner von ihnen bemerkt, daß diese Ptolemaios-Karte das südamerikanische Flußnetz genau und vollständig darstellt. Keiner von ihnen hat gewußt, daß der Drachenschwanz Südamerika ist.

Die Ptolemaios-Karte von Leiden hat beträchtlich unter Feuchtigkeit gelitten. Das Flußnetz ist auf ihr nur durch Pünktchen angedeutet, aber es ist mit dem der Londoner Ptolemaios-Karte identisch, mit Ausnahme des Flusses Chubut in Zen-

---

[14] Eine fünfte Karte, vermutlich eine Entwurfsskizze, wurde vom Übersetzer in der Biblioteca Laurenziana in Florenz festgestellt. (*216*).

tralpatagonien, der auf dem niederländischen Exemplar fehlt. Die Gebirgsketten zeigen keine Unterschiede, weder in der Länge noch in der Orientierung, und in Feuerland steht bei dem niederländischen Exemplar *lac regnum* anstatt von *regnum lac* wie auf der Londoner Ptolemaioskarte.

Hammers Ptolemaios-Karte in Yale ist die älteste bekannte Karte mit pseudoherzförmiger Projektion, die später auch von Waldseemüller und zahlreichen anderen verwendet wurde. Sie hat eine Gesamtlängenerstreckung von 275 Längengraden und hat als Vorlage für Martin Behaims Erdapfel gedient. Südamerika betreffend gleicht die Karte von Yale denen von London und Leiden nur durch Umriß und Lage des Kontinents, nicht aber durch die ihn umgebenden Inseln. Außerdem fehlen mehrere Einzelheiten der Atlantikküste auf der Karte aus Yale (Abb. 35, 36).

Das südamerikanische Flußnetz dieser Karte gleicht weder den beiden anderen Ptolemaios-Karten noch der Realität. Mangels einer besseren Erklärung nehme ich an, daß das Flußnetz ein reines Phantasieprodukt ist.

Die indonesischen Inseln, die ich auf Waldseemüllers Karte und auf dem Nürnberger Erdapfel festgestellt habe, sind auch auf Hammers Ptolemaios-Karte aus Yale zu finden, aber nicht auf denen aus London und Leiden. Behaim und Waldseemüller kopierten Hammer zu Recht, sie haben sich aber leider die falsche Vorlage ausgesucht, die Karte aus Yale anstatt der aus London oder Leiden, wie vereinfacht gesagt werden darf.

VII.3. Das Flußnetz auf Hammers Ptolemaios-Karte aus London

Eine ins einzelne gehende Studie des Flußnetzes des Drachenschwanzes auf der Londoner Ptolemaios-Karte läßt sich durch einfaches Vergleichen mit einer modernen Karte Südamerikas durchführen (Abb. 37).

Hammer: Im Norden des Drachenschwanzes mündet ein Fluß, der von Westen nach Osten fließt, in den östlichen Ozean. Seine Quelle liegt in einer Gebirgskette, die parallel zum Sinus Magnus verläuft, aber nicht in der dem Ozean zunächst liegenden, sondern in einer parallel verlaufenden Kette etwas weiter östlich.

Wirklichkeit: Im Norden Südamerikas fließen der Orinoco und sein größter Nebenfluß, der Meta, von Westen nach Osten und münden in den Atlantik. Die Quelle des Meta liegt in den Anden, die sich parallel zur Pazifikküste erstrecken, aber nicht in der westlichen Andenkette, sondern in der weiter östlich gelegenen, der Cordillera Oriental.

Hammer: Im Süden des Unter- und Mittellaufes des Orinoco erstreckt sich ein Gebirgsmassiv, das bis zum östlichen Ozean reicht.

Wirklichkeit: Südlich des Unter- und Mittellaufes des Orinoco erstreckt sich das Bergland von Guayana.

Hammer: Südlich des Berglandes von Guayana fließt der längste Fluß des Drachenschwanzes nach Osten, er bildet große Seen und Sümpfe.
Wirklichkeit: Südlich des Berglandes von Guayana fließt der Amazonas, der längste Fluß Südamerikas, nach Osten, er bildet wegen seiner ungeheuren Breite Sümpfe und riesige Wasserflächen.

Hammer: Durch eine Gebirgskette vom Amazonas getrennt, mündet ein Fluß im östlichen Ozean; er entspringt in einem Gebirge in der Mitte des Drachenschwanzes.
Wirklichkeit: Durch die Serra do Alto Pará vom Amazonas getrennt, mündet der Tocantins in den Atlantik, seine Quelle liegt im Planalto Central, im Herzen Brasiliens.

Hammer: Aus dem gleichen Bergland stammt ein anderer Fluß, der südlich des östlichsten Kaps des Drachenschwanzes in den Ozean mündet.
Wirklichkeit: Ebenfalls im Planalto entspringt der Rio São Francisco, der südlich des Cabo São Roque, dem östlichsten Südamerikas, in den Atlantik mündet.

Hammer: Südlich des Rio Sao Francisco ist die Küste über eine lange Strecke ohne die Einmündung eines Flusses. Ein Gebirgszug erhebt sich parallel zur Küste.
Wirklichkeit: Südlich des Rio Sao Francisco erstreckt sich die Küste über 3600 km, ohne daß ein erwähnenswerter Fluß einmündet. Parallel zur Küste erhebt sich die Serra do Mar.

Hammer: Der Fluß, der in diesem Küstengebirge entspringt, fließt zunächst nach Westen, dann nach Südwesten durch die inneren Gebiete des Drachenschwanzes. Er trifft dort mit einem von Norden kommenden Nebenfluß zusammen, mit dem er einen mächtigen Strom bildet und nach Süden, später Südosten fließt und sich mit einer großen trompetenförmigen Mündung in den östlichen Ozean ergießt.
Wirklichkeit: Der Paraná, dessen große Zuflüsse in der Serra do Mar entspringen, fließt zunächst nach Westen, dann nach Südwesten durch die Inneren Gebiete Südamerikas, trifft dort mit dem von Norden kommenden Paraguay zusammen, mit dem zusammen er einen mächtigen Strom bildet und fließt nach Süden, dann nach Südosten und mündet mit dem großen, Rio de la Plata genannten Mündungstrichter in den Atlantik.

Hammer: Weiter im Süden entspringen zwei Flüsse in der gleichen Gebirgskette und fließen parallel zueinander zum Ozean.
Wirklichkeit: Weiter im Süden entspringen die Flüsse Rio Colorado und Rio Negro in den Anden und fließen parallel zueinander zum Atlantik.

Hammer: Südlich dieser beiden Flüsse stößt eine große Halbinsel weit in den
   Ozean vor. Es ist die einzige der ganzen Ostküste des Drachenschwanzes.
Wirklichkeit: Südlich der Halbinsel Valdes mündet der in den Anden entspringen-
   Valdés über 100 km weit in den Atlantik vor. Es ist die einzige der gan-
   zen Ostküste Südamerikas.

Hammer: Südlich dieser Halbinsel entspringt ein Fluß in den westlichen Gebirgen
   und mündet im Ozean.
Wirklichkeit: Südlich der Halbinsel Valdés mündet der in den Anden entspringen-
   de Rio Chubut in den Atlantik.

Hammer: In der großen dreieckigen Halbinsel, in der der Drachenschwanz endet,
   mündet ein einziger Fluß auf halber Länge der Nordostküste der Halbinsel ins Meer.
Wirklichkeit: In Feuerland mündet der Rio Grande auf halber Länge der Nordostküste der Insel in den Atlantik.

Die Identifizierung aller großen Flüsse Südamerikas auf der vorkolumbischen Ptolemaios-Karte von Hammer, durch einfaches Vergleichen ihrer geographischen Lage, ihrer wichtigsten Charakteristika und der Orientierung ihrer wichtigsten Teile ist die endgültige Bestätigung für die Gleichsetzung des Drachenschwanzes mit Südamerika auf dieser Karte und demzufolge auch auf denen der späteren Kartographen, die sie kopierten, ohne zu wissen, um was es sich da eigentlich handelte.

Insbesondere das Paraná-Paraguay-System mit seiner nach Nordosten offenen Y-Form, sein Unterlauf, der sich von Süd- auf Südostrichtung wendet und seine Mündungstrompete ergeben zusammen ein auf der ganzen Erde einzigartiges Bild. Hammers Karte zeigt es genau mit seiner Form und Ausrichtung, einschließlich der Serra do Mar parallel zur Küste. Die Ausdehnung des Systems im Vergleich zu anderen Flüssen und seine Lage im Kontinent sind ebenfalls richtig. Das Paraná-Paraguay-System alleine reicht aus, die Identität von Drachenschwanz und Südamerika zu beweisen.

Der Erfolg dieser Untersuchung hat mich zu dem Versuch, auch andere geographische Elemente dieses Teils der Ptolemaios-Karte zu identifizieren veranlaßt.

Zu diesem Zweck habe ich die „Verzerrungsgitter" genannte Methode angewendet.

VIII. Weitere Identifizierungen auf der Londoner Ptolemaios-Karte von Hammer

VIII.1. Die Methode des Verzerrungsgitters

Die Methode des Verzerrungsgitters wurde bisher nur von einigen wenigen Geographen aus der Schweiz und Österreich angewendet, um den Umfang der Fehler bei der Ortsbestimmung auf den Karten des Mittelalters und der Renaissance festzustellen.

Die wenigsten dieser Karten enthalten einen Hinweis auf Längen- oder Breitengrade, außer manchmal den Äquator und die Wendekreise. Die Methode des Verzerrungsgitters (Abb. 38) besteht darin, nach der Lage der Orte, Gebirge, Flüsse und Küsten, die im allgemeinen keine Identifizierungsprobleme aufwerfen, da sie fast immer mit ihren Namen bezeichnet sind, eine Reihe von Meridianen und Parallelkreisen auf die betrachtete Karte zu zeichnen.

Das so erhaltene Gitter von Längen- und Breitengraden ist wegen der Fehler in der Ortsbestimmung verzerrt. Unterzieht man es einer kartometrischen Analyse, ermöglicht es die allgemeinen Prinzipien, die der Anfertigung der Karte zu Grunde gelegen haben, seien sie richtig oder falsch, zu entdecken und sie von einzelnen Fehlern zu unterscheiden, die vom System unabhängig sind und nur für eine Stadt oder einen Fluß gelten.

Auf diesem Gebiet sind die Arbeiten von Eduard Imhof (*109*) über die ältesten Karten der Schweiz die interessantesten. Sein Erfolg hat die Methode des Verzerrungsgitters als das wirksamste Mittel erwiesen, um die Fehler in der Ortsbestimmung festzustellen, und vor allem auch, um das System ihrer gegenseitigen Einflüsse aufzuweisen, was oft der Erklärung und zu einem gewissen Maß auch ihrer Rechtfertigung gleichkommt.

Mit Hilfe des Vezerrungsgitters konnte V. Binggeli (*18*), ein anderer Schweizer, Verwandtschaftsbeziehungen zwischen mehreren Karten aufzeigen, die auf den ersten Blick nicht miteinander in Beziehung zu stehen schienen.

Infolge der Veröffentlichung meiner Arbeit über die Identifizierung des Gewässernetzes von Südamerika auf der Londoner Ptolemaios-Karte von Hammer (*55*), habe ich von der Universität Innsbruck eine Arbeit von Prof. Dr. Franz Mayr (*143*) erhalten, in der er das Verzerrungsgitter des Tiroler Gebietes auf der Karte von Deutschland des gleichen Kartographen, die er zeichnete, bevor er sich den Ptolemaioskarten zuwandte, untersucht hat.

Die von Prof. Mayr erhaltenen hervorragenden Ergebnisse haben mich veranlaßt, die gleiche Methode auf das südamerikanische Gebiet, d. h. den Drachenschwanz der Londoner Ptolemaios-Karte zu übertragen.

Man kann jedoch das Problem, das sich Prof. Mayr stellte, nicht mit dem meinen vergleichen. Während die Identifizierung von geographischen Einzelheiten auf der Karte von Tirol im allgemeinen keine Schwierigkeiten bereitet, ist das beim Drachenschwanz, der als Auswuchs geographischer Phantasie angesehen wurde, bis Enrique de Gandia 1942 seine Identifizierung mit Südamerika vorschlug (*65*), nicht so einfach.

Die Konstruktion des Gitters aus Längen- und Breitenkreisen muß sich auf sichere und relativ viele Indizien stützen. Ich konnte alle großen Flüsse des atlantischen Beckens wiedererkennen, sowie mehrere Punkte an der Küste. Ich muß allerdings gestehen, daß ich mich nicht an die Pazifikseite gewagt habe, wegen ihres dürftigen Gewässernetzes, sowohl auf der Ptolemaioskarte als auch in Wirklichkeit.

Mit etwas Glück konnte ich das Problem lösen. Die Flüsse und Gebirge des Drachenschwanzes, die ich, wie im vorigen Kapitel beschrieben, durch ihre geographische Lage und ihre besonderen Kennzeichen identifizieren konnte, haben mir ermöglicht, ein Gitter aus Meridianen und Parallelkreisen zu konstruieren. Dieses Gitter hat mir seinerseits überraschende Enthüllungen über die Seen und Flüsse der pazifischen Seite geliefert und sogar über Stellen der Atlantikküste, die ich vorher nicht identifizieren konnte.

VIII.2. *Längen- und Breitengrade auf Hammers Ptolemaios-Karte*

Längengrade werden auf keiner der Ptolemaios-Karten Hammers angegeben. Die an den Rand der Ptolemaios-Karte von Yale gedruckten Werte können nicht zum Vergleich herangezogen werden, denn diese Karte enthält östlich des Drachenschwanzes große Inseln, die auf der Londoner Karte nicht erscheinen.

Auf den ersten Blick glaubt man, die Längengrade von der Entfernung ableiten zu können, die den Drachenschwanz von dem anderen Kontinent der Südhalbkugel, von Afrika, trennt. Das ist leider nur ein Trugschluß, denn auf diesen Darstellungen befindet sich der Drachenschwanz in der Nähe von Chryse Chersonesus, mit anderen Worten, Südamerika liegt sehr nahe bei der Malayischen Halbinsel. Diese falsche Darstellung ist mit gut bekannten Motiven zu begründen, die ich in den Kapiteln XI und XII darlegen werde und die hauptsächlich in der Verkleinerung der Weite des Pazifischen Ozeans bestanden, die nacheinander von Marinos von Tyros und Klaudios Ptolemaios zustande gebracht wurden.

Die Geschichte dieser kartographischen Verkleinerung des Pazifiks, in der Antike *Megas Kolpos* und im Mittelalter *Sinus Magnus* genannt, zeigt, daß es vergeblich wäre, die relativen Längengrade auf Hammers Zeichnungen der Ptolemaios-Karten anwenden zu wollen.

Der innere Rand der gedruckten Karte von Yale ist in 275 Längengrade eingeteilt, davon befinden sich 5° westlich des Nullmeridians und 270° östlich. Südamerika erstreckt sich dort, wo es seine größte Ausdehnung in West-Ostrichtung besitzt, zwischen 160° und 220° östl. Länge, also über insgesamt 60°. Das ist übertrieben, denn die Differenz zwischen den äußersten Längengraden Südamerikas beträgt in Wirklichkeit nur 45°.

Dieser Fehler in der geographischen Längenausdehnung kann die Identifizierung des Drachenschwanzes nicht aufheben, die sich auf die Erkenntnis der Flüsse stützen kann. Dieser Fehler bekräftigt die Identifizierung ebenfalls, denn er liegt in der gleichen Größenordnung wie die Übertreibung der Länge des Mittelmeeres, die nach Ptolemaios 65° betragen soll, gegenüber 42° in Wirklichkeit. Noch ärger übertrieben ist die geographische Längenausdehnung des Persischen Golfes mit 20° bei Ptolemaios, gegenüber nur 8° in Wirklichkeit.

Diese Betrachtungen zeigen deutlich, daß für die Konstruktion des Gitters der Verlauf der Meridiane auf der Londoner Ptolemaios-Karte nur auf Grund der auf der Karte dargestellten und mit der Wirklichkeit identifizierten geographischen Erscheinungen festgelegt werden kann, ohne Rücksicht auf die auf der Karte von Yale eingezeichneten Längenangaben, die das Ergebnis der von Marinos von Tyros, Ptolemaios und vielleicht von Hammer selbst und seinen geheimnisvollen Informanten angesammelten Fehlern ist.

In gleicher Weise stellt sich das Problem der geographischen Breite. Die geographischen Breiten könnten sich theoretisch durch den Vergleich mit der afrikanischen Küste ergeben. Die Karte von Yale gibt den Äquator und die Wendekreise an und trägt an den seitlichen Rändern außerdem noch eine Gradeinteilung. Diese Angaben sind leider unbrauchbar, denn Marinos und Ptolemaios hatten die geographische Breite noch stärker verkürzt als die geographische Länge, näheres dazu in den nächsten Kapiteln. Eine der großen Neuerungen Hammers besteht darin, die Erde sowohl in der Länge, als auch in der Breite zu „strecken"; er scheint sich dabei aber mehr auf Überlegungen gestützt zu haben als etwa auf aus fernen Ländern erhaltene Informationen.

So erklärt sich auch, daß der Wendekreis des Steinbocks auf Hammers Ptolemaioskarte von Yale Feuerland schneidet, was schon ein großer Fortschritt ist, denn bei Ptolemaios hörte die Welt schon bei 14° s. Br. einfach auf.

So ist es zu verstehen, daß ich mich für die Festlegung der Meridiane und Parallelkreise des Gitters nur auf die identifizierten geographischen Gegebenheiten stützen kann.

VIII.3. Die Konstruktion des Gitternetzes

Die Elemente, über die ich verfügen kann, um das Gitter zu konstruieren, sind in der Reihenfolge ihrer Bedeutung: die Flüsse, die Küste und die Gebirge. Auf der Londoner Ptolemaioskarte (Abb. 39) zeichne ich die Breitenkreise im Abstand von 10° ein und lasse mich dabei von einer modernen Karte Südamerikas leiten.

Der Breitenkreis 10° n. Br. verläuft parallel zum Lauf des Orinoco-Meta und bleibt außerhalb des Gitters.

Der Äquator dringt bei der Mündung des Amazonas in den Kontinent ein, führt nördlich dieses Flusses vorbei und schneidet den Süden des Berglandes von Guayana. Er durchquert ein Sumpfgebiet, das das des Rio Negro sein muß, schneidet die Anden südlich der Quelle des Rio Magdalena und erreicht schließlich den Ozean.

Bei dem entstehenden Gitternetz ist zu sehen, daß der Äquator zwischen dem Atlantik und dem Sumpf des Rio Negro gradlinig verläuft, dann nach Süden versetzt ist und seine normale Richtung wieder aufnimmt. Das ist eine sehr geringe Verzerrung.

Der Parallelkreis 10° s. Br. trifft südlich des Cabo de São Roque in der Nähe der Mündung des São Francisco auf den Kontinent. Er verläuft nacheinander nördlich, dann südlich, dann wieder nördlich dieses Flusses, schneidet den Oberlauf des Tocantins, verläuft dann parallel zum Amazonas und erreicht endlich den Pazifik.

Der Parallelkreis 20° s. Br. schneidet die Küstenkette, dann den Oberlauf des Paraná und des Paraguay. Er durchquert die bolivianische Cordillera Central und den Altiplano und führt südlich am Titicacasee vorbei, bevor er den Pazifik erreicht.

Der Parallelkreis 30° s. Br. dringt südlich der Serra do Mar in Brasilien ein. Dann schneidet er den Paraná zwischen Corrientes und Santa Fé, dort wo der Fluß nach Süden fließt. Von da an fehlen auf der Ptolemaios-Karte Punkte, auf die man sich beziehen könnte, deshalb verlängere ich ihn gerade nach Westen.

Der Parallelkreis 40° s. Br. schneidet die Küstenlinie zwischen den Mündungen von Rio Colorado und Rio Negro und setzt sich nach Westen fort.

Der Breitenkreis 50° s. Br. trifft nördlich der auf der Ptolemaios-Karte als Patagonische Landenge dargestellten Magellanstraße auf den Kontinent. Der Mangel an Einzelheiten auf der Karte erlaubt keine größere Genauigkeit.

Die Festlegung der Meridiane folgt den gleichen Prinzipien.

Der Meridian 40° w. L. von Greenwich verläuft zwischen der Mündung des Tocantins und dem Cabo São Roque, dann, nachdem er den Rio São Francisco gequert hat, schneidet er die Küste noch einmal, etwas nördlich des Cabo Frio.

Der Meridian 50° w. L. verläuft durch die Mündung des Amazonas, wo er den Äquator schneidet, dann verläuft er nahe den Quellen des Tocantins und westlich der des Rio São Francisco. Er schneidet dann den Oberlauf des Paraná und den Süden der Serra do Mar und erreicht die Küste bei 30° s. Br.

Der Meridian 60° w. L. erreicht den Kontinent in der Nähe des Deltas des Orinoco. Er schneidet das sumpfige Gebiet bei Manaos, verläuft westlich des Mato Grosso, erreicht den Paraná, den er bei 31° und 33° s. Br. schneidet und erreicht den Atlantik bei 39° s. Br. wieder.

Der Meridian 70° w. L. quert den Meta und den Oberlauf des Amazonas und läßt die Cordillera Oriental von Kolumbien westlich liegen. Er quert den Titicacasee und nähert sich bei 20° s. Br. stark der Pazifikküste. Bis 36° s. Br. verläuft er in der Nähe des Hauptkammes der Anden, schneidet die Oberläufe der Nebenflüsse des Rio Colorado und des Rio Negro, ebenso den oberen Chubut. Er schneidet die Patagonische Landenge (Magellanstraße) und erreicht den Ozean südlich von Feuerland.

Der Meridian 80° w. L. erreicht Südamerika unter dem Äquator und verläßt es südlich der Punta Aguja, die von Ibarra Grasso mit dem *Promontorium Satyrorum* von Ptolemaios identifiziert wurde (*106* 181 und 183). Er setzt sich im Ozean parallel zur chilenischen Küste fort.

VIII.4. Kartometrische Analyse des erhaltenen Gitternetzes

Das von mir erhaltene Gitter ist deutlich weniger verzerrt als das, das Prof. Mayr für die Karte von Tirol erhalten hat (*143*).

Die Breitenkreise 30, 40 und 50° s. Br. verlaufen bemerkenswerterweise parallel zueinander und haben keine Deformation erlitten. Der Parallelkreis 10° s. Br. mußte ein wenig nach Norden ausweichen, um den Tocantins zu schneiden. Der Äquator hat eine vergleichbare Bewegung gemacht, um den Sümpfen des Rio Negro und des oberen Amazonas nördlich auszuweichen und muß nach Süden zurückkehren, um die Quellen des Rio Magdalena im Norden zu lassen. Die leichten Verformungen verlaufen parallel und rechtfertigen sich also gegenseitig.

Die Meridiane 40 und 80° w. L. sind fast einwandfrei. Der Meridian 50° w. L. weicht nach Westen aus, um die Quelle des Rio São Francisco östlich davon zu lassen. Der Meridian 60° w. L. folgt genau der gleichen Bewegung, denn es handelt sich für ihn um eine vom 50° Meridian ausgelöste Bewegung. Der Meridian bei 70° w. L. weicht nur so weit nach Osten aus, wie nötig ist, die Quellen der Flüsse Colorado, Negro und Chubut westlich davon zu lassen.

Die falschen Ortsangaben auf Hammers Ptolemaios-Karten aus London und Leiden betreffen nur einen winzigen Teil, der auf diesen Karten dargestellten geographischen Gegebenheiten. Schlüsselfehler des Kartographen gibt es nur zwei: er hat den Planalto von Brasilien zu weit nach Westen verlegt und die Quellen der patagonischen Flüsse zu weit nach Osten. In beiden Fällen handelt es sich um geographische Tatsachen, die noch mehrere Jahrhunderte nach Hammer unbekannt geblieben sind: der Planalto bis zum 17. Jahrhundert und die Quellen dieser patagonischen Flüsse bis zur Mitte des 19. Jahrhunderts.

Das Endergebnis dieser Analyse ist, daß die vorkolumbischen Ptolemaios-Karten Hammers von einer bemerkenswerten Zuverlässigkeit und Genauigkeit sind, die man bei dem heutigen Kenntnisstand der Geschichte der Entdeckungen nicht erklären kann.

Die Analyse des so erhaltenen Gitters erlaubt weitere Identifizierungen, die denen des vorigen Kapitels hinzuzufügen sind.

Der Verlauf des Äquators hat zum Erkennen der Sümpfe des Rio Negro, nordwestlich des Amazonas geführt und des Rio Magdalena, der zwischen der Cordillera Occidental und der Cordillera Oriental in Kolumbien fließt.

Der Verlauf des Parallelkreises 10° s. Br. erreicht den Sinus Magnus an der Mündung des Flusses *Saenus*. Die Form seines Laufes ist unverkennbar: er kommt von Südosten, bevor er sich im rechten Winkel zum Pazifik wendet. Das ermöglicht ihn als den Rio Santa zu identifizieren, der zwischen der Cordillera Blanca und der Cordillera Negra auf 170 km Länge nach Norwesten fließt und den Ozean bei 9° s. Br. nördlich von Chimbote erreicht. Kein anderer Fluß hat diese Form.

Der Parallelkreis 20° s. Br. führt, bevor er den Pazifik erreicht, an einem Zusammenfluß vorbei, von dem ich annehme, daß es sich um den des Rio San Pedro und des Rio Loa im Norden von Chile bei 22° s. Br. handelt. Das ist eine Vermutung, die sich auf die Form des Flußlaufes und seine Länge gründet.

Der Parallelkreis 30° s. Br. schneidet den gleichen Fluß wie der von 20° s. Br. Das ist ohne Zweifel ein Irrtum.

Die Parallelkreise 40° und 50° s. Br. in Verbindung mit der Küstenlinie ermöglichen die Identifizierung des Cabo Tres Puntas am Atlantik bei 47° s. Br. An der Pazifikküste gibt es gleichzeitig eine große Enthüllung und ein großes Problem. Zwischen den beiden Parallelkreisen, bei etwa 46° s. Br. befindet sich nach den Karten der Winkel, der die allgemeine Küstenlinie der Westseite des Drachenschwanzes prägt. Nun bildet die Küstenlinie von Südamerika einen ähnlichen Winkel, aber bei Arica, bei 18° s. Br. Diese Differenz von 28° ist riesig, und wenn man die Identifizierung mit Arica annimmt, wäre es der einzige große Fehler der Ptolemaioskarte im Drachenschwanz.

Ein solcher Fehler legt eine allgemeine Verschiebung der pazifischen Küste nach Süden im Vergleich zur atlantischen Küste und dem Flußnetz nahe. Gegen eine solche Verschiebung sprechen aber die Identifizierungen des Rio Magdalena, des Rio Santa und des Titicacasees, die richtig eingezeichnet sind. Aus diesem Grund widerstrebt es mir, einen Fehler von 28° anzunehmen, der sich auf nichts anderes als einen von der Küste gebildeten Winkel stützt.

Innerhalb dieses Winkels ist auf der Ptolemaios-Karte eine große, auf drei Seiten geschlossene Bucht eingezeichnet. Nach dem Gitter liegt diese Bucht zwischen 40° und 50° s. Br.. Nur der Golf von Ancud oder vielleicht sein unmittelbarer Nachbar, die Bucht von Reloncavi erfüllen diese Bedingungen. Auf dieses Thema werde ich in Zusammenhang mit dem Rätsel von Kattigara noch zurückkommen.

Der Verlauf des Meridians 40° w. L. ermöglichte die Identifizierung des Kap Frio.

Die Meridiane 50° und 60° w. L. schneiden wohlbekannte Gebiete und bestätigen die Identifizierung von Flüssen, ohne neue Erkenntnisse zu eröffnen.

Der Meridian 70° w. L. schneidet den einzigen See, den die Ptolemaios-Karte in den Kordilleren anzeigt; der See befindet sich bei 16° s. Br., auf der gleichen Breite wie der Planalto do Brasil; es gibt also keinen Zweifel, daß es sich um den Titicacasee handelt.

Der Meridian 80° w. L. bestätigt die allgemeine Ausrichtung der Pazifikküste.

Die Methode des Verzerrungsgitters hat einerseits die Bestätigung der Gesamtheit meiner vorherigen Entdeckungen bezüglich der großen Flüsse erbracht, andererseits aber auch die Identifizierung zahlreicher Punkte der Küste, des Titicacasees und mehrerer Flüsse auf der Pazifikseite ermöglicht. Das ist viel mehr, als ich mir zu erhoffen gewagt hätte. Die Existenz von Hammers Karte von 1489 zeigt, daß Christoph Kolumbus hervorragende Karten von Südamerika zur Verfügung standen.

IX. Südamerika auf den mittelalterlichen Radkarten

IX.1. Kriterien für die Identifizierung Südamerikas

Ich habe mich gefragt, ob Hammer wirklich der erste Kartograph war, der Südamerika in der Form des Drachenschwanzes mit seinen beiden Meeresküsten dargestellt hat.

Die Geographen der Antike, besonders Marinos von Tyros und Klaudios Ptolemaios, kannten schon den Pazifischen Ozean, den sie *Megas Kolpos* oder *Großer Golf* nannten, denn sie dachten sich ihn im Norden geschlossen. Diese Auffassung kommt der Vorstellung gleich, Ostasien und Südamerika seien durch eine große Landbrücke verbunden gewesen; sie wurde bis zu Giulio Sanutos Karte von 1574 beibehalten. Marinos von Tyros und Ptolemaios stellten einen Teil des östlichen Ufers des Pazifik dar, d. h. einen Teil der pazifischen Küste Südamerikas, wohin sie den Ankerplatz (*Hormos*, ὅρμος) von Kattigara verlegten, dem in diesem Buch ein eigenes Kapitel gewidmet ist (*71* und *106*). Hammer dagegen, stellt die gesamte Pazifikküste und auch die Atlantikküste sowie das Landesinnere dar.

Die Suche nach Hammers Quellen muß sich auf die Zeit zwischen Antike und Renaissance, zwischen dem 2. und dem 15. Jahrhundert, konzentrieren. Mit anderen Worten, es besteht die Hoffnung, in der mittelalterlichen Kartographie seinen Vorläufer und vielleicht auch sein Vorbild zu finden.

Leider „hat sich die Kartographie des Mittelalters zu den unglaubwürdigsten Phantasien herabgewürdigt", wie Armando Cortesão schrieb (*25 27*). Sie bietet uns hauptsächlich T-O-Karten oder die Erde als flache runde Scheibe, eingeteilt in drei Kontinente durch Meere, die zusammen die Form eines T ergeben. Man hatte den Glauben an die Kugelgestalt der Erde, die schon die griechischen Geographen richtig erkannt hatten, wieder aufgegeben.

Auf dieser von Wasser umgebenen flachen Scheibe, der Welt der christlichen Kartographen des Mittelalters, scheint es unmöglich, eine große vorspringende Halbinsel zu finden, die der Drachenschwanz sein könnte.

Ich wollte jedoch ein Identifizierungsmerkmal für Südamerika bestimmen, um es auf Karten zu finden, auf denen es, wenigstens auf den ersten Blick, nicht dargestellt zu sein scheint. Und das ist mir gelungen.

Ich habe beobachtet, daß man auf allen Karten, die ich untersucht habe, angefangen mit der Sebastian Münsters von 1532, über die bekanntesten, wie Waldseemüllers Karte von 1507 und den Nürnberger Erdapfel, bis zu der von Hammer aus dem Jahr 1489 östlich von India Cisgangetica, d. h. des Indischen Subkontinentes, immer die gleiche Abfolge vorfindet:
— den *Sinus Gangeticus* oder Golf von Bengalen,
— *Aurea (Goldene) Chersones* oder die Halbinsel von Malakka,
— den *Sinus Magnus* oder Pazifischen Ozean,

— eine riesige Halbinsel, die sich weit nach Süden erstreckt, manchmal *India Meridionalis* genannt wird, bildet den Drachenschwanz und ist Südamerika.

Auf allen Karten, die diese Art der Darstellung aufweisen, kann man feststellen, daß diese Abfolge auch ein Identifikationsmerkmal für seine verschiedenen Elemente ist. Diese Methode ermöglicht, die Spur Südamerikas auf den Karten des Mittelalters zu verfolgen.

IX.2. Die mittelalterlichen Radkarten

Nur wenige Historiker der Kartographie haben sich dem Studium der Radkarten des christlichen Mittelalters gewidmet. Die meisten von ihnen haben ihre Aufmerksamkeit auf den künstlerischen Anteil, die Miniaturen, Legenden, Ungeheuer oder auch noch auf die Verzerrungen in der Darstellung Europas und Afrikas gerichtet. Von keinem kann man sagen, daß er sich für den Drachenschwanz interessiert habe. Und wenn ihn jemand zufällig erwähnt, dann nur, um festzustellen, daß diese Halbinsel „reine Phantasie" sei.

Auf diesen Karten bildet Jerusalem fast immer den Mittelpunkt, denn es erschien selbstverständlich, daß Jesus Christus im Mittelpunkt der scheibenförmig gedachten Erde, die er zu retten gekommen war, leben und sterben mußte. Andererseits besagen die in diese Karten eingegangenen Legenden und Traditionen ganz deutlich, daß das irdische Paradies sich „ganz weit im Osten" befinde, und so hat man es im allgemeinen ganz an den Rand der Erde, nahe China, gerückt. Diese Auffassung wurde durch die Theorien bekräftigt, die den Ursprung der Menschheit in den Osten verlegten.

Auf den ersten Blick gleichen sich diese Radkarten sehr stark. Eine eingehende Untersuchung dagegen deckt grundlegende Unterschiede auf.

IX.3. Walspergers Karte von 1448 (Abb. 40 b)

Einige Radkarten aus der ersten Hälfte des 15. Jahrhunderts weisen die von mir zusammengestellte Abfolge von Merkmalen auf. Mit der größten Deutlichkeit zeigt das die berühmte Karte von Walsperger; Almagià (4) und Durand (46) haben sie ausführlich kommentiert, dabei jedoch übersehen, daß Südamerika auf ihr dargestellt ist.

Über Walsperger weiß man nicht viel mehr als auf der Karte steht: „Facta est hec mappa per manus fratris Andree Walsperger ordinis Sancti Benedicti de Salisburga, Anno Domini 1 4 4 8 in Constantia", auf Deutsch: „Angefertigt wurde diese Karte von der Hand des Bruders Andreas Walsperger vom Orden des Heiligen Benedikt von Salzburg, im Jahre des Herrn 1448 in Konstanz." Trotz einiger Hypothesen weiß man über den Mönch sonst nichts.

Diese Karte wurde 1891 von Konrad Kretschmer in der vatikanischen Bibliothek entdeckt. Die Farben sind sehr frisch. Die Erde, mit einem Durchmesser von 425 mm, ist umgeben von den Himmelssphären und den Elementen; das Ganze hat einen Durchmesser von 575 mm.

Das Pergament, auf das diese Karte gezeichnet worden ist, wurde teilweise restauriert. Sie nimmt die erste Seite der Handschrift *Codex Palatinatus Latinus 1362*[B] ein, einem Konvolut von Seekarten, ohne ersichtliche Beziehung zur kreisförmigen Weltkarte.

Kretschmer, der als erster auf seine Entdeckung hinwies (*120*), veröffentlichte auch eine Skizze dieser Karte, die zusammen mit dreizehn anderen die Tafel III seines Atlasses der Entdeckung Amerikas bildet (*121*). Aber obwohl er seine Aufmerksamkeit auf dieses Phänomen richtete, sah Kretschmer Südamerika auf Walspergers Karte nicht.

Die Zusammenstellung der Identifikationsmerkmale vergrößert meine Chance. Tatsächlich bemerkt man im Süden Asiens, dort wo sich India Cisgangetica befinden müßte, ein gewisses Durcheinander. Dann gibt es dort einen tiefen Golf ohne Benennung, der aber zweifellos mit dem *Sinus Gangeticus* identifiziert werden kann, denn er wird im Osten von einer fast quadratischen Halbinsel begrenzt, die einen deutlich lesbaren Namen trägt: *Aurea kersonesis*. Das ist die heutige Halbinsel Malakka. Weiter im Osten ist noch ein namenloser Golf, der nach der von mir zusammengestellten Abfolge von Merkmalen der *Sinus Magnus* ist. Dann folgt eine riesige Halbinsel, die sich weit nach Süden erstreckt. Entsprechend den schon untersuchten Karten handelt es sich um den Drachenschwanz, um Südamerika also.

Die Südspitze Südamerikas trägt eine Anmerkung: *Hic sunt gigantes pugnantes cum draconibus*, „Hier leben Riesen, die gegen Drachen kämpfen". Der Ursprung dieser und anderer Legenden ist einfach in der Literatur jener Zeit zu suchen, bei Pierre d'Ailly, Mandeville usw..

Es ist jedoch sehr bemerkenswert, daß schon 1448 und, wie ich noch zeigen werde, 1440 die Existenz von Riesen vermeldet wurde. Die heute verbreitete Lehrmeinung sieht in dem aus dem Jahre 1522 stammenden Bericht Pigafettas, des Chronisten Magellans, den Ursprung der Legende von den patagonischen Riesen. Pigafetta war ein gelehrter Mann, der wie Magellan in den hochgewachsenen Tehuelche von Patagonien die Bestätigung der in den geographischen Büchern seiner Zeit enthaltenen Geschichten von Riesen und auch die Bestätigung der Hinweise auf Walspergers Karte oder einer anderen sehr ähnlichen Karte, die er zu Rate ziehen konnte, sah.

Was soll man sich unter diesen Drachen vorstellen? Wahrscheinlich die bekannten *Mylodon* (Edentata Tardigrada), eine Art riesiger zahnloser pflanzenfressender Tiere die im Süden Patagoniens, insbesondere in Magallanes (Chile) noch nach der Eiszeit lebten und von den Vorvätern der Tehuelche gejagt und langsam vernichtet wurden, ungefähr 3000 Jahre v. Chr. (*19a*).

IX.4. Andere Radkarten des 15. Jahrhunderts

In seiner sehr interessanten Studie über einige Radkarten aus dem 15. Jahrhundert bildete Dana Bennett Durand (46) drei Karten mit Darstellungen der Halbinsel Malakka und Südamerikas ab. Es handelt sich um:

— Die Karte XIII: anonym, genannt *Nova Cosmographia per totum circulum* (Abb. 40 a), eine der Wien-Klosterneuburg-Karten aus der Zeit um 1440, die von Durand auf Grund des Textes des *Codex Latinus Monacensis* 14 583, Fol. 236 r° bis 277 v° rekonstruiert wurde.
— die Karte XV, die schon beschriebene Karte Walspergers (Abb. 40 b) von 1448.
— die Karte XVI, ebenfalls anonym, „Karte von Zeitz" genannt (Abb. 40 c), weil sie in der Stiftsbibliothek von Zeitz, einer kleinen deutschen Stadt südlich von Leipzig, aufbewahrt wird. Sie stammt aus dem Jahr 1470.

Die erste dieser drei Karten ist in deutscher Sprache abgefaßt, die beiden anderen in Latein. Ihre Zugehörigkeit zur gleichen Kartenfamilie und die Gemeinsamkeit ihrer Quellen wird durch einen Vergleich der Texte, die zur Halbinsel Malakka und zu Patagonien gehören, verdeutlicht.

	Nova Cosmographia 1440	Walsperger 1448	Zeitz 1470
Malakka	Kuning Kaspers Berglant	Aurea Kersonesis Hix rex Caspar habitavit	Aurea Chersonesis Regio
Patagonien	dy Risen vechten und streiten wider dy lint wurm	Hic sunt gigantes pugnantes cum draconibus	Homines gigantes pugnant cum draconibus

Für die Halbinsel Malakka erwähnen die Karten von 1448 und 1470 in unterschiedlicher Schreibweise die Goldene Chersones. Die von 1448 fügt hinzu, daß hier der König Kaspar, einer der Heiligen Drei Könige, lebte. Die Karte *Nova Cosmographia* erwähnt die Chersones nicht, macht aber darauf aufmerksam, daß dies das Bergland des Königs Kaspar ist, was die Identifizierung der Halbinsel bestätigt, die andererseits schon aus der Gestaltung der Karte offensichtlich war.

Für Patagonien besagen die Karten von 1448 und 1470, daß dort Riesen leben, die gegen Drachen kämpfen, was mit dem deutschen Text der Karte von 1440 übereinstimmt.

Hier kann also Südamerika auf einer Karte von 1440 identifiziert werden, *allerdings in einer Einfachheit und Armut an Einzelheiten, die die Frage nach der Herkunft der Informationen Hammers unbeantwortet läßt.*

IX.5. Radkarten aus dem 14. Jahrhundert

In seinen *Monumenta Cartographica Vaticana* veröffentlichte und kommentierte Roberto Almagià (4) zu Beginn des dritten Bandes die kreisförmige Erdkarte der Abhandlung *De Mappa Mundi* von Paolino Minorita aus der Zeit um 1 3 2 0, die aus dem *Codex Vaticanus Latinus 1960*, Fol. 264 v° stammt. Die Karte hat einen Durchmesser von 248 mm und ihre Farbgebung ist rötlich bis braun. Die Küstenlinien sind schwarz gezeichnet und die Meere sind grün ausgemalt.

128 Jahre älter als Walspergers Karte, weist die des Fra Paolino Minorita sehr viel weniger Einzelheiten auf. Aber sie zeigt im fernen Osten die gleiche riesige Halbinsel, die sich weit nach Süden hinzieht. Obwohl sie keine Ortsnamen enthält, erlaubt der Vergleich mit den bisher untersuchten Karten die Erkenntnis, daß es sich um die gleiche Halbinsel handelt, die ich als Südamerika identifiziert habe, wie bei Hammer und den anderen Kartographen.

Zwei weitere von Almagià veröffentlichte Karten, zeigen ohne weitere Einzelheiten eine vergleichbare Halbinsel, die nach meinen Identifizierungskriterien Südamerika sein muß:

— Die Karte V in Band I, von Pietro Vesconte aus Genua, von 1320 oder 1321, ist im *Codex Palatinatus Latinus 1362*[A] enthalten.
— Die Karte X in Band I, von Marin Sanudo il Vecchio, aus der gleichen Zeit, stammt aus dem *Codex Regin. Lat. 548*. Diese Karte wurde auch von Nordenskiöld in seinem *Periplus* (157) veröffentlicht.

Unter den untersuchten Radkarten zeigt die von Walsperger besser als jede andere, daß Magellan, nachdem er den Atlantik überquert hatte, der südamerikanischen Küste sehr weit nach Süden folgen mußte, bis er das von den baumlangen Tehuelche bewohnte Gebiet erreichte und wie er sich dann nach Westen wenden und durch die zum Pazifik führende Meerenge fahren mußte. Magellan hätte also in Walspergers Karte einen hervorragenden Führer für die Durchführung seiner Expedition gehabt.

IX.6. Südamerika auf einer Karte aus dem 5. Jahrhundert?

Mein ausgezeichneter und großzügiger Freund Dr. Carlos Sanz Lopez von der Königlichen Geographischen Gesellschaft in Madrid hat den Karten, die den im 5. Jahrhundert geschriebenen und in der Handschrift *Parisinus Latinus 6370* der Bibliothèque Nationale in Paris enthaltenen *Kommentar zu Scipios Traum* von Macrobius begleiten, eine sehr interessante Studie gewidmet (*183* 26–39).

Dr. Sanz betont die Einteilung des Erdglobus in vier Teile, die Macrobius lehrte. Diese Teile stehen im Prinzip nicht miteinander in Verbindung und bilden jeweils eine eigene Oikumene (Lebensraum). Diese Vorstellung entspricht vollkommen dem *Horismos tetrados tes oikumenes*, einem Text, der zwischen der griechischen und der arabischen Geographie eine Brücke schlägt. Diese Ideen waren übrigens nicht neu, Pomponius Mela hatte sie schon im ersten Jahrhundert unserer Zeitrechnung vorgeschlagen.

Der *Kommentar* des Ambrosius Theodosius Macrobius ist eine Abhandlung über ein Stück aus Ciceros „*De re publica*" (Republik) in dem Scipio Aemilianus im Traum seinen Großvater Scipio Africanus sieht, der ihm unseren Planeten mit den folgenden Worten beschreibt: „Sieh die Erde. Sie ist von Kreisen umgeben, die die Klimazonen begrenzen. Die äußersten Zonen um die Pole sind vom Eis bedeckt; die mittlere Zone, die größte von allen, ist unter den Strahlen der Sonne verbrannt. Es bleiben also nur zwei, die bewohnbar sind; aber die Völker der uns entgegengesetzten südlichen gemäßigten Zone sind für uns, als ob sie nicht existierten" (*200a*).

Uns interessiert hier die Macrobius-Ausgabe, die in Brixen, der Wirkungsstätte des weisen Bischofs Nikolaus von Kues, der alle Wissenschaften, besonders die Geographie förderte, erschienen ist (*134*). Dieses Buch enthält eine Macrobius zugeschriebene „Weltkarte" (Abb. 41), die den Süden und Südosten Asiens weit besser wiedergibt, als andere Karten des 5. Jahrhunderts. Vom Roten Meer nach Osten ist zuerst die Arabische Halbinsel eingezeichnet, in der Länge richtig, aber zu schmal. Dann folgt der Persische Golf, leicht zu erkennen, denn er liegt südlich von *Babil* oder Babylon. Weiter östlich befindet sich das Land *Partia*, das Land der Parther und Perser, der heutige Iran, gefolgt von einer großen dreieckigen Halbinsel, deren Spitze nach Süden gerichtet ist. Das ist India Cisgangetica, das heutige Indien, *von dem man überrascht ist, es viel besser dargestellt zu sehen als auf den besten Karten der Renaissance, Hammer und Waldseemüller eingeschlossen.*

Das bemerkenswerteste jedoch ist, daß vom Nordosten Indiens aus eine lange schmale Landbrücke den asiatischen Kontinent mit einer riesigen Halbinsel verbindet, die sich weit nach Süden erstreckt, genau wie auf den Karten des 16. Jahrhunderts ist Südamerika durch den Mittelamerikanischen Isthmus mit dem asiatischen Festland verbunden.

Die einzige mögliche Interpretation ist, daß es sich um den Drachenschwanz, um Südamerika also, handelt, mit dem unerwarteten Merkmal allerdings, daß es mit Asien durch eine Landbrücke vereinigt ist, deren älteste Darstellung ich auf Zorzis Skizzen von 1503 gesehen habe, wohingegen sich auf den Karten des 15. Jahrhunderts, einschließlich der ausgezeichneten Karte Hammers, die Vereinigung auf die ganze Breite des südlichen Kontinents erstreckt.

Es ist an dieser Stelle wichtig festzustellen, daß man nicht mit Sicherheit sagen kann, daß Macrobius selbst den Drachenschwanz in seine Karte eingezeichnet hat. Tatsächlich enthalten die Handschriften des *Kommentars zum Traum des Scipio* dieses kartographische Detail nicht. Kann man daraus schließen, daß diese Karte 1485 von den Herausgebern aus Brixen hinzugefügt wurde, um den Text von Macrobius zu illustrieren?

Ich glaube das nicht, denn diese Karte entstammt nicht der unmittelbar vorangegangenen Familie vom Typ der Karte von Walsperger, kündigt aber auch nicht die folgende Familie vom Typ der Hammerschen Karte an. Einerseits scheint es, daß die Zeichnung im 15. Jahrhundert angefertigt wurde, insbesondere wegen der Inschrift, welche die Erde umgibt, aber die kartographische Vorstellung stammt wohl doch von Macrobius.

Stammt das Vorbild dieser Karte wirklich aus dem 5. Jahrhundert? Hat der Zeichner aus dem 15. Jahrhundert eigene Ideen hinzugefügt? Der derzeitige Stand unseres Wissens erlaubt keine sichere Antwort auf diese Frage.

In jedem Fall, auch wenn die schmale Landbrücke das Werk des Zeichners oder Nachahmers ist, stellt die 1485 in Brixen erschienene Macrobius-Ausgabe *die früheste Darstellung des Mittelamerikanischen Isthmus dar.*

X. Die arabische Karte al-Hwārizmīs 833

X.1. Die arabische Kartographie des Mittelalters

Das vorangegangene Kapitel hat gezeigt, daß die christliche Kartographie des Mittelalters sich fast ausschließlich auf das Zeichnen hauptsächlich von biblischen Texten beeinflußter runder Weltkarten beschränkt hat.

Die arabischen Geographen erlagen nur in ganz geringem Maß diesem Fehler, außer im westlich ausgerichteten Teil, in den Zentren der Mischkultur. Der bekannteste Fall ist der des al-Scherif al-Idrisi (Abu 'Abdallāh Muhammed ibn Muhammed ibn 'Abdallāh ibn Idrīs al-Hammūdī, 1100–1162), der aus Marokko stammende Kartograph des Normannenkönigs Roger II. von Sizilien. Al-Idrīsī ist der Schöpfer der berühmten *Tabula Rotunda Rogeriana* von 1154, auf der er versuchte, arabische und christliche Vorstellungen auf dem Gebiet der Geographie zu vereinigen.

Auf dieser großen Silbertafel, wie auch auf den anderen kleineren Karten, die Idrīsī angefertigt hatte, nimmt der arabische Beitrag den Hauptteil ein, denn er stellt das in der christlichen Welt verlorene, in den kulturellen Zentren des nahen Ostens, hauptsächlich am Hofe des Kalifen von Bagdad, wo die *Geographiké Hyphégesis* im 9. Jahrhundert übersetzt worden war, aber bewahrte Erbe des Ptolemaios dar.

Harun al-Raschid, 786 bis 809 Kalif von Bagdad aus der Dynastie der Abbasiden regte astronomische Studien und die Berechnung von Längen- und Breitengraden an.

Sein Sohn und Nachfolger al-Mamun, der von 813 bis 833 Kalif war, umgab sich mit Mathematikern, Astronomen und Geographen. Er empfahl ihnen das Studium der Schriften des Ptolemaios und beauftragte sie, eine kritische Übersetzung anzufertigen. Im Jahre 820 gründete er das Observatorium von Bagdad, und eine der wichtigsten während seiner Regierungszeit durchgeführten Arbeiten wurde die Neuvermessung des Breitengrades und sein Vergleich mit den in der Antike erhaltenen Ergebnisse.

Während al-Mamuns Regierungszeit wurde die *Geographiké Hyphégesis* arabisch übersetzt, einschließlich der zugehörigen Karten von Agathodaimon. Die miteinander unvereinbaren Angaben über die Person des Autors lassen vermuten, daß diese Arbeit mehrfach durchgeführt wurde. Die älteste bekannte Fassung ist von Abdallāh ben Hor-Radadbeh, auch Abd-Allah ibn Kurdadbeh genannt (*14*). De Goeje hat erwiesen, daß dieser Geograph zwei Ausgaben seines Buches 846 und 886 veröffentlicht hat (*75*), aber alle Abschriften sind verloren gegangen.

Al-Idrīsī kannte sicher das Werk des Ptolemaios. Aber einer der besten Kenner der mittelalterlichen Geographie, Joachim Lelewel, glaubt, daß es sich eher um den griechischen Text handelte als um eine arabische Übersetzung (*131*). Andererseits schrieb ibn Abdallah Mohammed ibn Bakr az-Zuri, der zur gleichen Zeit in Granada lebte, in einer Einleitung seines Buches *al-Kitāb al-Djagrāfiya* oder Buch der Geographie, daß er seine Erdkarte von al-Qumari kopiert hat, der sie seinerseits von Abdallah al- Mamun abgezeichnet hatte und daß 70 Philosophen aus dem Irak für dieses Bild der Erde zusammengearbeitet hatten (*152*).

Die Geographen aus Bagdad kannten die Mesopotamien benachbarten Gebiete und in einem gewissen Umfang auch den mittleren und fernen Osten weit besser als Ptolemaios.

Die Arbeit an der arabischen Übersetzung der *Geographiké Hyphégesis* ließ ihre Irrtümer und Fehler deutlich hervortreten. Die Gelehrten von Bagdad übernahmen also die Aufgabe, sie zu berichtigen und zu ergänzen.

„Die von al-Mamun mit der Übersetzung der griechischen Geographie beauftragten Geographen haben ihre Aufgabe mit vielen Bedenken, die Methoden und Regeln der geographischen Wissenschaft betreffend, erledigt, aber was das übrige angeht, bleiben sie ihr nicht treu und haben ihre eigene Abhandlung verfaßt" (*131*).

Die älteste dieser Bearbeitungen, von der uns eine Kopie überliefert ist, ist die Bearbeitung von al-Hwārizmī.

X.2. Al-Hwārizmī

Abū Djafar Muhammed ibn-Mūsā al-Hwarizmī, genannt der Kharismier oder Choresmier war ein bedeutender Mathematiker. In diesem Zusammenhang interessiert mich allerdings nur sein geographisches Werk, denn hier kann ich die Spur des Drachenschwanzes wieder aufnehmen.

Das *Uwarazmi* der persischen Keilschrifttexte, das *Hwairizem* der Avesta, das *Khuwarizm* der Abbasidenzeit war anfangs das Gebiet südlich des Aral-Sees um die Stadt Khiva (Chiwa), im großen Tal des Amu-Darja. Von 994 bis 1231 bestand dort ein Staat der Khowaresm, Kharism, Choresm(ien) oder Chorasan genannt wurde und sich bis zum Kaspischen Meer ausdehnte und von Dschingis-Khan zerstört wurde. Seine Einwohner sind die Kharismier oder Choresmier.

Wie das Ende seines Namens andeutet, muß dieser Geograph aus diesem Gebiet stammen, obwohl er manchmal *al-Qatrabbuli* genannt wurde, was ihn mit der Stadt Qatrabbul am Euphrat in Verbindung bringt. Schließlich kennt man ihn auch noch als *al-Madjūsi* oder der Magier, was darauf hindeutet, daß seine Familie Anhänger der Religion Zarathustras gewesen sein könnten.

Al-Hwārizmī trat sehr jung in die Dienste des Kalifen al-Mamun, in das *Dar al-Hikma* oder das Haus der Weisheit, d. h. die große Bibliothek von Bagdad. Sein 833 beendetes Hauptwerk trägt den Titel *Kitāb Surat al-ard* oder Buch vom Bild der Erde oder auch *Rasm al arsi, Rasm el ardi*, Erdbeschreibung oder *Rasm al raba al mamuri* oder *Rasm ar rub al Mamur* oder abgekürzt einfach *Rasm*, Beschreibung eines Viertels der bewohnten Erde, eines Viertels der Oikumene, was an die Theorie des Macrobius erinnert.

Al-Hwārizmī ist für die *Geographiké Hyphégesis* viel mehr als nur Übersetzer, er hat sie berichtigt und ergänzt. Er behandelt das Werk des Ptolemaios so, wie dieser das des Marinos von Tyros behandelt hat, allerdings mit viel mehr Glück: er übernimmt alles was ihm gut und richtig, kritisiert und formt um, was ihm falsch erscheint und fügt all das hinzu, was ihm nützlich vorkommt, alles unter Beibehaltung des allgemeinen Aufbaus des ursprünglichen Werkes.

Alles in allem unterscheiden sich die Geographien von Ptolemaios und al-Hwārizmī sehr von der des Marinos von Tyros ihrem Vorbild. Alle drei Werke sind hauptsächlich Listen von Städten und geographischen Ortsangaben der ganzen Welt mit ihren Längen- und Breitenangaben und einer allgemeinen Einführung.

Eine der Berichtigungen, die al-Hwārizmī dem Werk des Alexandriners beisteuerte, war die Verringerung der Länge des Mittelmeeres von 62° auf 52°, während es in Wirklichkeit nur 42° mißt. Der Araber wählte den gleichen Hauptmeridian wie Ptolemaios, den der Insel der Seeligen oder Kanarischen Inseln, seine Oikumene erstreckte sich ebenfalls über 180° Länge.

Nach Lelewel war das, was al-Hwārizmī als Grundlage seiner Übersetzung, genauer gesagt, seiner Bearbeitung, genommen hatte, nicht die *Geographiké Hyphégesis* sondern eine Umarbeitung dieses Werkes, angefertigt von einer Gruppe von arabischen und christlichen Gelehrten aus Kleinasien, die es *Horismos tetrados tes oikumenes* oder Bild des bewohnten Viertels der Erde nannten, und die Araber hätten aus *Horismos Rasm* gemacht, das die Bedeutung von Beschreibung, Gestalt, Gesicht, Bild, Anblick und sogar Zusammensetzung, Aufbau und Struktur umfaßt.

Autor des *Horismos* wäre in diesem Fall eine anonyme Gruppe, die sich von dem Alexandriner leiten ließ, ihm aber deutlich überlegen war. Jedoch hieß nach der arabischen Überlieferung der Autor des *Horismos* Batlaimus, dieser Name ist eine arabische Verballhornung von Ptolemaios.

Im 10. Jahrhundert behauptete al-Mas'ūdī, die Geographie des Ptolemaios und die des Marinos von Tyros gesehen zu haben. Er hielt die Karte des Marinos und „die von al-Mamun (d. h. al-Hwārizmī) an der so viele Gelehrte mitgearbeitet haben, für die besten. Sie zeigt die Erde und die himmlischen Sphären, die Gestirne, das Festland, das Meer, die Wüsten, die bewohnten Gegenden aller Völker, die großen Städte usw.. Diese Beschreibung ist besser als die des Ptolemaios oder die des Marinos von Tyros und alle anderen" (*142* und *101* 1794–95).

Sehen wir uns diese Beschreibung von al-Mas'ūdī kurz an. Er spricht von Festland in der Einzahl, denn man glaubte zu seiner Zeit in der arabischen Welt an die Kugelgestalt der Erde und an ihre Einteilung in vier Festlandgruppen: zwei auf der Nordhalbkugel und zwei auf der Südhalbkugel. Die Bewohner der Welt des Mittelmeeres konnten nur eine einzige davon kennen, nämlich die, auf der sie lebten und die Europa, Asien und Afrika umfaßte, das Ganze wird vom Ozean umflossen. Das ist im Wesentlichen die gleiche Vorstellung, wie die von Macrobius, wie bei ihm umfaßte Asien dort den Drachenschwanz, d. h. Südamerika.

Al-Mas'ūdī spricht von „dem Meer", denn für ihn gibt es nur ein einziges, das jeden der vier Teile der Erde umgibt und insbesondere den, auf dem die bekannten Völker wohnen. Diese Vorstellung hat keine Beziehung zu den Radkarten des christlichen Mittelalters, bei denen die Erde gleichfalls von einem einzigen Meer umflossen war, denn für das Abendland handelte es sich nicht um ein Viertel der Erde, sondern um die ganze Erde, die man sich gewöhnlich als flache Scheibe vorstellte und nicht als Kugel.

„Die Wüsten", sagt al-Mas'ūdī, denn diese Wüsten spielen im Leben der arabischen Völker eine bedeutende Rolle als Verbindungsweg zwischen den bewohnten Orten.

Die Überlegenheit des *Rasm* über Ptolemaios läßt Lelewel zu der Überzeugung kommen, daß al-Hwārizmī „für ewig das ungeheure Denkmal des Ptolemaios zum Einsturz gebracht hat". In wie weit hat al-Hwārizmī die Karte von Südamerika verbessert, von der Ptolemaios nur den nördlichen Teil der Pazifikküste kannte?

X.3. Die Rekonstruktion von Hubert Daunicht

Vom *Kitab Surat al-ard*, dem Hauptwerk al-Hwārizmīs, ist heute nur eine einzige Abschrift bekannt, die unter der Signatur *L. arab. Cod. Spitta 18* in der Universitätsbibliothek von Straßburg aufbewahrt wird. Spitta veröffentlichte eine kurze Beschreibung (*195*), nachdem er das Manuskript 1878 in Kairo erworben hatte. Aus seinem Nachlaß kaufte die elsässische Universität die Handschrift. Sie enthält 45 Blätter, die vermutlich 1037 von einem Text abgeschrieben wurden, der nicht sehr deutlich gewesen zu sein scheint.

Der vollständige Titel lautet in deutscher Übersetzung: *Buch vom Aussehen der Erde, ihrer Städte, Gebirge, Meere, aller Inseln und Flüsse, geschrieben von Abu Djafar Mohammed ben Musa dem Kharismier, nach der von Ptolemaios dem Claudier zusammengestellten Abhandlung über Geographie.*

Die Anmerkung *der Claudier* zeigt, daß der Alexandriner Geograph, nach der Auffassung al-Hwārizmīs und seiner Zeitgenossen ein Nachkomme des römischen Kaisers Claudius war.

Das Buch beginnt ohne Einleitung mit der Aufzählung der geographischen Ortsangaben (Längen- und Breitengrade) in der Reihenfolge der „Klimate", d. h. in Streifen der geographischen Breite und innerhalb jedes „Klimas" in der Reihenfolge der geographischen Länge. Diese praktische Methode hat den großen Vorteil, daß sie ermöglicht, zahlreiche schwierig lesbare Längen- und Breitenangaben an Stellen des Manuskripts, die in schlechtem Zustand sind, herzuleiten.

Rasm al-ard oder *rasm al rub al mamur* wird als Titel nur noch von *Abu al-Fiddah* oder *Abul-Feda* (1273–1331) gebraucht, fünf Jahrhunderte nach al-Hwārizmī. Im 10. Jahrhundert geben al-Mas'ūdī und al-Battani diesem Werk den Titel *Kitāb surat al-ard*, wie ihn die Straßburger Handschrift trägt.

Die Erwähnung sehr unterschiedlicher Farbgebung bei Gebirgen, um die Erklärung von Reiseberichten zu erleichtern, ist der Beweis, daß diese Handschrift ursprünglich mit einer geographischen Karte versehen war. Nun enthält der Straßburger Kodex aber keine Weltkarte mehr. Glücklicherweise ermöglicht die Liste der Koordinaten die Rekonstruktion der verlorenen Karte.

Diese Aufgabe hat Hubert Daunicht übernommen, wenigstens für den östlichen Teil, der gerade der für uns interessante ist (*32*). (Abb. 42).

Daunicht entnimmt die Längen- und Breitenangaben von Orten an der Küste aus der Handschrift und leitet die schlecht lesbaren her oder schätzt sie. Diese Koordinaten trägt er auf Millimeterpapier ein und verbindet die so erhaltenen Punkte durch gerade Linien. So gewinnt er eine angenäherte Wiedergabe der Küstenlinien der verlorenen Karte. Das gleiche versucht er für die Städte, Flüsse und Gebirge.

Ein Vergleich dieser rekonstruierten Karte mit der des Ptolemaios und der von Hammer stellt al-Hwārizmī in eine Zwischenposition, nicht nur zeitlich, sondern auch nach der Qualität der Informationen.

Zahlreiche Ortsnamen sind allen drei Karten gemeinsam. Um eine vergleichende Übersicht zu erstellen, füge ich noch den Nürnberger Erdapfel hinzu, der nach Hammer oder seiner unbekannten Quelle gezeichnet wurde. Ich ziehe alle wichtigen Orte von Taprobana an nach Osten und die glaubwürdigen interessanten Punkte im Drachenschwanz heran.

Grundlage für diese vergleichende Übersicht sind die folgenden Dokumente:
1. *Ptolemaios:* Die Karte von India Transgangetica, entworfen von Louis Renou nach dem griechischen Manuskript Venetus 516 (*173*).
2. *al-Hwārizmī*: die von Daunicht rekonstruierte Karte (*32*).
3. *Hammer:* Die Ptolemaios-Karte im *Insularium Illustratum Henrici Martelli Germani* vom British Museum, Add. Ms. 15760 Fol. 68 v°–69r° (*84*).
4. *Behaim:* Die im *Ibero-Amerikanischen Archiv* 1943 veröffentlichten Fotografien (*107*) und die Wiedergabe in Segmenten aus dem Besitz des Geographischen Dienstes der Spanischen Armee.

Es ergibt sich die folgende Übersicht:

1. PTOLEMAIOS ca. 170	2. AL-HWĀRIZMĪ 833	3. HAMMER 1489	4. BEHAIM 1492
Taprobana	Tabrubani	Taprobana	Taprobana
Sinus Gangeticus	Bahr al-Hind (Indisches Meer)	Sinus Gangeticus	Golf ohne Name
Aurea Chersonesos	Halbinsel ohne Name	Aureus Chersonesos	Aurea Chersonesos
Magnus Sinus	Bahr al-Sin (Chinesisches Meer)	Sinus Magnus	Golf ohne Name
Aspithra	Asfitra	Aspicaris	Aspiotra
Notium Promontorium	Kap 1156	Kap ohne Name	Kap ohne Name
Satyrorum Promontorium	Kap 1155	Kap ohne Name	Kap ohne Name

1. PTOLEMAIOS ca. 170	2. AL-HWARIZMI 833	3. HAMMER 1489	4. BEHAIM 1492
Saenus Fl.	Sawanus (südöstlich verschoben)	Senus Fl.	unleserlich
Cutiaris Fl.	Quttiyarus	Fluß ohne Name	Cotara
Cattigara	Qattigura	Catigara	unleserlich
nicht vorhanden	Bahr al-Muzlim (Meer der Finsternis)	Oceanus Indicus Orientalis[15]	Occeanus Orientalis und Occeanus Indie Superioris

Die meisten Ortsnamen der Karte al-Hwārizmīs stimmen mit denen bei Ptolemaios, Hammer und Behaim überein. Der allgemeine Verlauf der Küste zwischen Taprobana und Kattigara ist der gleiche. Die Atlantikküste des Drachenschwanzes, die bei Ptolemaios noch nicht existiert, ist bei al-Hwārizmī schon vorhanden, aber noch vollkommen ohne Einzelheiten, dagegen ist sie bei Hammer deutlich und genau wiedergegeben und bei Behaim recht schlecht kopiert.

Der einzige bemerkenswerte Unterschied ist, daß sich bei Ptolemaios die südamerikanische Küste südlich von Kattigara nach Westen wendet, um sich mit der afrikanischen Küste zu vereinigen, während sie sich auf den anderen drei Karten nach Osten und später nach Nordosten und Norden wendet und die große Halbinsel des Drachenschwanzes bildet.

Diese Halbinsel befindet sich auf der Karte al-Hwārizmīs, wie die Rekonstruktion von Daunicht ohne jeden Zweifel beweist. Durch die Identifizierung von Flüssen und Gebirgen auf der Karte von Hammer habe ich bewiesen, daß diese Halbinsel Südamerika ist. *Es ist auch auf der Karte von al-Hwārizmī ebenso.*

X.4. Der Atlantik, die Magellanstraße und Feuerland

Auf Behaims Globus ist der Ozean, der sich östlich des Drachenschwanzes, bzw. Südamerikas befindet, der Atlantik, der sich weit nach Osten bis nach Afrika erstreckt.

Bei Hammer wird dieser Ozean vom Rahmen der Karte abgeschnitten. Ein Teil befindet sich ganz im Westen gegenüber den Küsten von Afrika und Europa, der andere im fernen Osten gegenüber der Küste Südamerikas.

Bei al-Hwārizmī befindet sich der Atlantische Ozean aus dem gleichen Grund an den beiden entgegengesetzten Enden der Karte. Er trägt den Namen *Bahr al-Muzlim* oder Meer der Finsternis, der gleiche Name, den ihm auch Sankt Isidor

---

[15] Diese Bezeichnung fehlt auf Hammers Ptolemaios-Karte in London, steht aber auf dem Exemplar der Universität Yale.

in seinem *De Insulis* im 7. Jahrhundert, al-Idrīsī in seinem *Kitāb ruǧār* im 12. Jahrhundert und die meisten Geographen, Philosophen und anderen Gelehrten des Mittelalters, einerlei ob Moslems oder Christen, gaben.

Al-Hwārizmī ist demnach der Autor der ältesten heute bekannten Karte, auf der Südamerika mit seinen beiden Küsten, der des Pazifik und der des Atlantik, dargestellt ist.

Jedoch gibt es einen bemerkenswerten Unterschied zwischen der Karte al-Hwārizmīs auf der einen Seite und den Karten von Hammer und seinen Nachahmern auf der anderen Seite: der Süden des Drachenschwanzes.

Ich hatte festgestellt, daß Hammer von der Magellanstraße nur die beiden Einfahrten kannte, und sie deshalb durch eine Landbrücke ersetzte. Nun zeigt al-Hwārizmī an der gleichen Stelle eine eckige Meerenge und eine große Insel. Sind dies die Magellanstraße und Feuerland?

War al-Hwārizmī also besser informiert als Hammer? Kannte man Feuerland 833 in Bagdad besser als 1489 in Florenz?

Vor der Beantwortung dieser Frage ist es nötig, auf einige Teile der arabischen Karte einzugehen, die auf den ersten Blick nicht ganz klar zu sein scheinen.

Die südlich des Drachenschwanzes liegende Insel, die durch eine winklige Meerenge davon getrennt ist, heißt *Gazirat al-Fidda*, Silberne Insel, und läßt durch ihren Namen gleich an die Insel *Iabadiu* des Ptolemaios denken, die Hirse-Insel, deren Hauptstadt Argyre oder Argentea war (*113*). Einige Geographen haben Iabadiu als Sumatra identifiziert (*95*), andere als Java (*88* I 408). Daunicht war zunächst Anhänger der zweiten Auffassung, dann zweifelte er daran und zog, ohne große Überzeugung, eine Identifizierung mit Formosa in Betracht (*32* 488–89).

Bei Ptolemaios liegt Iabadiu auf hoher See, weit entfernt von der Küste, während *Gazirat al-Fidda* nur durch eine lange Meerenge vom Drachenschwanz getrennt ist.

Ptolemaios kannte nur eine einzige Silberinsel, al-Hwārizmī dagegen zwei. Er schafft dadurch eine Verwirrung, die auch noch auf Hammers Ptolemaios-Karte von Yale (nicht auf der von London) fortbesteht und auf den späteren Karten von Behaim, Waldseemüller u. a.. Diese beiden Inseln tragen nur zum Teil den gleichen Namen. Südwestlich der Südspitze Südamerikas befindet sich *Gazirat al-Fidda* und weiter östlich liegt *Gazirat al-Fidda al Bahr al-Muzlim*, das heißt entsprechend „Silberne Insel" und „Silberne Insel im Meer der Finsternis".

In gleicher Weise sind bei Hammer-Yale, Behaim u. a. östlich der Spitze des Drachenschwanzes zwei Inseln dargestellt, entsprechend *Iava Minor* und *Iava Maior* genannt. Wie bei al-Hwārizmī ist die östlichere von beiden größer.

Es handelt sich also auf der arabischen Karte um die Verlagerung eines Ortsnamens dorthin, wohin Hammer-Yale, Behaim, Waldseemüller u. a. eine ganze Reihe von Inseln verlegt haben.

Mit oder ohne diesen Irrtum bei Ortsnamen zeigt die Karte al-Hwārizmīs deutlich, daß der Süden des Drachenschwanzes in einer winkligen Meerenge und einer großen Insel endet wie Südamerika in der Magellanstraße und Feuerland. Es gibt keinen Grund, anzunehmen, daß ein geheimnisvoller Zufall die Phantasie des Kartographen leitete, als er eine Meerenge und eine Insel genau dort einzeichnete, wo sich tatsächlich eine Meerenge und eine Insel befinden und noch genauer, eine winklige Meerenge und eine große Insel.

Hammer muß also die Ehre, der erste bekannte Kartograph zu sein, der Feuerland dargestellt hat, an al-Hwārizmī abtreten. Man muß allerdings einräumen, daß Hammers Karte vollständiger und der Verlauf der südamerikanischen Küsten richtiger dargestellt ist.

Hat Hammer das Werk al-Hwārizmīs gekannt?

Fast sicher nicht, denn die Geographen des christlichen Mittelalters kannten die Arbeiten ihrer arabischen Kollegen nicht, mit Ausnahme einiger im Abendland wirkender, wie z. B. al-Idrīsī. Die Übersetzer von Toledo haben im 12. und 13. Jahrhundert weder die Werke von al-Hwārizmī noch die von al-Mas'ūdī in Spanisch übersetzt. Hammer muß über andere genaue und wichtige Quellen verfügt haben, um seiner Karte die richtigen Umrisse von Südamerika zu geben und vor allem, um das Gewässernetz im Innern richtig einzuzeichnen.

Und wenn Hammer al-Hwārizmīs Werk gekannt hätte, dann hätte er sicher Gewinn gezogen aus dem einzigen Vorsprung des Arabers gegenüber dem Deutschen aus Florenz: der Kenntnis der Patagonischen Meerenge.

X.5. Kattigara bei al-Hwārizmī

Während die Stadt Kattigara auf allen bisher von mir besprochenen Karten, bei Ptolemaios, al-Idrīsī 1192 *(146)*, Hammer 1489, Contarini 1506, Waldseemüller 1507 usw., an der Küste eingezeichnet ist, verlegt Daunicht sie in seiner Rekonstruktion ins Landesinnere an das Ufer eines Flusses.

Diese Lage ist um so außergewöhnlicher, weil das Wort *Kattigara* nach Tomaschek *(201)* aus dem Sanskrit stammt, *Kacchya-Gada* bedeutet dort *Küstenfestung*.

Ich habe mich davon überzeugen können, daß die Rekonstruktion von Daunicht, die aus *Qattigura* eine Stadt im Landesinneren macht, auf einer falschen Lesart beruht.

Daunicht und Nallino haben die gleiche Straßburger Handschrift gelesen, die einzige, die bekannt ist. Nallino versichert, daß das Pergament an der Stelle, an der die Länge von *Qattighora* verzeichnet wird, stark beschädigt ist. Es ist derart stark beschädigt, daß sich die beiden Arabisten über die Lesart der Ziffern nicht einigen konnten.

Nach Nallino *(152)*		Nach Daunicht *(32)*	
Qattighora	161° 30'	Qattigura	164° 30'
Asfithra	164° 15'	Asfitra	160° 15'

Ich erinnere daran, daß Daunicht die Küstenlinie zeichnete, indem er die Punkte, deren Koordinaten al-Hwārizmī angibt, durch gerade Linien verbindet.

Qattigura läge an der Küste, wenn seine geographische Länge 162°30' betragen würde. Ich bin absolut davon überzeugt, daß es sich bei Daunicht um einen Fehler in der Lesart handelt, verursacht durch die schlechte Erhaltung der Handschrift und daß Qattigura auf der Karte von al-Hwārizmī, wie auf den anderen Karten, an der Küste eingezeichnet werden muß.

XI. Ptolemaios und der große Golf

XI.1. Die Verkleinerung des Megas Kolpos

Ich habe einerseits festgestellt, daß Heinrich Hammer 1489 eine von Ptolemaios inspirierte Weltkarte zeichnete, auf der er, dank geheimnisvoller, aber richtiger Informationen, den Osten, den Süden und das Innere Südamerikas hinzugefügt hatte.

Andererseits habe ich festgestellt, daß al-Hwārizmī 833 ebenfalls über Informationen verfügte, die ihm ermöglichten, die Karte des Ptolemaios zu verbessern und ihr den Osten und den Süden Südamerikas hinzuzufügen, aber in einer weniger detaillierten und weniger genauen Darstellungsweise der Küstenlinie und des Flußnetzes als Hammer.

Da die *Geographiké Hyphégesis* von Ptolemaios die gemeinsame Quelle beider Kartographen war, ist es nur natürlich, das Werk dieses Gelehrten näher zu untersuchen.

Klaudios Ptolemaios von Alexandria wurde vermutlich um das Jahr 100 n. Chr. in Ptolemeide Hermia in Oberägypten geboren und starb um 178 in Canopus. Den größten Teil seines Lebens verbrachte er in Alexandria in Ägypten, wo er als Mathematiker, Astronom und Geograph einen hervorragenden Platz in der wissenschaftlichen Welt einnahm.

Von seinen zahlreichen Werken interessiert hier nur die *Geographiké Hyphégesis* oder *Einführung in das Zeichnen einer Karte der Oikumene* oder *Einführung in die Kartographie der Erde*. „Geographie", unter diesem Wort verstand man in der Antike das Messen der Breiten- und Längengrade und deren Eintragung in die Karte. Es ist das, was man heute als Kartographie bezeichnet, aber im Weltmaßstab.

Ptolemaios gibt vor, in seinem kartographischen Werk eine Kritik, Berichtigung und eine auf den neuesten Stand gebrachte Bearbeitung des Werkes von Marinos von Tyros geleistet zu haben.

Unterdessen ist es, wie Bunbury geschrieben hat, „offensichtlich, daß Ptolemaios keine neuen geographischen Informationen erhalten hat und daß die Veränderungen, die er dem Werk von Marinos von Tyros einfügt, nur willkürlich sind" (*21* II 535–36). Diese Auffassung wird von Ballesteros y Beretta geteilt, der hinzufügt, „Ptolemaios hat in seinen Tabellen eine große Anzahl von Irrtümern vereinigt" (*12* III 115), das entspricht auch den Vorstellungen von Wurm (*213*).

Die *Geographiké Hyphégesis* setzt sich aus acht Büchern zusammen und übernimmt den Plan des Werkes von Marinos, den sie kritisiert. Das erste Buch enthält die allgemeinen Hinweise auf die Quellen und die Prinzipien für die Herstellung einer Weltkarte. Die folgenden Bücher sind lange Tabellen von Längen- und Breitenangaben aller Städte und anderer wichtiger Punkte der Erde; als Nullmeridian, ganz im Westen, nahm er den der Inseln der Seligen, d. h. der Kanaren.

Mehrere Historiker der Kartographie haben gegen die früher sehr verbreitete Auffassung, nach der die *Geographie des Ptolemaios* ganz das Werk des Alexandriners sei, Einspruch erhoben.

Paul Schnabel hat gezeigt, daß im VII. Buch der *Geographie* das Kapitel 29 nicht Ptolemaios zugeschrieben werden kann (*188* II 61ff.). Erich Polaschek widmete dem Vergleich der griechischen Handschriften der *Geographiké Hyphégesis* und der Fortentwicklung dieses Werkes im Laufe der Jahrhunderte in der griechischen und byzantinischen Welt bis zum Zeitpunkt seiner Übersetzung durch Chrysoloras und Angelo de Scarparia eine Untersuchung (*167* 17—37). Polaschek erbrachte den Nachweis, daß in dem schon erwähnten VII. Buch keines der auf das Kapitel 28 folgenden Ptolemaios zugeschrieben werden kann; er hat die griechischen Handschriften eingeordnet und ihre Unterschiede untersucht, um eine Reihenfolge des Alters und der Zuverlässigkeit gegenüber dem Originaltext herzustellen.

Das älteste bekannte griechische Manuskript ist aus dem 13. Jahrhundert und stammt aus dem Kloster Vatopedi am Berg Athos in Griechenland. Eines der am besten erhaltenen, ist der vermutlich 1401 abgeschriebene *Codex Vaticanus Vindobonensis Parisini*.

Die Frage, ob Ptolemaios, als er sein Buch schrieb, auch die entsprechenden Karten gezeichnet hat, war lange umstritten. Dieser Punkt hat auch nicht die Bedeutung, die man ihm beigemessen hat, und man nimmt heute allgemein an, daß die Karten, die einigen Handschriften der *Hyphégesis* beigebunden sind, das Werk von Agathodaimon (wörtlich übersetzt: der gute Geist oder der gute Teufel) sind, von dem man noch nicht einmal weiß, ob er Zeitgenosse und Mitarbeiter von Ptolemaios war oder ob er im folgenden Jahrhundert gelebt hat.

Auf Ptolemaios Erdkarte ist India Meridionalis, d. h. Südamerika, nur mit seiner Pazifikküste dargestellt (Abb. 43), von 17° n. Br. (Mittelamerika) nach Süden. Bei 8°30' s. Br. befindet sich Kattigara, wenigstens auf den „von der dritten Ausgabe" genannten Karten. Von dort aus verläuft die Küste weiter in südlicher Richtung, wie in der Wirklichkeit die chilenische Küste ab Arica, dann wendet sie sich nach Westen, um sich mit der afrikanischen Küste zu vereinigen, was belegt, daß Ptolemaios nicht glaubte, daß die Phönizier im Dienste des Pharao Necho II. Afrika umschifft hatten, wie es Herodot von Halikarnassos berichtet, allerdings ohne es selbst zu glauben (*89* IV 42).

Indischer und Pazifischer Ozean bilden zusammen ein einziges geschlossenes Meer und die Länder, die es im Süden begrenzen, bilden den antarktischen Kontinent, ohne Grenze, außer dem Rahmen. Obwohl er an die Kugelgestalt der Erde glaubte, ließ Ptolemaios die Erde, je nach Ausgabe verschieden, bei 14,20 oder 24° s. Br. enden, denn er glaubte, daß die Oikumene nicht über mehr als 90 Breitengrade ausgedehnt sein könne, denn es sei „unmöglich mit dem Kopf nach unten zu leben".

Diese Verneinung der Antipoden war während des ganzen Mittelalters üblich (*12* III 126). Ihr wichtigster Verfechter war Lactanz, genannt „der christliche Cicero", der Erzieher von Crispius, dem Sohn Konstantins des Großen. Lactanz lehrte, daß „mangelnde Kenntnis der Geographie ein Verdienst darstellt und Gott gefällig ist" und fügte hinzu: „Aut est quisquam tam ineptus qui credat esse homines quorum vestigia sint superiora quam capita?", auf Deutsch: „Gibt es überhaupt noch jemanden, der so dumm ist, zu glauben, daß es Menschen gibt, die die Füße höher haben als die Köpfe?" (*125*, VII)

St. Augustinus teilte diese Auffassung. Er behauptete (*8*): „Homines a contraria parte terrae adversa pedibus calcare vestigia nulla ratione credendum est". (Auf keinen Fall darf man glauben, daß die Menschen, vom entgegengesetzten Teil der Erde mit ihren Füßen entgegengesetzte Spuren treten.) Sogar noch nach Christoph Kolumbus erster Reise läßt sich in Zacharias Lilius, dem Verfasser des *Orbis Breviarium*, Florenz 1493, ein Anhänger dieser Vorstellung finden (*133*).

Bezüglich der Längengrade gibt Ptolemaios auch nicht vor, die ganze Nordhalbkugel zu zeigen. Ganz im Gegenteil, er begrenzt sie auf 180°, denn die Unmöglichkeit, auf den Antipoden zu leben, schließt auch die Unmöglichkeit der Verbindung der Oikumene, in der Ptolemaios lebt mit den anderen Teilen der Erde, wo wahrscheinlich niemand lebt, ein. In Wirklichkeit untersucht Ptolemaios das Problem der Antipoden nicht, denn er sieht es durch die Aussage, es sei lächerlich, anzunehmen, daß bestimmte Völker mit dem Kompf nach unten hängend ten, für gelöst an, und infolgedessen beschränkt er die bewohnte Welt auf 180 Längengrade.

Für mich, der ich die Entwicklung der Darstellung des Pazifischen Ozeans seit der Karte Sanutos von 1574 verfolgt und diesen auf der Karte von Ortelius aus dem gleichen Jahr als *Sinus Magnus* bezeichnet gefunden habe, ist es sehr leicht, diesen Ozean im *Megas Kolpos* des Ptolemaios wiederzuerkennen.

Der *Megas Kolpos* wird seit der Übersetzung der *Geographiké Hyphégesis* durch Chrysoloras von Griechisch in Latein und ihrer Verbreitung durch Jacopo d' Angelo 1410 *Sinus Magnus* genannt (Abb. 44, 45).

Sinus Magnus hat die gleiche Bedeutung wie *Megas Kolpos:* Großer Golf aber ein spanisches Wörterbuch aus dem 19. Jahrhundert gibt eine freie Übersetzung, die eine sehr genaue Interpretation ist:

Sinus Magnus = *Mar del Sur.*[16]

was gleichzusetzen ist mit dem Schluß, daß der *Sinus Magnus* der Pazifische Ozean ist (*145*). Diese kartographische Tatsache, die einige Historiker der Frühkartographie, manchmal unter dem beißenden Spott der Unwissenden, versuchen,

---

[16] Südmeer, alte Bezeichnung für den Pazifik, der von der Landenge von Panama aus gesehen im Süden liegt, der Begriff lebt bei uns als „Südsee" fort.

wieder bekannt zu machen (*106* und *66—70*), geriet bei den Kartographen seit dem Ende des 16. Jahrhunderts in Vergessenheit, erhielt sich aber bei den Humanisten bis zum Ende des 19. Jahrhunderts.

XI.2. Wer war Alexandros?

Da der Sinus Magnus der Pazifische Ozean ist, umfaßt die Karte des Ptolemaios die ganze peruanische und einen Teil der chilenischen Küste.

Wie ich schon bei der Untersuchung der arabischen Karte festgestellt habe, findet man dort zwei charakteristische Kaps der Küste von Ecuador und Peru: das *Satyrorum Promontorium* oder Kap der Satyre, das mit Punta Aguja gleichzusetzen ist und das *Notium Promontorium* oder Südkap, das Punta Pariña ist, wie Ibarra Grasso nachgewiesen hat (*106* 41—42).

Bezüglich des Pazifischen Ozeans ist es interessant, die Kritik des Ptolemaios an Marinos von Tyros zu betrachten:

„Die Stadienzahl der Überfahrt von der Goldenen Chersones nach Kattigara gibt Marinos nicht an. Er erzählt aber, die Aufzeichnungen des Alexandros besagten, daß das Land von da an dem Süden ‚gegenüberliege' und daß man ihm entlang fahrend, in 20 Tagen zur Stadt Zabai gelange, daß man aber von Zabai aus, ‚eine Anzahl' von Tagen gegen Süden, und zwar mehr nach „links" segelnd, Kattigara erreiche." (*170* I 14,1)

„Er dehnt nun die in Frage stehende Entfernung über Gebühr aus, indem er aus dem Ausdruck „eine Anzahl Tage" den Sinn „viele Tage" heraushören will. Denn er behauptet, die Tage seien ihrer Menge wegen nicht zahlenmäßig festgehalten worden. Das erscheint mir lächerlich. Denn welche Zahl von Tagen wird unbestimmbar sein, selbst wenn sie die Reise über die ganze befahrene Erde in sich begriffe? Und was hätte Alexandros hindern sollen, anstatt „eine Anzahl" zu sagen, „viele" zu sagen? Hat doch Marinos von Dioskoros erzählt, er habe berichtet, daß die Seefahrt von Rhapta nach Prason viele Tage betrage. Mit mehr Grund dürfte man den Ausdruck „eine Anzahl Tage" als „wenige Tage" auffassen, denn wir sind ja gewohnt, uns in dieser Weise auszudrücken." (*170* I 14,2).

„Die Teilstrecke von der Goldenen Chersones nach Zabai darf man nun keineswegs verkürzen, da sie parallel zum Äquator verläuft, weil das Land zwischen beiden Punkten sich dem Süden ‚gegenüber' erstreckt. Die Strecke von Zabai nach Kattigara aber muß man — weil die Seefahrt gegen den Süden und den Osten zu verläuft — zusammenziehen, um die Länge der entsprechenden, dem Äquator parallelen Strecke zu erhalten," (*170* I 14,5).

Man stellt also fest, daß die einzige Information, die der Herstellung der Karten für den fernen Osten von Ptolemaios und Marinos von Tyros zu Grunde lagen, ein kleines, sehr umstrittenes Stück eines Satzes von einem berühmt-unbekannten Herrn Alexandros ist, der nicht mehr und nicht weniger besagt, als daß man von Zabai nach Kattigara „eine Anzahl von Tagen" mit dem Schiff reist.

Über Alexandros hat ein hervorragender Historiker der griechischen Kartographie geschrieben, daß „man nichts weiß, außer daß er die Quelle für Marinos von Tyros ist" (*151* 46). Dieser Informationsmangel hat die Fachleute nicht daran gehindert, Vermutungen über die Person des Alexandros anzustellen und sich vom Ergebnis ihrer eigenen Überlegungen zu überzeugen. Die einen versichern, daß Marinos den Alexandros persönlich gekannt hat und ihn in aller Ruhe über seine Reise nach Kattigara ausfragen konnte. Andere behaupten, Alexandros sei ein in einem Hafen am Roten Meer lebender griechischer Händler gewesen (*21* II 535 und *88* I 407) und noch andere machen aus ihm einen Hochseekapitän, dessen Logbuch Marinos von Tyros eingesehen habe (*95* 63), der ihn überdies beauftragt hatte, ihm alle nützlichen Angaben von fernen Ländern vor seiner Abreise in den fernen Osten zusammenzustellen (*95* 89). Es gibt sogar welche, die sich Alexandros als gebildeten Touristen vorstellen, der einen Reisebericht verfaßt hat.

Jeder dieser modernen Autoren trägt Ideen bei, die zwar möglich sind, denen es aber an Beweisen mangelt. Man befindet sich hier vollkommen auf dem Gebiet der Frühgeschichte, wo man versucht, vernünftige, mögliche und folgerichtige Hypothesen zu erarbeiten, ohne daß man mehr dazu sagen könnte.

Es ist möglich, daß der Ausdruck *eine Anzahl von Tagen* von Alexandros selbst stammt, aber nicht einmal das ist sicher. Möglicherweise ist er von irgendeinem, der seinen Bericht weitererzählt hat. Es war Marinos von Tyros, der diesem Ausdruck den Sinn von *vielen Tagen* gegeben hat, und Klaudios Ptolemaios wirft es ihm vor. Zweifellos lag Marinos mit seiner Interpretation von Alexandros richtiger als Ptolemaios, denn es ist möglich, daß Marinos den geheimnisvollen Reisenden persönlich ausgefragt hat, oder daß er einen seiner schriftlichen Berichte besaß. Dagegen ist sicher, daß Ptolemaios den Alexandros nicht gekannt hat, der zu der Zeit, als der Alexandriner schrieb, schon lange tot gewesen sein muß, und es ist fast sicher, daß Ptolemaios auch keinen Bericht von Alexandros gesehen hat, denn er beruft sich immer nur auf Marinos von Tyros. Es scheint mir noch möglich und sehr wahrscheinlich, daß der Bericht von Alexandros nur mündlich gegeben wurde und nichts besagt, ob er Marinos direkt gegeben wurde oder ob der ihn in den Kreisen des Hafens von Tyros, der Hauptquelle für Informationen des Kartographen, erhalten hat. Einerlei, wie es tatsächlich war, jedenfalls ist Marinos hier eher zuständig als Ptolemaios, wenn es sich darum handelt, die Äußerungen von Alexandros zu beurteilen.

Bevor ich diese Persönlichkeit verlasse, möchte ich noch darauf aufmerksam machen, daß Polaschek glaubt, daß es sich bei diesem Alexandros um Polyhistor handelt, der von 80 bis 35 v. Chr. lebte und der römischen Welt viele Informationen über den fernen Osten lieferte (*167* 35). (Polyhistor ist nur ein griechischer Beiname, der übersetzt „Vielwisser" bedeutet). Wenn es sich so verhält, konnte auch Marinos von Tyros den Alexandros nicht kennen und nur das wissen, was man ihm davon erzählte.

Die Schlußfolgerung aus dieser Untersuchung lautet, daß Ptolemaios eine vorgefaßte Vorstellung von der Erde hatte, gegründet auf die Unmöglichkeit, mit dem Kopf nach unten zu leben und demzufolge auf die Unmöglichkeit, daß sich die bewohnte Welt, die sich mit der erkenn- und erforschbaren Welt deckt, über mehr als 180 Längengrade erstreckt. Bevor er die *Geographie* schrieb, legte Ptolemaios sich Scheuklappen an und wies die seinem Grundprinzip entgegenstehenden Informationen zurück.

Das ganze geographische Werk des Ptolemaios stützt sich auf das von Marinos von Tyros. Man stellt fest, daß Ptolemaios keine einzige neue Information erhalten hat. Er beschränkt sich darauf, bei Marinos abzuschreiben, ihn zu diskutieren, ihm zu widersprechen und versucht, seine Schlüsse lächerlich zu machen, denen zufolge die bewohnte Erde mehr als die Hälfte der Kugel ausmacht oder richtiger, mehr als das Viertel, denn Ptolemaios beschränkt seine Oikumene auf 180 Längengrade, aber nur 90 Breitengrade, ohne den Unterschied der Kriterien für die beiden Koordinaten zu erklären.

Ptolemaios selbst bekennt seine sonderbare Art zu handeln: „Zur Errechnung der Gesamtmaße haben wir nun aus den soeben dargelegten Gründen den östlichen Teil der Länge (auf 180°) und den südlichen Teil der Breite (auf 90°) auf die genannte Ausdehnung verringert." (*170* I 15 1)

Die Überzeugung von Ptolemaios ist vollkommen klar. Dieser freiwillige Irrtum, dieser gewollte Fehler des Geographen aus Alexandria hat sich aus zwei Motiven über Jahrhunderte durchgesetzt: der kulturelle Rückschritt nach Marinos von Tyros war lang und bedeutend, und das Werk des Marinos ist verloren, während das des Ptolemaios überliefert wurde, sowohl in der arabischen Welt, als auch im oströmischen Kaiserreich und im 15. Jahrhundert ins Abendland gelangte.

Indem er das Werk von Marinos verbessern wollte, verschlechterte er es nur. Trotzdem hat die Nachwelt Ptolemaios mehr geehrt als Marinos und ehrt ihn noch immer.

XII. Marinos von Tyros und die Rekonstruktion seiner Karte

XII.1. Marinos von Tyros und seine Vorstellungen

Das einzig sichere zur Biographie Marinos von Tyros ist, daß man fast nichts weiß. Nur zwei Autoren erwähnen ihn: Klaudios Ptolemaios in seiner *Geographiké Hyphégesis* und al-Mas'ūdī in seinem *Kitāb al tanbih wa'l išraf*; der erste, um ihn zu kritisieren und abzuschreiben, der zweite, um ihn zu rühmen und ... ihm nicht zu folgen.

Al-Mas'ūdī vermutet, daß Marinos zur Zeit Neros lebte (*142*), d. h. zwischen 54 und 68 n. Chr.. Dagegen datieren die meisten Historiker der Kartographie seine Lebenszeit auf das „Ende des 1. Jahrhunderts n. Chr." oder „um 100 n. Chr.". In einer sehr eingehenden Studie über das Werk des Tyrers schätzt Albert Herrmann, daß der wichtigste Teil seines wissenschaftlichen Materials nach dem Dakerkrieg, der Eroberung des heutigen Rumänien durch den Kaiser Trajan, 107 n. Chr. und vor dem Partherkrieg, der Eroberung des heutigen Iran, ebenfalls durch Trajan, 114 n. Chr. gesammelt worden ist (*92 45*). Die aufeinanderfolgenden Versionen seines Werkes, im allgemeinen „Ausgaben" genannt, wären also ungefähr zwischen 114 und 130 abgefaßt worden. Er besitzt eingehende Informationen über Landreisen auf der Seidenstraße nach China. Das erlaubt die Vermutung, daß er einige Zeit in der Stadt Tyros, dem Ausgangspunkt dieser Route und internationalen Handelszentrum lebte und daß sein Beiname „von Tyros" sich nicht notwendigerweise auf seinen Geburtsort bezieht. Andererseits läßt seine gute Kenntnis von Afrika und Indien vermuten, daß er in Alexandria in Ägypten, der kulturellen Hauptstadt der Zeit lebte, wo sein wissenschaftliches Werk die besten Möglichkeiten gehabt hätte, um in die gebildete Welt auszustrahlen.

Es handelt sich hier nicht um belegbare Angaben, sondern um einfache Folgerungen ohne Beweise. Da er „von Tyros" genannt wurde, haben viele gedacht, er sei Phönizier. Andere stufen ihn als Griechen ein, aus dem einfachen Grund, weil er ein Gelehrter ist. Eine vermittelnde Lösung ließ ihn in der griechischen Kolonie von Tyros zur Welt kommen. Wenn es wahr ist, daß er lange Jahre in Alexandria gelebt hat, muß es dort so viele Leute mit dem Namen Marinos gegeben haben, daß es für ihn nötig gewesen ist, den Beinamen „von Tyros" anzunehmen, um Verwechslungen zu vermeiden, ohne daß dies etwas darüber aussagt, ob er in der phönizischen Stadt geboren wurde oder ob er vor seinem Aufenthalt in Alexandria dort lebte. Es handelt sich in jedem Fall um Vermutungen.

Alle Werke des Marinos von Tyros sind verloren gegangen, und es gibt nur ein einziges, das man durch Hinweise kennt: *Diordosis tu Geographiku Pinakos*, das Ptolemaios abgeschrieben und in 15 seiner Kapitel kritisiert hat. Die Ausgaben wurden zahlreich. Seine theoretischen Grundlagen stützen sich auf Eratosthenes, Hipparchos und insbesondere Poseidonios.

Der Titel lautet wörtlich übersetzt: *Berichtigung der geographischen Tafel*, *Berichtigung der Karte der Oikumene* oder *Berichtigung der Weltkarte*, das deutet an, daß der Autor behauptete, eine oder mehrere Arbeiten früherer Geographen zu berichtigen und zu verbessern. Es scheint die Absicht des Tyrers gewesen zu sein, das Werk des Poseidonios abzuändern, indem er sich auf die Astronomie des Hipparchos und verschiedene jüngere Reiseberichte stützte.

Eratosthenes und Poseidonios dachten, daß auf der kugelförmigen Oberfläche der Erde mehrere Oikumenen existieren müßten, mehrere bewohnte Welten, getrennt durch die unüberwindlichen Ozeane und durch einen glühend heißen und unbewohnbaren Streifen entlang des Äquators. Ihre „Weltkarten" erhoben lediglich den Anspruch, nur die Oikumene zu umfassen, in der sie selbst lebten, denn es galt als unmöglich, Kenntnisse von den anderen bewohnten Welten der Erde zu erhalten.

Marinos von Tyros dagegen nahm sich die Freiheit, seiner Oikumene (Abb. 46) eine Längenausdehnung von insgesamt 225° zu geben und dehnte sie bis auf 24° s. Br. aus, das ließ auf der Erde keinen Platz mehr für andere gleich große Oikumenen (*95* 57).

Für die Vorgänger des Marinos war die Oikumene vollkommen von Wasser umgeben. Marinos dagegen gab ihr eine ozeanische Grenze nur im Westen. Im Osten endet seine Welt in einem Land namens *Thina*, Ursprung des Wortes *China*.

Wo dachte sich Marinos das östliche Ende dieses Landes Thina? Östlich des Rahmens, ohne Zweifel; aber in welcher Entfernung? Mangels Fakten, die eine Aussage darüber erlauben, kann man annehmen, daß die gleichfalls Thina heißende Hauptstadt sich in der Mitte des Landes befindet. Da Marinos diese Stadt 45° östlich der Westgrenze Chinas einzeichnet, kann man ableiten, daß sich das Land auch 45° östlich der Hauptstadt ausdehnen kann. Das ergibt eine bewohnte Welt von 270° Länge, ab dem Anfangsmeridian, der durch die Inseln der Seligen, die Kanaren, verläuft. Diese sehr angemessene Hypothese läßt nur einen Abstand von 90 Längengraden zwischen diesen Inseln und der Ostküste Chinas, was ein Mittel zwischen den geographischen Vorstellungen von Martin Behaim und Christoph Kolumbus darstellt.

Poseidonios, der zwischen 135 und 50 v. Chr. lebte, hat ein beträchtliches Werk hinterlassen, nach Qualität wie nach Umfang hauptsächlich eine Weltkarte und ein geographisches Buch mit dem Titel „Vom Ozean" (*169*), das vom Problem des Weltmeers, sowie der allgemeinen Gliederung der Erdoberfläche handelt (*15* 593ff.).

Marinos hat die von Poseidonios vorgeschlagene Abmessung der Erde übernommen. Während Strabon, der von 58 v. Chr. bis 24 n. Chr. lebte, Anhänger der Messung von Eratosthenes mit 252000 Stadien für den Umfang der Erde war, d. h. 700 Stadien je Grad, übernahm Marinos von Poseidonios den Umfang von 180000 Stadien, mit 500 Stadien je Grad (*12* III 115).

Die Frage, warum Marinos von Tyros und mit ihm Ptolemaios die Messung von Poseidonios und nicht die von Eratosthenes übernommen hat, wurde zu Beginn unseres Jahrhunderts zwischen Hermann Wagner (*206* I 54) und Hans von Mžik (*150* 24ff.) ausgiebig diskutiert. Ich will hier nicht näher darauf eingehen, denn sie berührt dieses Thema nur am Rande.

Die um 60 v. Chr. gezeichnete Karte von Poseidonios ist uns von Dionysios dem Periegēten überliefert worden. Die Erde bildet dort einen einzigen Kontinent, im Südosten begrenzt durch das Erythraeische Meer (der Indische Ozean) mit der Insel Taprobana (Ceylon), im Osten anschließend die Insel Chryse (die Goldene), die als Malakka oder Sumatra interpretiert wird und nach Norden durch das Mare Scythium oder den Arktischen Ozean. Auf dieser Karte findet man keine Spur vom Drachenschwanz.

XII.2. Der Südosten von Marinos Karte

Für den Südosten Asiens hat Marinos den *Periplus Maris Erythraei*, d. h. *Schiffahrtshandbuch für den Indischen Ozean* (*189* V−1) benutzt, ebenso die Routenbeschreibung der Abgesandten des makedonischen Kaufmanns Maes Titianos (*170* I 11,6) den Weg der Handelskarawanen, die die Seide jenseits von Baktrien, in Ostturkestan, im Westen des heutigen China, holten (*95* 90ff.).

Ein guter Kenner der antiken Geographie, E. H. Bunbury, schrieb: „Der Periplus des Erythraeischen Meeres östlich des Kap Comorin (der Südspitze Indiens) ist seltsam und interessant, wäre es auch nur, weil er beweist, daß die alten Seefahrer die Küsten jenseits des Golfes von Bengalen besuchten und daß sie viel weiter entfernt liegende Länder in Südostasien kannten als ihre Vorgänger. Es ist sicher, daß die Aussagen, die ebenso bestimmt sind, wie die des Marinos, auf wirklichen Begebenheiten beruhen, obwohl es uns schwer fallen wird, sie zu interpretieren. Der Versuch, sie mit der heutigen Geographie dieser Länder in Übereinstimmung zu bringen und die Identifizierung der erwähnten Städte, ist eine Aufgabe ohne Aussicht auf Erfolg" (*21* II 535−536).

Ein Jahrhundert ist vergangen, seit Bunbury diese pessimistischen Zeilen schrieb. Seitdem bemüht sich die Frühkartographie um die Identifizierung der von Marinos aufgezählten Orte. Die Aufgabe ist langwierig, aber sie ist von offensichtlichen Fortschritten gekennzeichnet.

XII.3. Hat Marinos von Tyros Karten gezeichnet?

Das Werk des Marinos von Tyros, das Ptolemaios zur Grundlage seiner Abhandlung gemacht hat, scheint keine Karte enthalten zu haben. Es handelt sich nur um allgemeine Anweisungen für das Zeichnen einer Weltkarte und um Tabellen mit geographischen Koordinaten. Diese Tabellen bestanden, wie ich schon bei Ptolemaios und al-Hwārizmī sagte, aus langen Listen von Städten und anderen wichtigen Orten mit ihren Längen- und Breitengraden, so daß der Leser, wenn er möchte, diese Punkte in ein Gitternetz einzeichnen kann. Jeder könnte so seine eigene Karte entwerfen, indem er die erhaltenen Punkte je nach Geschmack oder Phantasie durch gerade oder gebogene Linien miteinander verbindet.

Während Honigmann (*101* XIV 1767ff.) und einige andere glauben, daß Marinos von Tyros keine Karte gezeichnet habe, sind Hugo Berger (*15* 582ff.) und Albert Herrmann (*95* 55) vom Gegenteil überzeugt. Jedenfalls erwähnt Ptolemaios, der Marinos Auffassungen ausführlich kommentiert, nie Karten.

Andererseits behauptet al-Mas'ūdī, daß er Karten von Marinos von Tyros gesehen habe. Da es sich um einen Geographen aus dem 10. Jahrhundert handelt, nimmt man an, daß er Karten gesehen hat, die nach den Tabellen von Marinos gezeichnet worden sind. Diese Vermutung vergrößtert sogar das Problem, denn man kennt zur Zeit nur Ptolemaios, der über das Werk der Tyrers verfügt hat, und man kann nicht einmal ahnen, wer es als Grundlage zum Anfertigen von Karten verwendet haben könnte. Andere Autoren (*101*) glauben, daß al-Mas'ūdī Karten der *Geographiké Hyphégesis* von Ptolemaios gesehen hat, das bedeutet, daß der Araber in Marinos den wahren Verfasser des wesentlichen und richtigen Teils der Abhandlung sah, deren „Verschlimmbesserer" der Alexandriner war. Das entspricht übrigens auch meiner Meinung über die beiden Geographen.

Marinos gibt zwischen 7000 und 8000 Koordinatenpaare an. Zweifellos ist es unmöglich, so viele Ortsnamen und Positionen in eine Karte einzuzeichnen. Albert Herrmann (*91* 780 ff.) hat sich vorgestellt, daß Marinos Teilkarten angefertigt hat. Diese Vorstellung wurde von Honigmann (*101*) und Kubitschek (*123* 2100 ff.) zurückgewiesen, die davon überzeugt sind, daß Ptolemaios nur die Tabellen von Marinos zur Verfügung hatte.

Auf der sehr spärlichen Grundlage von Anspielungen und Kritiken des Alexandriners am Tyrer hat ein moderner Kenner der alten Kartographie (*95* 68 ff.) drei aufeinanderfolgende Fassungen der Karte des Marinos rekonstruiert. Die älteste läßt den Indischen Ozean im Süden offen, was eine Mittelstellung zwischen der Vorstellung des Poseidonios und der des Ptolemaios darstellt. Der Alexandriner hätte den dritten Kartentyp des Tyrers mit dem geschlossenen Ozean kopiert.

Die Frage der Entfernungsschätzungen durch Marinos wurde von Ptolemaios zum Anlaß genommen, die Ausdehnung der Karte des Tyrers zu verringern. Der Alexandriner sagt, „daß er das Mißtrauen des Marinos gegenüber den Informationen der Reisenden teilt", und daß der Tyrer dachte, „daß die Kaufleute, die ihre gesammte Aufmerksamkeit auf ihren Handel gerichtet haben, wenig Aufmerksamkeit auf die Wege richten, die sie bereisen und daß sie andererseits die Gewohnheit haben, durch Prahlerei die Entfernung zu übertreiben" (*170* I 11,7 und *95* 96).

Obwohl er die Vorsicht des Marinos kennt, nimmt sich Ptolemaios die Freiheit, die Entfernungen nochmals herabzusetzen und die Welt nach seinem eigenen Geschmack und seinen eigenen Vorurteilen zurechtzustutzen, hauptsächlich nach seinen Vorstellungen von der Unmöglichkeit, auf den Antipoden zu leben.

Aus diesen Gründen verkürzt der Alexandriner die Gesamtlänge der Oikumene auf 180°; er läßt 45° gegenüber der Karte von Marinos wegfallen und erklärt das ausdrücklich. Was er nicht sagt, ist, wie und in welchem Teil der Welt er diese Verkürzung bewerkstelligt.

XII.4. Die Rekonstruktion der Karte

Die modernen Geographen, die versucht haben, die Karte von Marinos zu rekonstruieren, sind umgekehrt zu dem von Ptolemaios angewandten Verfahren vorgegangen.

Im 18. Jahrhundert nahm Gosselin an, daß der Alexandriner die Karte des Tyrers in ihrer ganzen Länge verkürzt habe (76) und zog demzufolge die des Ptolemaios in die Länge. Jedoch hat er den *Megas Kolpos* bevorzugt, dem er eine Ausdehnung von 24° Länge gibt, das bedeutet einen Zuwachs um 200 %, gegenüber 25 % auf der ganzen Karte.

Im 20. Jahrhundert nimmt man an, daß die Verkürzung durch Ptolemaios sich nur auf den fernöstlichen Teil, östlich des Meridians 125° ö. L., der Karte von Marinos erstreckte, d.h. östlich von Kap Kory oder der Südspitze von Taprobana aus wirkte. Der verkürzte Teil, der für die Rekonstruktion von Marinos Karte wieder verlängert werden muß, ist also der, der die beiden Golfe enthält: den *Gangetikos Kolpos* oder Golf von Bengalen und den *Megas Kolpos* oder Pazifischen Ozean.

In seiner Rekonstruktion verlängert Honigmann nur diesen Teil der Karte, dabei gibt er dem Megas Kolpos eine Länge von 32° (101). Dagegen behauptet Ibarra Grasso, da bei Ptolemaios der *Megas Kolpos*, also der Große Golf, viel kleiner ist als sein naher Nachbar, der *Gangetikos Kolpos*, sei es nötig, dem ersteren zumindest die gleiche Längenausdehnung zuzubilligen wie dem zweiten. Er fügt hinzu, daß die Verkürzung durch Ptolemaios nur auf Kosten des *Megas Kolpos* gingen, der auf der Karte von Marinos zumindest 57°, wahrscheinlich aber 70° Länge gehabt haben muß (106 52–54 und 181–183).

Ptolemaios hat das Weltbild regelrecht amputiert. Folgten wir seinen Angaben, so ergäbe sich etwas Unwahrscheinliches. Dann nämlich hätte sich Marinos einfach auf das Zusammenzählen der Entfernungen beschränkt, die Alexandros, sein einziger, geheimnisvoller und schwer verständlicher Informant angeblich zurückgelegt hat und aus diesem Grunde 45 überflüssige Längengrade hinzugefügt. Genau das Gegenteil ist eingetroffen, da Marinos aus Vorsicht die ihm von seinem Informanten mitgeteilten Entfernungen vermindert hat, so daß er einen stark verkleinerten Pazifik erhielt. Der von dem Alexandriner dem Tyrer vorgeworfene umgekehrte Irrtum ist nur ein schlechter Vorwand, um seine eigene irrige Hypothese zu verteidigen.

Es ist offensichtlich, daß Marinos für die Strecke von Zabai bis Kattigara, d. h. für die Überquerung des Pazifik, nicht über genaue Angaben verfügt und daß sein Informant Alexandros nur sagt, „man kommt nach Kattigara". Der Text des Ptolemaios, der einzige, den wir haben, besagt nicht einmal, ob Alexandros überhaupt bis Kattigara gekommen ist, er kann seine Informationen nämlich auch von anderen Personen in irgendeinem fernöstlichen Hafen erhalten haben.

Von Zabai aus, das Ibarra Grasso mit Sabah auf der Insel Borneo identifiziert hat (*106*), verläuft die Fahrtroute nach Süden und Südosten, um die große Südpazifische Ringströmung zu erreichen. Nach Angaben von Paul Herrmann (*96*) erreicht diese Strömung die chilenische Küste bei 40° s. Br., d. h. südlich von Valdivia, und von dort aus folgt sie unter dem Namen Humboldtstrom der Küste nach Norden.

Der große Küstenbogen, der den *Megas Kolpos* nach Norden begrenzt, ist also reine Spekulation von Marinos, d. h. vermutet, erdacht mangels Informationen aus diesem Gebiet. Es ist also ohne Bedeutung, ob man ihn bei 20°, 30° oder 40° n. Br. einzeichnet, denn *es ist eine Küste, von deren Nichtvorhandensein Alexandros und Marinos von Tyros nichts wußten.*

Auf den Karten des 16. Jahrhunderts verschiebt sich diese Küste langsam nach Norden, in dem Maß, in dem man die Küste von China westlich und die von Mexiko und Kalifornien östlich des *Sinus Magnus* entdeckte.

Um den südöstlichen Teil der Karte des Marinos zu rekonstruieren, nehme ich mir die Freiheit und mache mir die hervorragende von Honigmann angefertigte Rekonstruktion der ganzen Karte (*101* und *163*) zu Nutze. Ich nehme an, daß drei Viertel dieser Rekonstruktion richtig gezeichnet sind: die nördliche Hälfte und die westliche Hälfte.

Das vierte Viertel, das südöstliche, möchte ich neu anfertigen, von Kap Kory und Taprobana an, wo die für Ptolemaios unbekannten Länder und Meere beginnen, die Länder und Meere, für die der Alexandriner keine andere Quelle als den Text von Marinos besaß.

Ptolemaios konnte sich nicht die Freiheit nehmen, in der westlichen Hälfte der Weltkarte „Raum abzuschneiden", denn es handelte sich dabei um den Seefahrern der hellenistisch-ägyptischen Welt bekannte und von ihnen regelmäßig besuchte Gegenden. Während man vom südöstlichen Viertel den *Gangetikos Kolpos* nur durch undeutliche Angaben des *Periplus Maris Erythraei* und den *Megas Kolpos* nur durch noch unbestimmtere von Alexandros und Marinos kannte. Nur dort also konnte Ptolemaios die Welt „zurechtstutzen", ohne zu starken Protest heraufzubeschwören.

Ich sehe es als sicher an, daß die Längen zwischen den Inseln der Seligen und Taprobana, vom Alexandriner auf 123° ö. L. festgelegt, im allgemeinen beibehalten worden sind. Der tatsächliche Abstand von Ceylon nach Singapur beträgt nur 23°. Da es keinen Grund gibt, anzunehmen, daß Marinos diese Entfernung überstrichen hätte, setze ich also auf meiner Rekonstruktion die Spitze der Goldenen Chersones auf 146° ö. L..

Von dort bis zum Ende der Karte bei 225° ö. L. bleiben mir 79°, die ganz vom Pazifischen Ozean eingenommen werden, was seinen Namen *Megas Kolpos* oder Großer Golf im Vergleich zum *Gangetikos Kolpos*, der jetzt nur noch 23° Länge aufweist oder irgendeinem anderen Golf der Welt reichlich rechtfertigt.

Auf dieser Grundlage habe ich die Rekonstruktion von Honigmann verbessert und das hier gezeigte Ergebnis erhalten (Abb. 47).

Ohne Zweifel ist die wirkliche Ausdehnung des Pazifik noch viel größer. Aber ich habe durch die eigenen Worte des Ptolemaios gezeigt, daß Marinos von Tyros die Erklärungen der Hochseekapitäne, die immer bemüht waren, die zurückgelegten Entfernungen zu vergrößern, um sich besonders weiter Reisen rühmen zu können, mit Mißtrauen behandelte. Es ist also ganz natürlich, daß Marinos die von Alexandros genannten Entfernungen verringerte, wenn man annimmt, daß dieser genaue Zahlen angegeben hat. Es ist aber auch möglich, daß Alexandros weder Kapitän noch Kaufmann oder Reisender gewesen ist, sondern nur ein gebildeter Mann aus Tyros, der Seeleute von ihrer Reise erzählen hörte und diesen Bericht an Marinos weitergab, dabei aber die Zahlen verringerte, um nicht als antiker „Münchhausen" angesehen zu werden oder im Gegensatz dazu als ein Mann, dem man „einen Bären aufbinden" kann.

Diese Überlegungen auf meine Rekonstruktion angewandt, erlauben die Größe des von der Quelle des Marinos überlieferten *Megas Kolpos* zu schätzen. Wenn dieser den Golf auf 79° verringert hat, muß sein Informant ihm ungefähr das Doppelte dieses Wertes genannt haben, d. h. eine Längenausdehnung von 160°. Das ist der uneingeschränkte und endgültige Beweis für die Identifizierung des *Megas Kolpos* mit dem Pazifischen Ozean.

Trotz dieser übertriebenen Vorsicht, wurde Marinos von seinem Kritiker Ptolemaios vorgeworfen, die Entfernungen vergrößert zu haben. Er verkleinerte Marinos Pazifik von 79° auf nur noch 8 Längengrade, d. h. auf ein Zehntel seiner Vorlage, alles unter Beibehaltung seines Namens, jetzt ungerechtfertigterweise, *Megas Kolpos* oder der Große Golf.

Ich habe noch nichts zu Einzelheiten der östlichen Küste des *Megas Kolpos* gesagt. Da ich die Arbeitsweise von Ptolemaios und seinen völligen Mangel an eigenen Informationsquellen über den Pazifik und die amerikanische Küste kenne, scheint es mir offensichtlich, daß Marinos von Tyros schon, wie auch später Ptolemaios, das *Promontorium Notium* und das *Promontorium Satyrorum* einzeichnete; wie schon gesagt, wurden sie von Ibarra Grasso als Punta Pariña und Punta Aguja im nördlichsten Peru identifiziert (*106*).

Das Gleiche kann man von den anderen Einzelheiten der amerikanischen Küste, wie den Flüsse Ambastos, Saenus und Cutiaris sagen, für die Enrique de Gandia, Ibarra Grasso und ich selbst Identifikationen vorgeschlagen haben.

Hat der geheimnisvolle Alexandros also dieses Gebiet besucht? Hat er diese Informationen in Indonesien von chinesischen Seeleuten erhalten, die die Reise nach Kattigara gemacht hatten? Hat Marinos über eine andere Informationsquelle für die amerikanische Küste verfügt, die Ptolemaios nicht erwähnt und die Marinos vielleicht auch nicht genannt hat?

Die heutige Wissenschaft ist nicht in der Lage, auf diese Fragen eine Antwort zu geben.

Aus meiner Untersuchung der Karte des Marinos ziehe ich folgende Schlüsse;
1. Alexandros ist der erste Informant, der Nachrichten von Südamerika liefert, die er vielleicht von chinesischen Seeleuten erhalten hat.
2. Alexandros hat sehr wahrscheinlich die wirkliche Ausdehnung des Pazifik, ungefähr 160°, angegeben.
3. Marinos von Tyros ist der früheste Kartograph, der einen Punkt der südamerikanischen Küste dargestellt haben könnte.
4. Marinos hat zu Unrecht die von Alexandros angegebene Ausdehnung von 160° auf 79° verringert.
5. Ptolemaios verschlechterte dies noch, indem er die 79° des Marinos auf 8° verringerte.
6. Der Fehler des Ptolemaios behauptete sich bis ins 16. Jahrhundert.

XIII. Das Rätsel von Kattigara

XIII.1. Kattigara in Asien?

Schon seit einem Jahrhundert stellt die geographische Lage von Kattigara ein Problem für die Historiker der Kartographie dar.

Die einzige wirkliche Information, die wir von diesem Ort besitzen, besteht aus einer Zeile von Ptolemaois, der, je nach „Ausgabe", drei unterschiedliche Koordinaten angibt. In der dritten, der jüngsten, heißt es:

Kattigara, Hormos Sinon $8°30'$ s. Br. $177°$ ö. L. (*170* VII 3 3)

Im Verlauf dieser Untersuchung hat sich gezeigt, daß die Identifizierung des *Megas Kolpos* oder *Sinus Magnus* mit dem Pazifischen Ozean zeitweise und für Jahrhunderte in Vergessenheit geraten ist. Während dieser Zeiten hat man versucht, den Großen Golf mit mehreren relativ kleinen Golfen Ostasiens zu identifizieren. Große Gelehrte haben umfangreiche Gedankengebäude und oft etymologische (Wortableitungs-) Spiele in zahlreichen orientalischen Sprachen entwickelt und kamen zu sehr unterschiedlichen Ergebnissen.

In einem so gelagerten Fall ist es unumgänglich, zu den Quellen zurückzukehren, und hier ist die schon wiedergegebene Zeile von Ptolemaios die einzige Quelle.

Die Mehrzahl der Forscher hat den Ausdruck von Ptolemaios *Kattigara Hormos Sinon* übersetzt mit *Kattigara, Hafen von China* und ihm sogar den Sinn *Kattigara, Hafenstadt in China* gegeben. Also haben sie auf der Karte einen großen Hafen in China gesucht oder wenigstens in einem fernöstlichen Land, das von Ptolemaios und Marinos von Tyros mit China verwechselt werden konnte.

Hier eine Aufstellung der Antworten moderner Wissenschaftler zum Problem Kattigara, in geographischer Ordnung von Westen nach Osten:

1. Das Kap Comorin, die Südspitze Indiens wurde 1789 von Francesco Bartolozzi vorgeschlagen (*13*).
2. Al-Idrīsī, der marokkanische Geograph des normannischen Königs Roger II. von Sizilien im 12. Jahrhundert, verlegt Kattigara ins Delta des Ganges (*146*).
3. R. A. Skelton, der angesehene Direktor der Kartographischen Abteilung des British Museum verlegt Kattigara an die Westküste von Malakka (*194*).
4. Die Insel Singapur oder die Stadt Jahore Bahru, die ihr gegenüber liegt, wurde von Vivien de Saint Martin (*204* 206), Hugo Berger (*15* 607ff.) und Antonio Ballesteros y Beretta (*12* III 115) vorgeschlagen.
5. Albert Herrmann wählte dafür in seinen letzten Aufsätzen und einem Buch (*95*) die Umgebung von Saigon aus, wie vor ihm schon Jean Baptiste d'Anville (*6* 604 ff.) und Julius Heinrich Klaproth (*115* Abb. 6, 7 und 8).
6. Das Dorf Katik in Annam wird von Heinrich Hirth (*98*) und Albert Herrmann in einem früheren Stadium seiner Forschungen (*93*) bevorzugt.
7. Ferdinand von Richthofen schließt aus seinen Forschungen, daß sich Katti-

gara im Golf von Tonkin in der Nähe von Hanoi befindet (*177* und *178*). Hirth kommt in einer seiner Arbeiten zur gleichen Auffassung (*99*).

8. Für Kanton bei 23° n. Br., sprechen sich Lassen (*128*) und das Dizionario Enciclopedico Italiano (*42*) aus.
9. Der Hafen Fu-tschou (Fu-zhou) in Fo-kien (Fu-jian) bei 26° n. Br. wurde von Berthelot (*16*) vorgeschlagen.
10. Ein anderer Hafen, der von Hang-tschou-fu (Hang-zhou) in Tsche-kiang (Zhe-jiang) bei 30° n. Br. wird von Kiepert (*114*), Gerini (*72* und *73*), Sigmund Günther (*83*), dem Grafen Paul Téleki von Szék (*198*), Richard Hennig (*88*) und George E. Nunn (*161*) favorisiert.
11. Mercator glaubte, die Ostküste des Sinus Magnus müsse nach Norden, statt nach Süden gerichtet werden und verlegte Kattigara nach Kamtschatka, bei 58° n. Br. (*144*).
12. Volz suchte Kattigara im nördlichen Borneo (*205* 31ff.)
13. Pigafetta, der Chronist von Magellans Reise behauptet, das Kap Kattigara liege im Pazifik bei 25° n. Br. (*165*).

Die meisten dieser dreizehn asiatischen Interpretationen der Lage von Kattigara wurden von sehr angesehenen Fachleuten sehr kraftvoll vertreten, die im allgemeinen ihre eigenen Thesen als offensichtlich richtig und ihre Beweise als stichhaltig ansahen. Einige haben sogar ihr Mitleid für diejenigen geäußert, die zögerten, sich ihren Schlußfolgerungen anzuschließen.

XIII.2. Kattigara in Amerika

Die Vielzahl dieser Thesen ist der beste Beweis für ihre Schwäche. Ich glaube, daß alle genannten Gelehrten zwei Irrtümern erlegen sind:
1. sie haben nicht gewußt, daß der Sinus Magnus der Pazifik ist,
2. haben sie Ptolemaios schlecht übersetzt.

Ich hatte festgestellt, daß der Alexandriner in seinem VII. Buch schreibt: *Kattigara Hormos Sinon*. Die Übersetzung von *Hormos* mit *Hafen* ist nicht richtig, ebensowenig kann man es als *Hafenstadt* oder *Handelsmetropole* auffassen und genau das haben zahlreiche Forscher getan. Ein *Hormos* ist eine *Statio Navium*, ein Platz, an dem Schiffe Anker werfen können, d. h. ein Ankerplatz, eine Reede. *Sinon* ist nicht das Adjektiv „*chinesisch*", sondern der Genitiv Plural „*der Chinesen*".

Demzufolge ist *Hormos Sinon* keine Handelsmetropole Chinas, auch nicht ein einfacher chinesischer Hafen sondern *ein vom chinesischen Handelsschiffen benutzter Ankerplatz*. Er ist sicher nicht in China zu suchen, sondern dort, wo Marinos von Tyros und sein schlechter Nachahmer Ptolemaios ihn verzeichnet haben, *an der Ostküste des Megas Kolpos*, an der Ostküste des Pazifischen Ozeans, an der süd-amerikanischen Küste.

Wir haben mehrere Anhaltspunkte für den Versuch, diesen so diskutierten Ankerplatz an der südamerikanischen Küste festzulegen. Der schwächste Anhaltspunkt ist die von Ptolemaios angegebene Breite von Kattigara, nicht nur, weil diese Breite entsprechend den „Ausgaben" der *Geographiké Hyphégesis* variiert, sondern weil Ptolemaios ohne einen anderen Grund als seine eigenen Vorstellungen von den Antipoden die Breitenangaben von Marinos von Tyros abgeändert hat.

Die Breite von Kattigara wurde von Kennern der verschiedenen Ausgaben von Marinos von Tyros und Ptolemaios ausführlich diskutiert. Schnabel (*187*) und Herrmann (*95*) zufolge gaben der *Prokeiroi Kanones* von Ptolemaios, die verschiedenen Ausgaben von Marinos von Tyros und die beiden ersten Ausgaben der *Geographiké Hyphégesis* für Kattigara eine Breite von 8°30' n. Br. an, während die letzten Ausgaben Kattigara auf 8°30' s. Br. verlegten. In einigen Handschriften ist der Ankerplatz der Chinesen mit 3° s. Br. angegeben.

Diese Abweichungen spiegeln zuweilen die eigenen Vorstellungen der Kopisten oder auch ihre Zerstreutheit wider. Aber meistens handelt es sich ganz einfach um Schwierigkeiten beim Lesen einer alten Handschrift, die ihnen als Vorlage diente. Die Verwirrung für Kattigara vermindert sich auf ein „n" anstelle eines „s" oder eine „3" statt einer „8".

Albert Herrmann macht darauf aufmerksam, daß Ptolemaios die Karte nicht nur in der Länge, sondern auch in der Breite verringert hat. Er vergrößert also die südlichen Breiten, um die Karte von Marinos zu rekonstruieren. So kommt er für Kattigara auf 15°30' s. Br.. In einer anderen seiner Arbeiten, schlägt er 16°25' s. Br. vor (*92 51*).

Vergrößert man die Breite nach den Vorstellungen von Honigmann, wäre Kattigara bei 18° s. Br. nahe Arica oder auch auf Grund anderer Abschriften des Ptolemaios bei 23° s. Br. bei Antofagasta oder auch bei 30° s. Br. im Gebiet von Coquimbo gelegen.

Man kann auch die Gesamtverkleinerung der ganzen Breite der Karte von Marinos betrachten, die 112°30' war und von Ptolemaios auf 90° verkleinert wurde (*101 1779*). Wenn, wie man annimmt, die Verkleinerung ausschließlich auf der Südhalbkugel wirksam wurde, muß die Karte des Tyrers 22°30' weiter nach Süden gereicht haben und hätte also 46°30' s. Br. erreicht. Nach dieser Auffassung würde Kattigara zwischen 36° und 40° s. Br., zwischen Talcahuano und Valdivia liegen.

Ein anderer Anhaltspunkt ist die Reise nach Kattigara nach den Angaben des geheimnisvollen Alexandros oder allgemein, die Möglichkeit, den Pazifik mit dem Segelschiff von West nach Ost zu überqueren.

Paul Herrmann bejaht das in seinem Buch *Sieben vorbei und acht verweht* (*96 242*): „ . . . man darf mit hoher Wahrscheinlichkeit annehmen, daß hin und wieder tatsächlich ozeanische Auslegerboote an die Westküste Amerikas gelangt sind. Aber diese Anlandungen haben wohl nicht in Peru stattgefunden, sondern wesentlich südlicher, dort nämlich, wo der kalte Weststrom des Pazifik auf dessen östliche Ufer tritt. Das vollzieht sich in der Gegend des 40. Breitengrades, etwa zwischen Valdivia und Valparaiso, also weit südlich von Peru."

Die Gesamtheit dieser Überlegungen ermöglicht, Kattigara zwischen 8° 30' n. Br. und 45° s. Br. zu suchen.

Die Arbeiten von de Gandía (67) haben Kattigara an die amerikanische Pazifikküste verlegt. Ibarra Grasso (106) hat genauer Lambayeque vorgeschlagen und Jacques de Mahieu Chan-Chan (136).

Für Ptolemaios und Hammer liegt Kattigara südlich der Mündung des Flusses Cutiaros und nördlich der großen Bucht, die den Winkel in der Küstenlinie bildet. Aber nach Marcianus von Heracleia befindet sich Kattigara in der Mündungstrompete dieses Flusses (140).

XIII.3. Mögliche Ortsbestimmungen in Südamerika

Vor der Aufstellung einer Liste mit möglichen Ortsbestimmungen für Kattigara ist es nötig, die Regeln, die diese Lokalisierung bestimmen oder eingrenzen festzuhalten, auch wenn sich diese Regeln zu einem großen Teil gegenseitig ausschließen.

a) Wenn das Promontorium Satyrorum von Ptolemaios die Punta Aguja ist und der Winkel in der Küste bei Hammer Arica ist, liegt der Ankerplatz Kattigara zwischen diesen beiden Punkten, zwischen 6 und 18° s. Br..

b) Wenn der Fluß Cutiaris von Ptolemaios der Loa und die Bucht des Winkels der Küste von Hammer der Golf von Ancud ist, hätte sich Kattigara zwischen diesen beiden Punkten befunden, zwischen 22 und 42° s. Br..

c) Das Verzerrungsgitter der Karte von Hammer verlegt Kattigara südlich des 40. südlichen Breitengrades und nördlich der Bucht von Ancud, also zwischen 40 und 42° s. Br..

d) Bei Hammer liegt Kattigara gegenüber den Gebirgen, in denen sich die Quellen der Flüsse Negro und Chubut befinden, also zwischen 38 und 43° s. Br..

e) Vor- und Frühgeschichte haben die Existenz großer Zivilisationen bestätigt, die lange Handelsreisen der Chinesen und anderer Völker rechtfertigen könnten, vor allem an der peruanischen Küste, also zwischen 5 und 18° s. Br..

f) Die attraktivsten Waren für den chinesischen oder griechischen Handel, wie Gold, Silber, Antimon usw., wurden in der peruanischen Provinz Puno, die vielleicht das Land Punt war (56), gewonnen und in der zu der Zeit um die es hier geht, die Hochkultur von Tiahuanaco blühte. Ihr Hafen könnte zwischen 15 und 20° s. Br. gelegen haben.

g) Die sehr zweifelhaften Studien von Barry Fell, die sich auf eine Mitteilung von Carl Stolp gründen (196), interpretieren einen ägyptischen Anspruch nach einer Felseninschrift in Tinguiririca, bei 34°45' s. Br., Valparaiso und Concepción bieten sich für den Seeverkehr des Gebietes an.

h) Eduardo Habich hat Darstellungen von phönizischen Schiffen auf Stelen des Tempels von Sechin im Tal von Casma bei 9°30' s. Br. festgestellt (106).

i) Die chinesischen Annalen der Han-Dynastie enthalten den Bericht über eine

Reise nach Fu-sang mit der Zeichnung eines Mannes, der ein Lama melkt (56), das auch ein Vicuña sein könnte. Kattigara, der „Ankerplatz der Chinesen", kann sich zwischen 5 und 30° s. Br. an der peruanischen oder chilenischen Küste befinden.

j) Die Westwinddrift genannte südpazifische Meeresströmung, die die Überquerung des Ozeans erleichtern könnte, erreicht die Küste zwischen 35 und 45° s. Br..

k) Die Eingeborenen der Insel Chiloe, bei 42° s. Br. gelegen, haben den Chinesen sehr ähnliche Gesichtszüge.

Eher als statistische Merkwürdigkeit, denn als Argument stelle ich fest, daß vier dieser Regeln auf das Gebiet zwischen 15 und 18° s. Br. und fünf Regeln auf die Zone zwischen 40 und 42° s. Br. hinweisen.

Auf dieser Grundlage zähle ich die möglichen Ortsbestimmungen für Kattigara von Süden nach Norden auf. Ich beginne mit der Nr. 14, denn diese Möglichkeiten kommen zu den schon aufgezählten 13 Ortsbestimmungen in Asien.

14. Chiloe und der Golf von Ancud bei 42° s. Br..
15. Puerto Montt und die Bucht von Reloncavi bei 41°30' s. Br..
16. Der Ankerplatz von Corral oder Niebla an der Mündung des Rio Calle-Calle, stromabwärts von Valdivia, bei 39°50' s. Br..
17. Tolten, an der Mündung des gleichnamigen Flusses, bei 39°10' s. Br..
18. Puerto Saavedra, an der Mündung des Rio Imperial, bei 38°45' s. Br..
19. Der Golf von Arauco, bei 37° bis 37°10' s. Br..
20. Der Rio Bio-Bio bei Concepción, bei 36°50' s. Br..
21. Die Bucht von Talcahuano bei 36°45' s. Br..
22. Die Bucht von Valparaiso bei 33° s. Br..
23. Die Bucht von Coquimbo bei 30° s. Br..
24. Die Bucht von Antofagasta bei 23°30' s. Br..
25. Die Bucht von Mejillones, bei 23° s. Br., die hervorragende Ankergründe besitzt und durch den Humboldtstrom leicht erreichbar ist und den Zugang zu einem Gebiet ermöglicht, das Sitz großer Kulturen war und reich an wertvollen Metallen ist.
26. Arica bei 18° s. Br., das eine gute Reede hat und leichten Zugang zum Landesinneren ermöglicht.
27. Die Reede von Ilo bei 17°30' s. Br., aus den gleichen Gründen. Sie ist Hafen des an Ruinen der Tiahuanaco-Kultur reichen Osma-Tales.
28. Die Bucht von Pisco bei 14° s. Br. und ihre Halbinsel Paracas mit dem Dreizack oder Armleuchter und seinen ungelösten frühgeschichtlichen Geheimnissen.
29. Callao bei 12° s. Br..

Nun beginnt eine Zone, in der archäologische Argumente mit Hinweisen aus Ortsnamen und den Breitenangaben von Marinos und Ptolemaios zusammentreffen.

30. Zwischen Chimbote und der Mündung des Rio Santa bei 9° s. Br., heißt eine Stätte sehr alter Kultur *Huaca de los Chinos* oder *Grabmal der Chinesen* (*102*), die vielleicht an den *Hormos Sinon* denken läßt, den Ptolemaios genau in diese Breite gelegt hat.
31. Ein anderer, ebenfalls *Huaca de los Chinos* genannter Ort, befindet sich bei Trujillo, bei 8° s. Br. im Gebiet von Chan-Chan, der alten, mit Bewässerungskanälen sehr gut versorgten Hauptstadt des Reiches der Chimú (*100, 191* 127, *136* und *119* 104—6). Chan-Chan ist auch der Name einer Stadt nördlich des Sees Lop Nor in Chinesisch- (Ost-) Turkestan (*95* 28ff.), die in den Annalen von Han zwischen 114 v. Chr. und 225 n. Chr. als Etappe an der Seidenstraße zwischen China und Persien durch den Norden des Tarimbeckens erwähnt wird. Dieses Gebiet war seinerzeit von dem indogermanischen Volk der Tocharer bewohnt. Die Handelsroute war Marinos von Tyros gut bekannt. Waren die Gründer von Chan-Chan, die über das Meer gekommen sind (*135*), tocharische Indoeuropäer, die als „Chinesen" hierher kamen, und vielleicht sogar *Chimu = Chinese*?
32. Lambayeque, ein altes Zentrum der Metallverarbeitung, wurde von Ibarra Grasso vorgeschlagen (*106*). Dieses Gebiet erreichte sehr früh eine hohe Entwicklungsstufe und besaß ein hervorragendes Netz von Bewässerungskanälen (*119* 147). Die chinesischen Einwanderer, die zu Beginn des 19. Jahrhunderts hierher kamen, sollen in der Lage gewesen sein, sich mit den Indios in diesem Gebiet vollkommen zu verständigen (*135* 7 ff.).
33. Die Bucht von Sechara zwischen Punta Aguja und Punta Ñermete gegenüber dem fruchtbaren Tal von Piura, einem Sitz alter Kultur, bietet vorzügliche Ankergründe.
34. Als letzte Möglichkeit nach Norden die Bucht von Guayaquil, wo es weder an guten Ankerplätzen noch an Ruinen sehr alter und wenig untersuchter Kulturstätten mangelt. Sie liegt zwischen 3 und 4° s. Br..

XIII.4. Der heutige Stand des Kattigara-Problems

Wie im Falle der asiatischen Theorien, so deutet auch die große Zahl der Lokalisierungsmöglichkeiten von Kattigara in Südamerika auf die Schwäche jeder dieser Hypothesen, vermindert aber sicher nicht den Wert der zugrunde liegenden Idee, die sich auf die Identifizierung des Drachenschwanzes mit Südamerika in der gesamten Geschichte der Kartographie bis zum Ende des 16. Jahrhunderts stützt.

Von den für Südamerika angegebenen 21 möglichen Ortsbestimmungen verdient jede eine eigene Untersuchung aus geographischer, hydrographischer, vor- und frühgeschichtlicher, wirtschaftshistorischer, archäologischer, mineralogischer, ethnographischer, ortsnamenkundlicher, linguistischer usw. Sicht. Diese Arbeiten würden mehrere Generationen in Anspruch nehmen und den Rahmen dieses Buches sprengen, *welches nur als Einführung in eine neue Sicht des Problems, das in seinem Ursprung geographisch ist, sich aber über eine große Anzahl von Wissenschaften erstreckt,* gedacht ist.

Die Möglichkeiten im Norden von Peru haben die Existenz von in der Antike hochentwickelten Kulturen für sich, besonders die Chimú und die Vormochica-Kulturen ganz allgemein.

Die mittlere Küste von Peru besitzt außer großartigen Kulturen heute noch Namen, die an die von Ptolemaios und in den Annalen von Han erwähnten Chinesen denken lassen.

Die Annahmen für das südliche Peru können sich auf die glänzende und unbekannte Vergangenheit von Tiahuanaco stützen, auf die rätselhaften Scharrbilder in der Ebene von Nazca, den Armleuchter von Paracas, alle voller Rätsel, auf die es bis jetzt keine Antwort gibt.

Der Norden von Chile bietet noch gute Verbindungen mit dem Gebiet von Tiahuanaco.

Der Süden Chiles entspricht am besten den Bedingungen für eine Reise mit der südpazifischen Meeresströmung und erscheint auf der Karte von Hammer, bekräftigt durch die Methode des Verzerrungsgitters, in den meisten ihrer Einzelheiten seltsam genau.

Jede dieser Theorien hat zu gute Grundlagen, als daß man sie übersehen könnte, aber keine stützt sich auf offensichtliche und unbestreitbare Beweise.

Ich behaupte nicht, das Rätsel von Kattigara, dem *Hormos Sinon* des Ptolemaios *(170),* der *Küstenfestung* von Tomaschek *(201),* der *entferntesten Stadt der Welt* von Enrique de Gandia *(67)* oder des *Ankerplatzes chinesischer Händler* nach meiner Interpretation, gelöst zu haben.

Man hat die Ruinen von Troja Jahrhunderte hindurch vergebens gesucht und fand nichts, man schloß daraus, daß es eine im wahrsten Sinne des Wortes „legendäre", eine von einem Dichter ersonnene Stadt sei. Dann entdeckte Schliemann sie, ohne Archäologe oder Historiker von Beruf zu sein. Ähnlich vergehen vielleicht noch Jahrhunderte, bis man die Ruinen von Kattigara findet oder sie mit schon bekannten identifiziert oder noch einfacher: bis man eine genaue Vorstellung von der Lage seines Ankerplatzes hat.

Ich habe neue Informationselemente und neue Theorien zusammengetragen, die die Akte „Hormos Sinon" umfangreicher machen und möglicherweise zur Festlegung dieses Ortes beitragen.

In der Fülle von Indizien und dem Mangel an Beweisen ist das Rätsel von Kattigara ein typischer Fall der Frühgeschichte und Frühgeographie.

XIV. Die Erforschung Südamerikas in der Antike

XIV.1. Hervorragende Karten ohne bekannte Quellen

Ich habe bisher die gesamte Geschichte der Kartographie der europäischen Renaissance, den interessantesten Teil der arabischen und christlichen Geographie des Mittelalters, ebenso der klassischen griechisch-ägyptischen Antike durchlaufen. Überall habe ich Südamerika in der Form des Drachenschwanzes, ganz oder teilweise, kaum angedeutet oder sehr genau gezeichnet vorgefunden. Die vollkommenste Karte ist ohne Zweifel Hammers Londoner Ptolemaioskarte von 1489, auf der das Flußnetz vollständiger dargestellt ist als auf irgendeiner anderen Karte vor 1850. Al-Hwārizmīs Darstellung ist der von Hammer deutlich unterlegen, ist für ihre Zeit jedoch sehr bemerkenswert. Endlich zeigt Kattigara bei Marinos von Tyros die beginnende, aber wirkliche Kenntnis eines von den Chinesen besuchten Ankerplatzes an der Pazifikküste Südamerikas.

Welches waren die ausgezeichneten Informationsquellen von Hammer? Woher nahm al-Hwārizmī seine geographischen Angaben? Wer hat Marinos von Tyros erzählt, wie man nach Kattigara kommt?

Nur die dritte Frage findet eine belegte, aber eine trügerische Antwort, denn sie besteht nur aus einem Namen: *Alexandros*, eine Persönlichkeit, über die man absolut nichts weiß, außer daß sie die Quelle der Informationen von Marinos über die Reise von Zabai nach Kattigara ist, zwei Orte, die man nicht einmal mit Sicherheit lokalisieren kann. Allen Hypothesen über Alexandros mangelt es vollkommen an Grundlagen. Ein typischer Fall der Frühgeschichte: wahrscheinliche Hypothesen ohne irgendeinen Beweis.

Die Berichtigung der Karte von Hammer, das Vorhandensein von Feuerland auf einer arabischen Karte von 833 und die Erklärung für *Hormos Sinon*, als eines Punktes an der Südamerikanischen Küste, dessen Name Kattigara indischen Ursprungs zu sein scheint (*201* 47), eröffnen neue Perspektiven und neue Einsichten in das Problem der Frühentdeckung Südamerikas.

Über welchen Ozean wurden diese Frühentdeckungen durchgeführt?

Auf fast allen Karten und besonders bei Hammer, al-Hwārizmī und Marinos von Tyros nimmt Südamerika auf der Welt einen Platz im fernen Osten ein. Es scheint mir deshalb offensichtlich, daß die Forscher oder Kaufleute, die die maßgeblichen Informationen geliefert haben, über den Osten der euroasiatischen Welt dorthin gelangt sind, d. h. über den Pazifischen Ozean. *Das Problem ist also die transpazifische Entdeckung Südamerikas.*

Al-Hwārizmī hatte die Bibliothek der *Dar al-Hikma* in Bagdad zu seiner Verfügung, die beste der arabischen Welt, die zu dieser Zeit auf dem Höhepunkt ihrer Macht und Kultur war. Bagdad hatte Verbindungen nach Indien, China und dem Mittelmeer und konnte also vom wissenschaftlichen Erbe dieser drei Gebiete hoher Kultur profitieren.

Hammer arbeitete im 15. Jahrhundert in Florenz und Rom. Florenz und Venedig hatten das Monopol mit Alexandria für den Handel mit Gewürzen, die aus dem fernen Osten dorthin gelangten. Andererseits erhielt der Heilige Stuhl im 13. und 14. Jahrhundert immer wieder einmal Berichte von den Missionen der Franziskaner in China, von Rubruk bis Montecorvino, die geographische Informationen enthalten konnten.

So gelangte ich zu drei Hypothesen: einer chinesischen, einer phönizischen und einer ägyptischen.

XIV.2. Die chinesische Hypothese

Die chinesische Hypothese stützt sich vor allem auf den Ausdruck von Ptolemaios: *Kattigara, Ankerplatz der Chinesen.*

Für die Reise machte man sich, wie schon erwähnt, die ringförmige Meeresströmung des Pazifik in ihrem südlichen Zweig zunutze; die gleiche ringförmige Meeresströmung ließ sich auch für die Rückreise von Peru zu den Molukken benutzen, unter einem viel milderen Klima als bei der Hinreise.

Diese von dem alexandrinischen Dokument abgeleitete Hypothese, findet eine Stütze in chinesischen Annalen, besonders in denen der Han-Dynastie, in denen berichtet wird, daß 219 v. Chr. der Kaiser Chi Wang-Ti eine Expedition junger Leute beider Geschlechter in ein wunderbares Land weit im Osten, jenseits der Meere, Fu-Sang genannt, ausgesandt hat. Die jungen Leute blieben dort und lebten dort glücklich.

Es ist ganz natürlich, diese Angaben mit den Peruanischen Ortsnamen *Huaca de los Chinos* oder *Grabmal der Chinesen (191)* und anderen im vorigen Kapitel über die chinesischen Einwanderer in Peru, Chan-Chan usw. angeführten Argumenten in Verbindung zu bringen.

Diese Hypothese von Fu-Sang wird in den Annalen der Dynastie Liang bestätigt, in denen, in Buch 54, Ma-Twan-Lin erzählt, daß der Bonze Hui-Chen im Jahre 499 n. Chr. aus Fu-Sang zurückgekehrt ist *(88 II 33—41)*. Er beschreibt dieses Land, das 20 000 Li nach Osten liegt, mit seinen Häusern, Gebräuchen, Bäumen und Tieren. Hui-Chen gibt ausdrücklich an, daß Fu-Sang *an der Ostküste des östlichen Meeres* liegt, d. h. an der Ostküste des Pazifik *(186 18—21)*.

Außerdem zeigt uns die Universalenzyklopädie von China (San-ts'ai t'u-hui) die Darstellung eines Mannes aus Fu-Sang, der ein Lama melkt (Abb. 48) *(186 27)*, ein Tier, das die Bewohner von Peru seit dem 3. Jahrtausend v. Chr. züchteten *(166 und 210)*.

Die Beschäftigung mit Fu-Sang ist für europäische Orientalisten nicht neu. Der französische Jesuit Joseph de Guignes identifizierte es 1761 mit Amerika, nahm aber die Bemerkung „östlich von China" ganz wörtlich und wollte Fu-Sang in Mexiko suchen *(81)*.

1841 veröffentlichte Carl Neumann, Professor für orientalische Sprachen und Geschichte an der Universität München, eine deutsche Übersetzung des Teils der

Annalen, der sich auf Fu-Sang bezieht und glaubte, daß es sich um Mexiko handelte (154). Die gleiche Theorie wurde 1844 von Hippolyte de Paravey (162) und 1865 von Gustave d'Eichthal (47) vertreten. Der Kanadier Charles Leland übertrug die deutsche Übersetzung Neumanns ins Englische (130). Ohne Zweifel ist die Studie von Edward P. Vinning (203) der auf die Theorie von de Guignes zurückgreift und sie fast verschwenderisch mit neuen und sorgfältigen Argumenten stützt, die vollständigste. Nicht zu vergessen auch die Arbeiten von Hervey de Saint Denis (97).

Die Theorie des Paters de Guignes wurde von den Orientalisten, die es vorzogen, die 20 000 Li als übertrieben anzusehen und Fu-Sang, teils in Japan, teils in Sachalin suchten, aufs stärkste bekämpft. Anzuführen wären hier Julius Heinrich Klaproth (116), Vivien de Saint Martin (204), E. V. Bretschneider (20), Gustav Schlegel (186), der das Lama abbildete, ohne es zu erkennen und andere von geringerer Bedeutung wie Dall, Müller und Chamberlain.

Heute bezweifelt niemand mehr die Möglichkeit von Überquerungen des Pazifiks mit großen chinesischen Schiffen.

XIV.3. Die ägyptische Hypothese

Von allen Hypothesen bezieht sich die ägyptische auf die ältesten Reisen, denn sie identifiziert den Drachenschwanz oder wenigstens Peru mit dem Land Punt (88 I 5–13).

Die erste Reise in dieses Gebiet, von der man weiß, wurde von dem Pharao Sahurê aus der V. Dynastie, ca. 2500 v. Chr., organisiert. Seine Schiffe brachten von Punt *und zahlreichen Ländern, in denen sie Station gemacht hatten*, Weihrauch, Myrrhe, Gold, Silber, kostbare Hölzer und Sklaven mit. Es wäre ein Irrtum zu glauben, *alle* diese Produkte seien aus dem Lande Punt gekommen, und das Problem bestehe darin, ein Land auf der Erde zu suchen, das alle diese Reichtümer liefern könnte. Die Reisestationen können Ursprungsort eines großen Teiles davon sein.

Der Pharao Asa (Isesi) folgte dem Beispiel Sahurês um 2400 v. Chr. und sandte seine Flotten ebenfalls in das Land Punt aus.

Eine Prinzessin der VI. Dynastie nahm für ihre Reise ins Reich der Toten rote Lippenschminke, hergestellt unter Verwendung von Antimon, einem in Ägypten und seinen Nachbarländern vollkommen unbekannten Metall, mit ins Grab.

Aus der gleichen Zeit stammt die Grabinschrift des Khnemhotep, eines Steuermannes aus Elephantine, der elfmal die Reise nach Punt gemacht hatte (96).

Unter der IX. Dynastie organisierte der Pharao Seandkare neue, erfolgreich verlaufene Expeditionen in dieses geheimnisvolle Land.

Die am besten bekannten Reisen sind sicher die von der Königin Hatschepsut (genannt Makara, 1501–1482 v. Chr.) angeordneten, deren Geschichte auf den

Reliefs des Tempels von Deir el-Bahri, nahe Theben, verewigt ist, den sie zur Ehre von Amun-Re errichten ließ *(45, 127, 153, 190, 214)*.

Die Hauptexpedition von Hatschepsut bestand aus mindestens fünf großen Schiffen (Abb. 49) mit je 30 Ruderern. Sie brach 1493 v. Chr. von einem Hafen am Roten Meer aus auf und kehrte nach drei Jahren zurück.

Eine der Inschriften des Tempels von Deir el-Bahri behauptet, daß die Einwohner von Punt die Ägypter gefragt hätten: „Wie seid ihr in dieses, den Menschen unbekannte Land gelangt? Seid ihr auf dem Himmelspfade gekommen, oder seid ihr zu Wasser über das große Meer des Götterlandes gefahren?" *(88 I 5)*.

Warum sollte man nicht versucht sein, diese Worte mit der Reise über den Pazifik und den langen schnurgeraden Linien und Bahnen in der Wüste von Nazca in Verbindung zu bringen? *(172)*

Nach dem Bericht von Ramses IV. im *Papyrus Harris* im British Museum, entsandte der Pharao Ramses III. im Jahre 1180 v. Chr. eine Expedition von 10 000 Männern nach Punt.

Die letzte bekannte Expedition fand in der Mitte des 2. Jahrhunderts v. Chr. statt. Sie wurde in Ägypten unter Mitarbeit von Händlern und Finanzleuten aus Massilia, dem heutigen Marseille, vorbereitet *(164)*.

Die ägyptischen Hochseeschiffe hatten eine Länge von ca. 30 m und eine Wasserverdrängung von ungefähr 85 t, ebensoviel, wie die Karavellen des 15. Jahrhunderts n. Chr. Ihr flacher Boden erlaubte ihnen bei günstigem Wind eine schnelle Fahrt. Bei Windstille traten die Ruderer in Aktion, das erlaubte die Fortsetzung der Reise, ohne auf günstigen Wind warten zu müssen.

Die Ägyptologen stimmen nicht mit der Lokalisation des Landes Punt überein. Die einen schlagen Eritrea vor, andere Somalia, Simbabwe, Hadramaut oder auch Indien *(34)*.

Alle diese Orte liegen viel zu nahe am Roten Meer, um die Dauer der Reise zu rechtfertigen: drei Jahre in allen von ägyptischen Dokumenten überlieferten Fällen. Ich habe mir deshalb die Freiheit genommen, eine neue Interpretation anzuregen *(56)*.

Wie schon erwähnt, wurde meine Aufmerksamkeit durch die Frage der Einwohner von Punt an die Ägypter angeregt: „Seid ihr auf dem Himmelspfade gekommen, oder seid ihr zu Wasser über den großen Ozean des Götterlandes gefahren?" Kein Meer der Erde verdient den Namen *Großer Ozean* mehr als der Pazifik, und an den Küsten des Pazifik bietet sich nichts besser als *Ankunft über den Himmelspfad* an, als die geheimnisvollen Scharrbilder in Form von geometrischen Figuren in der Wüste von Nazca, für die bisher noch niemand eine befriedigende Erklärung geben konnte. Die Interpretation ist kühn, *aber es ist besser, eine kühne Theorie zu haben als gar keine.*

Das Land Punt, ein Ort von großem Reichtum und alter Kultur könnte in Peru im Gebiet von *Puno* an den Ufern des Titicacasees gelegen haben. Heute noch werden dort 70 % der peruanischen Goldproduktion, ebenso wie Silber, Antimon, Quecksilber, Zink, Zinn, Kobalt usw. gewonnen. Dieses Gebiet besitzt alte Goldminen und sehr alte Antimon-Bergwerke, deren genaues Alter die Archäologen nicht feststellen konnten.

Die Ähnlichkeit der Namen *Punt* und *Puno* ist bemerkenswert. Es ist kein Beweis für eine Identifizierung, aber es ist ein Element, das dafür spricht. Und es ist seltsam, daß ein nahegelegener Hügel *Huansopata* heißt, was so ähnlich wie *Hatschepsut* klingt, der vorinkaische Gräber und Ruinen enthält, die nach Angaben der sehr wenigen Archäologen, die sie untersucht haben, zu einer sehr viel älteren Kultur als der von Tiahuanaco gehören.

Die Boote vom Titicacasee aus Schilf (*108* 304 ff) ähneln so sehr denen des alten Ägypten, daß Thor Heyerdahl die Männer, die ihm sein Papyrusboot *Ra II* an den Ufern des Nil bauten, von Puno holte. Puno befindet sich nur 240 km Luftlinie vom Pazifik entfernt und die Ruinen in den dazwischenliegenden Gebieten gehören der gleichen vorinkaischen Kultur an (*108* 90). Ich möchte daran erinnern, daß der Titicacasee ohne Zweifel auf der vorkolumbischen Ptolemaiosdarstellung von Hammer eingezeichnet ist.

Die Theorie von Puno verdient sicher eine eigene Studie und beim heutigen Stand der Frage scheint sie mir mindestens ebenso gut zu sein, wie die anderen Lokalisationen für Punt.

XIV.4. Die phönizische Hypothese

Das Ansehen der phönizischen Seefahrer war im 10. Jahrhundert v. Chr. so groß, daß König Salomon den König Hiram von Tyros bat, ihm Fachleute für den Aufbau einer Hochseeflotte im Roten Meer zu senden und Steuermänner und Seeleute, um diese Flotte zum Land Ophir zu führen (5 und *105*, 304).

Das Problem der Lokalisation von Ophir ist sehr ähnlich der des Landes Punt. Beide Gebiete liegen „sehr weit im Südosten". In beiden Fällen beginnt die Reise im Roten Meer und dauert hin und zurück drei Jahre.

Die von Ophir *und den Zwischenaufenthalten* mitgebrachten Produkte stimmen zum großen Teil mit denen überein, die die Ägypter in Punt und den Zwischenaufenthalten dorthin antrafen: Gold, Silber, kostbare Hölzer, Gewürze, Sklaven usw. (*9* und *88* I 28—39).

Da Salomon der Schwiegersohn des Pharao war, ist es ganz natürlich, daß er von diesem die für die Organisation einer Expedition zum Lande Punt oder einer nahegelegenen Gegend notwendigen Informationen erhalten haben könnte, auf die gleiche Weise wie Jahrhunderte später die Engländer und Franzosen versuchten, in Afrika, Asien und Amerika eigene Kolonien in der Nähe der des Rivalen einzurichten. Die Phönizier lieferten schon für die ägyptische Flotte Steuerleute und Besatzungen, bevor sie den Juden die gleichen Dienste anboten.

Da sie mit den Problemen und Vorzügen von Seefahrt und Orienthandel besser vertraut waren als ihre Auftraggeber, war es ganz normal, daß die Phönizier auch beabsichtigten, Expeditionen auf eigene Rechnung durchzuführen.

Man kann sich fragen, wie ihre Flotten Zugang zum Roten Meer und zum Indischen Ozean erhielten, denn Phönizien nahm nur einen schmalen Streifen am Mittelmeer ein. Die Antworten sind vielfältig. Die Phönizier stammten eigentlich vom Persischen Golf und wanderten im Libanon ein. Ihre ersten Expeditionen zur See müssen sie vor dieser Auswanderung durchgeführt haben, noch vom Persischen Golf aus, ohne Zweifel verborgen in persischen Expeditionen. Andererseits wurde das mediterrane Phönizien seit dem 6. Jahrhundert v. Chr. dem Persien des Kyros einverleibt, und die phönizischen Seeleute konnten sich von neuem auf dem Persischen Golf einschiffen, auf offiziell persischen, praktisch aber phönizischen Schiffen. Für die Dauer von mehr als einem Jahrtausend und unter verschiedenen Herrschaften oder für verschiedene Auftraggeber haben die Phönizier das Mittelmeer, den Atlantik, die Ostsee, das Rote Meer und den Indischen Ozean besegelt. Seine Seeleute können gut phönizische Inschriften in den Ländern, die sie für die Rechnung fremder Könige besuchten, eingeritzt oder gemalt haben (*35*).

Zu dieser phönizischen Hypothese bin ich durch eine Reihe von an verschiedenen Stellen Südamerikas entdeckten, im allgemeinen als phönizisch angesehenen Funden, zumeist Inschriften, gekommen.

Eduardo Habich hat auf den inneren Stelen des Tempels von Sechin im Tal von Casma an der peruanischen Küste phönizische Schiffe identifiziert (*106 176*). Man vermutet, daß die Ruinen 3 000 Jahre alt sind. Andere benachbarte Steinblöcke zeigen ein Hochseeschiff und einen Sextanten (*200*).

Noch außergewöhnlicher sind die Entdeckungen von Bernardo Silva Ramos. Dieser Autor, Präsident des Geographischen Institutes von Manaos, hat den Amazonischen Urwald während mehr als 20 Jahren durchstreift und über 2800 Felsinschriften fotografiert und kopiert, von denen er behauptet, daß die meisten phönizisch und die anderen griechisch seien (*192*). Der deutsche Orientalist Delekat hat neuerdings den Beweis für den kanaanäischen Ursprung der Inschrift von Paraiba (Abb. 50) erbracht (*35*).

Es ist bemerkenswert, daß die brasilianischen akademischen Autoritäten, unter denen die Fachleute für Phönizisch sicher nicht überwiegen, es immer abgelehnt haben, diese Inschriften zu prüfen und zu untersuchen und sich darauf beschränken, sie modernen Witzbolden zuzuschreiben.

Ich glaube, daß es nicht so schwer sein könnte, eine vor 20 Jahren angefertigte Inschrift von einer anderen vor 20 Jahrhunderten eingeritzten zu unterscheiden. Und welcher moderne Wissenschaftler wäre so verrückt, einen großen Teil seines Lebens damit zu verbringen. pseudophönizische Inschriften in den Tiefen des amazonischen Urwalds herzustellen?

Die Verwirrung ist noch größer, seit Professor Jacques de Mahieu behauptet, daß diese Inschriften in alt-dänischer Sprache abgefaßt und in Runen geschrieben seien und aus dem Mittelalter stammten (*135*).

Andererseits kann man die Fähigkeit der phönizischen Schiffe, einerlei, ob im Dienst von Ägypten, Juden oder Persern unter Ausnutzung der Meeresströmungen und der regelmäßigen Winde eine transpazifische Reise durchzuführen, nicht bezweifeln. Ein Volk von Seefahrern konnte viel besser auf hoher See leben als der französische Arzt Dr. Alain Bombard, der 1952 auf einem 4,5 m langen, 2 m breiten und 0,5 m hohen aufblasbaren Rettungsfloß den Atlantik in 95 Tagen Treibfahrt überquerte und sich ausschließlich von dem ernährte, was das Meer ihm gab.

Die ägyptischen Schiffe erreichten zuweilen 6 500 t, wie die des Ptolemaios IV. Philopator (222–205 v. Chr.), und der jüdische Geschichtsschreiber Flavius Josephus (37–100 n. Chr.) spricht von Schiffen, die außer der Besatzung 600 Personen und Handelswaren mit sich führten (*96* 159).

Ibarra Grasso hat die Handelsschiffe des östlichen Mittelmeeres aus dem 3. Jahrhundert v. Chr. mit auf Mochica-Keramik aus dem nördlichen Peru abgebildeten Schiffen verglichen (*106* 166). Diese Boote sind praktisch identisch und hauptsächlich gekennzeichnet durch eine Brücke vom Bug bis zum Heck, beladen mit Tonkrügen für Wein, Öl usw.. Dieser Schiffstyp ist heute noch in der Ägäis und in Indochina im Gebrauch, aber soweit man weiß, war er nie in Peru bekannt, außer auf der Keramik der Mochica. Professor Ibarra Grasso hat die einzige bekannte Deutung dafür gegeben.

Die ägyptischen oder phönizischen Schiffe, die im Norden des Roten Meeres abfuhren, mußten der traditionellen Reiseroute über Malabar, Taprobana und Chryse Chersonesos bis Zabai im nördlichen Borneo folgen, von dort aus zur südpazifischen Westwinddrift und ihr dem Humboldtstrom folgend bis Kattigara, das ich in Peru vermute; der Rückweg verliefe unter Ausnutzung des Südäquatorialstromes bis Borneo und von dort aus wie auf dem Hinweg. Die Länge dieser Überfahrt beträgt ungefähr 39 000 km für die Hinfahrt und 34 000 km für die Rückreise, insgesamt also 73 000 km.

Als Herodot Länge und Breite des Schwarzen Meeres errechnen wollte, setzte er die Reisegeschwindigkeit der Schiffe seiner Zeit mit 70 000 Orgyien[17] bei Tageslicht und 60 000 Orgyien bei Nacht an, zusammen also 130 000 Orgyien in 24 Stunden (*89* IV 86).

Damit kann man die tatsächliche Fahrtdauer der Reisen nach Kattigara berechnen. Die 130 000 Orgyien entsprechen 240 km, die Hennig (*88* I 94) auf 200 km vermindert, um die Zufälle der Seefahrt zu berücksichtigen. Auf dieser Grundlage entspricht die gesamte Reise von 73 000 km einer tatsächlichen Reisedauer von 365 Tagen. Die Gesamtdauer der Reisen nach Punt und Ophir (*5*, I. Könige

---

[17] Orgyia, altgriech. Maß (Klafter) 1 Orgyia = 1,85 m

10, 22) von 3 Jahren, die Reisenden verfügten über zwei Jahre für die Zwischenhäfen, den Aufenthalt in Kattigara und die unter Umständen durch Stürme und Reparaturen bedingten Zeitverluste. Ich berücksichtige die widrigen Winde nicht, aber ich lasse auch die günstigen Winde außer acht und den großen Vorteil der Ringströmung im Südpazifik.

Diese Rechnung beweist, daß die Durchführung der Reise nach Kattigara in drei Jahren den Möglichkeiten jener Zeit vollkommen entspricht.

XV. Das Geheimnis des Drachenschwanzes

Der Gegenstand und das Ziel der Frühgeschichte und man könnte sagen, ihre große Hoffnung und ihre große Wunschvorstellung ist, aufzuhören Frühgeschichte zu sein und sich in Geschichte zu verwandeln. Mit anderen Worten, die Frühgeschichte nimmt sich der historischen Probleme an, für die es zur Zeit unmöglich ist, Lösungen im Rahmen der Geschichte nach den Grundsätzen der Geschichte aus Mangel an Dokumenten und Beweisen zu finden. Die Frühgeschichte formuliert in diesem Fall Hypothesen, sie beschränkt sich aber nicht darauf. Diese Hypothesen benutzt sie als Anhaltspunkte auf der Suche nach neuen Indizien, die ab und zu Beweiskraft erhalten. Darüber hinaus untersucht und überprüft die Frühgeschichte die historischen Fakten und Dokumente noch einmal unter dem Aspekt einer neuen Hypothese und kommt oft zu Schlüssen, die ihre Bestätigung in anderen Fakten und Dokumenten finden, die bisher noch nicht mit dem betrachteten Problem in Verbindung gebracht worden sind. Diese neuen Verbindungen stärken bestimmte Hypothesen und zerstören andere. Findet man endlich die gesuchten Beweise, dann verläßt man den Bereich der Frühgeschichte und betritt den der Geschichte.

Die eng mit der Frühgeschichte verbundene Frühkartographie formuliert mutmaßliche Interpretationen für die Karten, die über die deutliche und eindeutige Darstellung von Ländern, die zur Entstehungszeit der Karte gut bekannt waren, hinausgehen. Im Lichte dieser Hypothesen interpretiert sie die frühkartographischen und frühgeschichtlichen Fakten noch einmal. In manchen Fällen findet sie den Beweis für ihre Hypothesen und in einem bestimmten Maß geht das betrachtete Problem von der Frühkartographie zur Kartographie über.

Ebenso habe ich in dieser Studie Deutungen für Karten oder Teile davon vorgeschlagen, welche die klassische Kartographie nicht erklären konnte und einfach als Irrtümer abtat. In zahlreichen Fällen habe ich mehrere Hypothesen formuliert, jede auf wirkliche und sichere Fakten und Dokumente gestützt, aber nicht so ausreichend, um die Richtigkeit meiner Interpretationen beweisen zu können. In anderen Fällen führt meine neue Interpretation zu neuen offensichtlichen kartographischen Tatsachen, so daß meine These dadurch fest bewiesen worden ist.

Für die Wissenschaftsgeschichte habe ich gezeigt, daß die Kenntnis der Identifikation von *Megas Kolpos* oder *Sinus Magnus* und Pazifischem Ozean sich in der humanistischen Welt bis ins 19. Jahrhundert erhalten hat, während sie bei den Kartographen seit dem dritten Viertel des 16. Jahrhunderts verloren gegangen ist.

Das Wiedererkennen des Gewässernetzes des Drachenschwanzes und die gesamte Identifizierung *aller großen Flüsse Südamerikas* auf Hammers Ptolemaios-Karte von 1489 stellen den offensichtlichen Beweis für die Richtigkeit meiner Interpretation dar. Wenn es sich nur um einige Flüsse handeln würde, könnte ihre Übereinstimmung mit der Wirklichkeit Zufall sein. Aber im Falle des in seiner

Form, seiner Ausrichtung, seiner Größe, seiner Lage im Verhältnis zu den Küsten auf der Erde einzigartigen Paraná-Paraguay-Systems ist jeder Zufall ausgeschlossen. Bei den Flüssen ist jeder zugleich ein Beweis für den anderen. Schließlich bestätigt die Methode des Verzerrungsgitters auf den Drachenschwanz angewendet die hydrographische Analyse und vervollständigt sie durch die Identifizierung weiterer Seen, Flüsse und Kaps. Es läßt sich infolgedessen feststellen: *Der Drachenschwanz auf Hammers Ptolemaios-Karte ist von der Frühkartographie in die Kartographie gelangt.*

Die noch frische Erinnerung an die von der Yale-Universität gekaufte Vinlandkarte, die der Beweis für die Entdeckung Nordamerikas durch die Wikinger sein sollte, dann aber durch eine Analyse der verwendeten Tinte als Fälschung entlarvt wurde, läßt auch an die Möglichkeit denken, daß die Karten von Hammer gefälscht sein könnten. Diese Auffassung ist nach meiner Ansicht nicht zu verteidigen, denn es wäre nötig gewesen, die gleichen Veränderungen auf der Karte, die heute das British Museum besitzt und auf der der Zentralbibliothek Leiden heimlich anzubringen.

Außerdem, mit welcher Absicht sollte man diese Karten verfälscht haben? Um zu zeigen, daß der Drachenschwanz Südamerika ist?

Diese Gleichsetzung war Teil der geographischen Vorstellungen von Christoph Kolumbus, Amerigo Vespucci und einiger anderer Seefahrer der gleichen Zeit. Aber keiner von ihnen hätte seiner Karte die Oberläufe der großen Ströme Südamerikas, die ihnen vollkommen unbekannt waren, hinzufügen können.

Kein Fälscher des 16. oder 17. Jahrhunderts hätte die patagonischen Flüsse Colorado, Negro und Chubut einzeichnen können, denn ihre Entdeckung und Erforschung datiert erst vom Ende des 18. und vom Beginn des 19. Jahrhunderts.

Die Identifizierung des Drachenschwanzes mit Südamerika wurde zu Ende des 16. Jahrhunderts vergessen und blieb es bis zu ihrer Wiederentdeckung durch Enrique de Gandía 1942 (65). Zu diesem Zeitpunkt war es schon zu spät für eine Verfälschung der Karten von London und Leiden.

Die Karte des al-Hwārizmī gehört der von der europäischen und mediterranen Welt, in der Hammer arbeitete, sehr verschiedenen arabischen Welt an. Der Drachenschwanz des al-Hwārizmī hat so viele Elemente mit dem von Hammer gemeinsam, daß es sich zweifellos um die gleiche Halbinsel handelt, um Südamerika. Demzufolge *tritt auch al-Hwārizmīs Drachenschwanz aus der Frühkartographie in die Kartographie ein.*

Die Identität der westlichen Küste Südamerikas bei Ptolemaios und Marinos von Tyros war den Kartographen zwischen 1500 und 1574 bekannt und akzeptiert, und sie wurde kürzlich von Ibarra Grasso und Enrique de Gandía von neuem bewiesen.

Die frühgeschichtlichen Rückwirkungen dieser Entdeckungen sind sehr bedeutend. Die kartographische Qualität der Darstellung von Südamerika bei Hammer ist allen anderen Karten, die bis zur Mitte des 19. Jahrhunderts folgten, deutlich überlegen, besonders bezüglich der patagonischen Flüsse Colorado, Negro, Chubut und Grande in Feuerland. Allein die Tatsache, daß diese Karte in Europa vor der ersten Reise von Christoph Kolumbus gezeichnet worden ist, beweist, daß Expeditionen stattgefunden haben, die vor der Tat des Kolumbus *das ganze Innere des Kontinents entdeckt und seine Einzelheiten enthüllten*. Hier befinden wir uns vollkommen auf dem Gebiet der Frühgeschichte und es ist uns unmöglich, zur Geschichte überzugehen, denn die zahlreichen Hypothesen, die ich bis jetzt gesammelt oder aufgestellt habe, haben noch nicht zu einem endgültigen Beweis geführt, obwohl sie sich auf zahlreiche archäologische, linguistische, völkerkundliche usw. Elemente stützen können.

Ebensosehr kann man von frühgeschichtlicher Verwicklung der Darstellung Südamerikas und besonders der patagonischen Meerenge und Feuerlands auf der arabischen Karte aus dem 9. Jahrhundert sprechen.

Ebenso bedeutend ist das frühgeschichtliche Problem, das durch die Darstellung der amerikanischen Küste auf den Karten der Antike aufgeworfen wird.

Deutlich kann man drei Abschnitte in der Geschichte der südamerikanischen Frühkartographie unterscheiden. Marinos von Tyros, im 2. Jahrhundert, besitzt eine undeutliche Vorstellung von einigen Punkten der Küste. Al-Hwārizmī, im 9. Jahrhundert, kannnte die allgemeine Form der südamerikanischen Halbinsel mit ihrer Nord-Süd-Ausrichtung und den Inselcharakter von Feuerland. Hammer, im 15. Jahrhundert, stellt das innere Flußnetz, ebenso wie die Kaps und Halbinseln der Atlantikküste mit Einzelheiten richtig dar.

Um Hypothesen über diese Information in drei Abschnitten formulieren zu können, wäre es also nötig, drei Gruppen räumlicher Erforschung in der Zeit zu vermuten, drei Gruppen von Begebenheiten in der Frühgeschichte der Seefahrt, die den Kartographen die richtigen Informationen hätten liefern können, wenige bei Marinos, aber sehr reichhaltig bei Hammer, die ihnen erlaubt haben, ihre Karten zu zeichnen.

Der *historische* Teil, der von diesen Kartographen erhaltenen Informationen besteht nur aus einem einzigen Namen: *Alexandros*; wir sprechen hier von historisch, denn dieser Name wird von Ptolemaios in seiner *Geographiké Hyphégesis* erwähnt. Aber alles, was man über Alexandros geschrieben hat, ist nichts als reine Hypothese und gehört damit zur Frühgeschichte. Frühgeschichtlich sind auch seine Stellung als Kapitän, sein Beruf als Kaufmann, seine griechische Herkunft und seine Identifizierung mit Polyhistor. Es handelt sich um mögliche, ja sogar wahrscheinliche, aber manchmal widersprüchliche und niemals bewiesene Hypothesen.

Meine chinesischen Hypothesen sind im Allgemeinen frühgeschichtlich. Dagegen hat die Darstellung des Lamas im Lande Fu-Sang eine solche Wahrscheinlichkeit, daß wir sie um so mehr als endgültig ansehen können, als sie von zahlreichen günstig ergänzenden Angaben der peruanischen Hypothese begleitet wird. Jetzt sind die Sinologen an der Reihe, welche die chinesischen Annalen unter dem Aspekt der von mir dargestellten neuen frühkartographischen Entdeckungen noch einmal lesen müssen.

Meine ägyptische Hypothese stützt sich auf ebenso gute Argumente wie die konkurrierenden Theorien.

Die phönizische Hypothese hat nicht nur die umstrittenen Übersetzungen von Silva Ramos für sich, sondern auch archäologische Entdeckungen in Peru. Es handelt sich um verschiedene und zahlreiche, aber verstreute Elemente, und es ist sicher wünschenswert, daß die in Peru arbeitenden Archäologen ihre Interpretationen unter dem Aspekt der phönizischen Theorie noch einmal betrachten.

Ich konnte die Quellen al-Hwārizmīs nicht deutlich angeben und mußte mich darauf beschränken zu sagen, daß er sowohl über ägyptische, als auch über indische und chinesische Informationen verfügen konnte. Es ist Aufgabe der Arabisten, Vorschläge und wenn möglich, Beweise für die Quellen des Geographen von Bagdad vorzulegen.

Für Hammer konnte ich keine Theorie über seine unmittelbaren Quellen vorschlagen, denn die mögliche Anwesenheit von ägyptischen, phönizischen oder chinesischen Händlern an den peruanischen Küsten in der Antike schließt keineswegs ein, daß diese Kaufleute den ganzen Kontinent durchreisen konnten und dabei eine Karte zeichneten. Die Karte von Hammer gehört vollkommen der Kartographie an, denn auf ihr ließen sich die Flüsse, Gebirge und Kaps identifizieren, aber da ich keine Hypothese über die Expeditionen, die die Entschleierung besorgt haben, formulieren konnte, befinden wir uns hier nicht einmal auf dem Gebiet der Frühgeschichte.

Das einzige, was man machen kann, ist der Versuch, die durch die Existenz der Karte von Hammer hervorgerufenen frühgeschichtlichen Probleme deutlich aufzulisten. Ich habe sie in der folgenden Weise zusammengestellt:

a) *Zeitpunkt der Frühentdeckung.* Es handelt sich um die Expedition, die den Hauptbeitrag zu den Kenntnissen lieferte, die Hammer dann auf seiner Karte zusammengetragen hat. Hat diese Expedition kurz vor der Anfertigung der Karte stattgefunden, um die Mitte des 15. Jahrhunderts? Oder vor 1428, dem Zeitpunkt, als der Infant Pedro de Coimbra aus Italien eine Weltkarte mitbrachte, die die Magellanstraße zeigte? Oder in der Antike, wobei es Leistungen der Chinesen, Phönizier oder Ägypter sein konnten.

b) *Aufklärung der Atlantikküste.* Ich konnte keine Lösung dieses Problems vorschlagen. Ich kenne die Theorie von Jacques de Mahieu, der diese Forschungstat den Wikingern zuschreibt (137) und zahlreiche andere Interpretationen vergangener Jahrhunderte, alle von Imbelloni (108) kurz zusammengefaßt und widerlegt. L. Delekat hat hier allerdings eine weitere phönizische Entdeckung aufgewiesen (35).

c) *Aufklärung des Innern.* Mehrere Theorien konkurrieren miteinander: die Ägypter nach Ptolemaios und Fell, die Phönizier nach Silva Ramos, Habich und L. Delekat, die Wikinger nach Mahieu usw.. Das Problem ist schwierig, da

Hammer, wie schon gesagt, *alle* großen Flüsse Südamerikas, sogar die von Patagonien und Feuerland, kannte.

d) *Das kulturelle Zentrum, das die Information der Entdeckung erhielt.* Dieses Problem ist mit dem vorhergehenden eng verbunden. Falls die Pharaonen die Geheimnisse von Südamerika gekannt haben, konnten diese Kenntnisse verloren gehen, wie auch die Kenntnis der Reiseroute zum Land Punkt, unabhängig von seiner Identifizierung mit Südamerika, so wie man die Geheimnisse der Pyramiden vergessen hat. Die phönizischen Kaufleute haben ihr Geheimwissen von den Reiserouten vergessen, als die Weltlage sie zwang, ihre Fernostreisen aufzugeben. Die Chinesen haben ihre Expeditionen in Legenden verwandelt, als innere Kriege ihren transozeanischen Expeditionen ein Ende setzten.

e) *Zeitpunkt der Übermittlung der Informationen nach Italien.* Ich habe einige Hypothesen entworfen, ohne eine einzige beweisen zu können. Die Franziskaner des Mittelalters könnten in China Informationen erhalten und nach Rom übermittelt haben. Diese Berichte waren zu der Zeit, als Montecorvino Erzbischof war, besonders zahlreich. Venetianer und Florentiner hatten in der zweiten Hälfte des Mittelalters intensive Handelsverbindungen mit Alexandria und könnten so an seit der Antike im Geheimen überlieferte Informationen gekommen sein. Alle diese Hypothesen sind schwach, aber es gibt keine anderen. Das Wort haben jetzt die Kenner des Nahen und Fernen Ostens.

f) *Die unmittelbare Herkunft der Informationen von Hammer.* Wenn diese Informationen in Italien angekommen waren, konnten sie für Hammer, der für offizielle Kreise sowohl in Florenz als auch in Rom arbeitete, ohne große Schwierigkeiten zugänglich werden. Seine Verbindungen zur Kirche müssen hervorragend gewesen sein, denn er hatte der Schule des in der Politik des Vatikan sehr aktiven Kardinals Nikolaus von Kues, des gelehrten Erzbischofs von Brixen, angehört. Da Hammer in Florenz gelebt hat, müssen seine Beziehungen zu den Kaufleuten der Stadt noch viel besser gewesen sein, denn Kaufleute und Kartographen besaßen das gleiche Interesse an den Geheimnissen des Fernen Ostens, dem Herkunftsland von Gewürzen, Seide und vielen anderen Erzeugnissen.

Man sieht, daß es sich um eine Reihe miteinander verknüpfter Probleme handelt, die alle frühgeschichtlich sind. Man kann Hypothesen formulieren, die alle möglich sein müßten. Aber man kann nicht nach Beweisen fragen, aus dem einfachen Grund, weil es keine gibt.

Es wäre ein methodischer Fehler, die Regeln der historischen Kritik auf die frühgeschichtlichen Hypothesen anwenden zu wollen. Man würde nichts erreichen, als alle diese Hypothesen zu zerstören, ohne Vorteil für irgend jemanden. Es ist besser, mehrere wackelige Theorien zu haben als gar keine. Ihre Schwäche veranlaßt dazu, neue Angaben zu suchen, aus alten Angaben neue Interpretationen zu gewinnen, über schon vorgeschlagene Hypothesen nachzudenken, ihre

Verbindungen zu vertiefen und neue Wege zu suchen, die sich kreuzen und gegenseitig verstärken.

Im Gegensatz zu dieser vagen frühgeschichtlichen Hypothese behauptet sich die kartographische Realität der Darstellung von Südamerika auf den Karten von Hammer, al-Hwārizmī und Marinos von Tyros. Das übrige bleibt ein Rätsel:

Das Geheimnis des Drachenschwanzes.

XVI Literaturverzeichnis

1. AILLY, Pierre d' (Petrus Alliacus): *Ymago Mundi*. Löwen 1480 (Neuausgabe, hrsg. v. Edmond Burton, Paris, Maisonneuve 1930.
2. ALMAGIÀ, Roberto: Intorno a quattro codici fiorentini e ad uno ferrarese dell' erudito veneziano Alessandro Zorzi. *La Bibliofilia* XXXVIII, Florenz 1936.
3. ALMAGIÀ, Roberto: I mappamundi di Enrico Martello e alcuni concetti geografici di Cristoforo Colombo. *La Bibliofilia* XLII S. 288–311. Florenz 1940.
4. ALMAGIÀ, Roberto: *Monumenta cartographica vaticana*. Bd. I Città del Vaticano, Bibliotheca Apostolica Vaticana, 1944.
5. ALTES TESTAMENT. Buch der Könige, I, 9–10
6. ANVILLE, Jean Baptiste Bourguignon d': Limites du monde connu des anciens au-delà du Gange. *Mémoires de l'Académie Royale des Inscriptions et Belles-Lettres* XXXII, S. 604–626. Paris 1768.
7. ARISTOTELES: *De Coelo* II, 14, 14
8. AUGUSTINUS (St.) (Aurelius Augustinus): *De Civitate Dei*. Buch XVI, Kap. 9.
9. AVEZAC-MACAYA, Marie Armand Pascal d': Mémoire sur le Pays d'Ophir où les flottes de Salomon allaient chercher de l'or. *Mémoires de l'Académie des Inscriptions et Belles-Lettres XXX. Paris 1864.*
10. BAGROW, Leo: *Geschichte der Kartographie*. Berlin, Safari, 1951.
11. BAGROW, Leo und SKELTON, Raleigh Ashlin: *Meister der Kartographie*. Berlin, Safari, 1973.
12. BALLESTEROS Y BERETTA, Antonio: „Genesis del descubrimiento" In: BALLESTEROS Y BERETTA u. a.: *Historia de América y de los pueblos americanos*. Bd. III, Barcelona, Salvat, 1947.
13. BARTOLOZZI, Francesco: *Ricerche istorico-critiche alle scoperte d'Amerigo Vespucci*. Florenz, Cambiagi, 1789.
14. BECK, Hanno: *Geographie: Europäische Entwicklung in Texten und Erläuterungen*. Freiburg/München 1973.
15. BERGER, Hugo: *Geschichte der wissenschaftlichen Erdkunde der Griechen*. Leipzig, von Veit, 1893.
16. BERTHELOT, André: *L'Asie ancienne centrale et sud-orientale d'après Ptolémée*. Paris, Payot, 1930.
17. BIGELOW, John: The so-called Bartholomew Columbus Map of 1506. The Geographical Review, Vol. XXVI, New York 1936.
18. BINGGELI, V.: Über Qualität, Entstehung und Autorschaft der anonymen Bernerkarte von 1749. *Geographica Helvetica* XII, S. 145–159. 1957.
19. BORGATELLO, Maggiorino: Piccolo dizionario delle parole più usuali degli Indiani Alacaluffi dello Stretto di Magellano e Arcipelago fuochino, In: BORGATELLO, M.: *Le nozze d'argento ossia 25 anni della missione salesiana della Patagonia meridionale e Terra del Fuoco*. Bd. I, Turin, Società editrice internazionale, 1921.
19a. BORRERO, Luis Alberto: La extinción de la megafauna; su explicación por factores concurrentes; la situación en Patagonia austral, *Anales del Instituto de la Patagonia* Bd. VIII S 81–93, Punta Arenas 1977.
20. BRETSCHNEIDER, Ernst: Über das Land Fusang. *Mitteilungen der Deutschen Gesellschaft für Natur- und Völkerkunde Ostasiens*. Bd. II, Yokohama 1876.
21. BUNBURY, Edward Herbert: *A History of Ancient Geography*. Bd. II. London 1879.
22. CARRINGTON GOODRICH, L.: China's First Knowledge of the Americas. *The Geographical Review*, XXVIII, S. 400–411. New York 1938.
23. CLAIR-VASILIADIS, Christos: Qawáshqar: una investigación etnolingüística en el Pacífico. *Revista de Estudios del Pacífico* Nr. 5 (1972) S. 7–26.
24. CONTI, Nicolo: Beschreibung seiner Reisen in: BRACCIOLINI, Poggio: *Historia de varietate fortunae*. 1447
25. CORTESÃO, Armando: *Cartografia portugesa antiga*. Comissão executiva das comemorações do Vo centenario da morte do Infante Dom Henrique. Lissabon 1960.

26. CORTESÃO, Armando: *O misterio de Vasco da Gama.* Lissabon 1973.
27. CORTESÃO, Armando: Do ambiente cientifico em que se iniçaram os descobrimentos portugueses. In: *Esparsos*, Bd. II. Coimbra 1975.
28. CORTESÃO, Armando: A Carta Nautica de 1424. *Esparsos*, Bd. III. Coimbra 1975.
29. CRONE, Gerald Roe: *Maps and their Makers.* London, Hutchinson's University Library, 1953.
30. CRONE, Gerald Roe: *Historia de los mapas.* Mexiko, Fondo de Cultura Económica, 1956.
31. KTESIAS: *Indica.* In: MULLERUS, Curtius, siehe *147*. Bd. II
32. DAUNICHT, Hubert: *Der Osten nach der Erdkarte al-Huwarizmis: Beiträge zur historischen Geographie Asiens*, Bonn 1968.
33. DAVIES, Arthur: Behaim, Martellus and Columbus. *Geographical Journal* 143 (1977) Tafel VII.
34. DELBRUECK, Richard: Südasiatische Seefahrt im Altertum. *Bonner Jahrbücher des Rheinischen Landesmuseums*, Bd. 155 (1955) S. 8–58 und Bd. 156 (1956) S. 229–308.
35. DELEKAT, Lienhard: *Phönizier in Amerika. Die Echtheit der 1873 bekanntgewordenen kanaanäischen (altsidonischen) Inschrift aus Paraiba in Brasilien nachgewiesen.* Bonn 1969.
35a. DELEKAT, Lienhard: Une nouvelle copie du texte de Paraiba. *Linguistica Biblica* Nr. 15/16, April 1972, S. 22ff.
36. DEODAT, Leoncio S. M.: Toponimia indígena de la Patagonia: Bahía de Coy. *Argentina Austral* Nr. 223. Buenos Aires 1950.
37. DE SMET, Antoine: L'orfèvre et graveur Gaspar van der Heyden et la construction des globes à Louvain dans le premier tiers du XVIe siècle. *Der Globusfreund* Nr. 13. Wien 1964.
38. DE SMET, Antoine: Erasme et la cartographie. *Scrinium erasmianum*, I. Leiden 1969.
39. DE SMET, Antoine: Mechelse geleerden op het gebied van wiskunde en kartografie. *Handelingen van de Koninklijke Kring voor Oudheidkunde, Letteren en Kunst van Mechelen*, Nr. 74. Mecheln 1970.
40. DE SMET, Antoine: Les géographes de la Renaissance et la cosmographie. *Album Antoine De Smet.* Brüssel 1974.
41. DESTOMBES, Marcel u. a.: *Mappemondes A. D. 1200–1500.* Amsterdam, Israel, 1964.
42. DIZIONARIO ENCICLOPEDICO ITALIANO, Stichwort: *Cattigara.* Rom 1956.
43. DOPPELMAYR, Johann Gabriel: *Historische Nachricht von den Nürnbergischen Mathematicis und Künstlern.* Nürnberg 1730.
44. DOERFLINGER, Johannes: Die Namensgeschichte der Beringstraße. *Veröffentlichungen der Kommission für Geschichte der Mathematik, Naturwissenschaften und Medizin der Oesterreichischen Akademie der Wissenschaften*, Heft 14. Wien 1975.
45. DÜMICHEN, Johann: *Die Flotte einer ägyptischen Königin.* Leipzig 1868.
46. DURAND, Dana Bennett: *The Vienna-Klosterneuburg map corpus of the fifteenth century. A study in transition from medieval to modern science.* Leiden, Brill, 1952.
47. EICHTHAL, Gustave d': *Etude sur les origines bouddhiques de la civilisation américaine.* Paris 1865.
48. ENCYCLOPAEDIA BRITANNICA, Stichwort *Map.* London 1957.
49. ERASMUS VON ROTTERDAM: Moriae Encomium. Paris 1511.
50. FURLONG, Guillermo: Américo Vespucio y la Patagonia. *Segundo Congreso de Historia argentina y regional*, Bd. I, S. 153–160. Buenos Aires 1974.
51. FURLONG, Guillermo: La Patagonia en la cartografía antigua y moderna. *Segundo Congreso de Historia argentina y regional*, Bd. I, S. 161–173. Buenos Aires 1974.
52. GALLEZ, Pablo J.: En busca de la Cola del Dragón: Tierra del Fuego en la cartografía premagallánica. *Karukinka* Nr. 9, S. 8–22. Buenos Aires, Instituto de Investigaciones históricas Tierra del Fuego, 1974.
53. GALLEZ, Pablo J.: Cristóbal de Haro y el descubrimiento del Estrecho Magallánico

en 1514. *Investigaciones y Ensayos* Nr. 17, S. 313—329. Buenos Aires, Academia Nacional de la Historia, 1974.
54. GALLEZ, Pablo J.: Tierra del Fuego en los ptolomeos precolombinos de Hammer. *Karukinka* Nr. 14, S. 17—30. Buenos Aires 1975.
55. GALLEZ, Paul: Les grands fleuves d'Amérique du Sud sur le ptolémée londonien d' Henri Hammer (1489). *Erdkunde* XXIX/4, S. 241—247. Bonn 1975.
56. GALLEZ, Paul: Trois thèses de prédécouverte de l'Amérique du Sud par le Pacifique. *Gesnerus* XXXIII/1—2, S. 79—90. Zürich-Aarau 1976.
57. GALLEZ, Pablo J.: Fue descubierta la Tierra del Fuego en 1499? *Karukinka* Nr. 18, S. 12—15. Buenos Aires 1976.
58. GALLEZ, Pablo J.: Protocartografía fueguina y sudamericana. *Karukinka* Nr. 21—22, S. 81—96. Buenos Aires 1977.
59. GALLEZ, Pablo J.: Argentina en un mapa de 1490. *Ciencia e Investigación* Nr. 34 S. 25—31. Buenos Aires 1978.
60. GALLEZ, Paul: Le réseau de distorsion de l'Amérique du Sud sur les ptolémées de Hammer de 1489. *Internationales Jahrbuch für Kartographie*, Sonderdruck.
61. GALLEZ, Paul: Le Pays des Alacalufs (Terre de Feu) sur les planisphères de 1489 à 1548. *Sudhoffs Archiv* LXII/1, S. 80—94. Wiesbaden 1978.
61a. GALLEZ, Paul: L'Amérique du Sud sur une carte arabe du IX siècle. *Sudhoffs Archiv* LXIII/4, S. 338—355. Wiesbaden 1979.
61b. GALLEZ, Paul: India Meridionalis, the South America of Ancient Cartography. *Parnassus* VI/2, S. 33—42. Kharagpur (West Bengal), Indian Institute of Technology, 1979.
62. GALLOIS, Lucien: *De Orontio Finaeo Gallico Geographo*. Paris, Leroux, 1890.
63. GALLOIS, Lucien: *Les géographes allemands de la Renaissance*. Paris 1890.
64. GALVÃO, António: *Tratado que compôs o nobre e notavel capitão A. G. dos diversos e dos desvairados caminhos por onde nos tempos passados a pimenta e especearia veyo da India ás nossas partes e assi de todos os descobrimentos antigos e modernos que são feitos até a era de mil e quinhentos e cincoenta*. Lissabon 1563.
65. GANDIA, Enrique de: *Primitivos navegantes vascos*. Buenos Aires, Ekin 1942.
66. GANDIA, Enrique de: Claudio Ptolomeo, Colón y la exploración de la India americana. *Investigaciones y Ensayos* Nr. 13, S. 35—87. Buenos Aires 1972.
67. GANDIA, Enrique de: Cattigara, la ciudad más lejana del mundo, y los proyectos de Colón y Vespucio. *Boletín de la Academia Nacional de la Historia* XLV, S. 529—545. Buenos Aires 1972.
68. GANDIA, Enrique de: El Estrecho de Magallanes en los mapas anteriores a su descubrimiento. *Segundo Congreso de Historia argentina y regional*, Bd. I, S. 187—196. Buenos Aires, Acad. Nac. de la Historia 1974.
69. GANDIA, Enrique de: Tolomeo y América. *Revista de la Junta de Estudios Históricos de Tucumán*, VII/4, S. 11—64. Tucumán 1974.
70. GANDIA, Enrique de: Los viajes fracasados de Vespucci a Cattigara, Taprobana y Malaca. *Revista de História* Nr. 100 S. 87—116. São Paulo 1974.
71. GANDIA, Enrique de: Los antiguos conocían América. *La Nación*, 6. 6. 1976. Buenos Aires.
72. GERINI, G. E.: Early geography of Indo-China. *Journal of the Royal Asiatic Society* 1897.
73. GERINI, G. E.: Researches on Ptolemy's geography of Eastern Asia. *Asiatic Society Monograph* 1. London 1909.
74. GHILLANY, Friedrich Wilhelm: *Geschichte des Seefahrers Ritter Martin Behaim*. Nürnberg, Bauer & Raspe 1853.
75. GOEJE, Michael Jan de: *Bibliotheca Geographorum arabicorum*, Bd. VIII. Leiden, Brill 1870—1889.
76. GOSSELIN, Pascal François Joseph: Recherches sur le système géographique de Marin de Tyr. *Recherches sur la géographie systématique et positive des anciens*, Bd. II. Paris 1798.

77. GRASS, Nikolaus (Hrsg.): Cusanus-Gedächtnisschrift. Innsbruck, Wagner 1970.
78. GREENLEE, W. B.: *The Voyage of Pedro Alvarez Cabral to Brazil and India*. London, Hakluyt Society 1937.
79. GROOT, Jan Jakob Maria de: *Chinesische Urkunden zur Geschichte Asiens*. Bd. II. Berlin und Leipzig, de Gruyter 1921—26.
80. GROUSSAC, Paul: Toponymie historique des côtes de la Patagonie. *Anales de la Biblioteca*, Bd. VIII. Buenos Aires 1912.
81. GUIGNES, Joseph de, S. J.: Le Fou-Sang des chinois est-il l'Amérique? *Mémoires de l'Académie Royale des Inscriptions et Belles Lettres*, XXVIII, Paris 1761.
82. GUILLEMARD, Francis H. H.: *The life of Ferdinand Magellan and the first circumnavigation of the globe 1480—1521*. New York, Dodd Mead & Co. 1890.
83. GÜNTHER, Sigmund: *Das Zeitalter der Entdeckungen*. Leipzig 1901.
84. HAMMER, Heinrich (Henricus Martellus Germanus): *Insularium illustratum*. Add. Ms. 15760 der British Library (British Museum).
85. — andere Kopie: Ms. Voss. Lat. F 23 der Zentralbibliothek der Universität Leiden.
86. HAPGOOD, Charles H.: The Piri Re'is Map of 1513. *Fate* 1966.
87. HAPGOOD, Charles H.: The Antarctic Map of Oronteus Finaeus. *Fate* 1966.
88. HENNIG, Richard: *Terrae Incognitae*, 4 Bde. Leiden, Brill, 1935—1950.
89. HERODOTOS von Halikarnassos: *Historien* (Historie apodexis).
90. HERRERA Y TORDESILLAS, Antonio: *Novus Orbis sive Descriptio Indiae Occidentalis*, XXIII. Madrid 1601.
91. HERRMANN, Albert: Marinus, Ptolemäus und ihre Karten. *Zeitschrift der Gesellschaft für Erdkunde zu Berlin* 1914.
92. HERRMANN, Albert: Marinus von Tyrus. *Petermanns Geographische Mitteilungen*, Ergänzungsheft 209. Gotha, Justus Perthes 1930.
93. HERRMANN, Albert: Artikel *Kattigara* in *Paulys Realencyclopädie der classischen Altertumswissenschaft*, XI/1. Stuttgart, Druckenmüller 1921.
94. HERRMANN, Albert: Der Magnus Sinus und Cattigara nach Ptolemäus, in *Comptes Rendus du quinzième congrès international de géographie*, Bd. II, Teil IV: Géographie historique et histoire de la géographie. Leiden, Brill 1938.
95. HERRMANN, Albert: *Das Land der Seide und Tibet im Lichte der Antike*, Leipzig 1938.
96. HERRMANN, Paul: *Sieben vorbei und acht verweht*. Hamburg, Hoffmann & Campe 1952.
97. HERVEY DE SAINT DENIS, Marquis d': *Mémoire sur le Fou-Sang*. Paris 1876.
98. HIRTH, Friedrich: Zur Geschichte des antiken Orienthandels. *Verhandlungen der Gesellschaft für Erdkunde zu Berlin* 1889.
99. HIRTH, Friedrich: *Chinesische Studien*. München—Leipzig 1890.
100. HOMET, Marcel F.: *Chan-Chan, la misteriosa*. Barcelona, Martínez Roca 1977.
101. HONIGMANN, E.: Artikel *Marinos* in *Paulys Realencyclopädie der classischen Altertumswissenschaft*, XIV/2. Stuttgart Druckenmüller 1930.
102. HORKHEIMER, Hans: *Programa de estudios de la zona árida peruana: la alimentación en el Perú prehispánico y su interdependencia con la agricultura*. Lima, Unesco 1958.
103. HORN, Werner: Untersuchungen zum Gothaer Marmorglobus. *Der Globusfreund* Nr. 21—23. Wien 1973.
104. HUMBOLDT, Alexander von: *Examen critique de l'histoire de la géographie du Nouveau Continent*. Paris, Gide 1836—39.
105. HUMBOLDT, Alexander von: *Kosmos*. Für die Gegenwart bearbeitet von Hanno Beck. Mit Abb. aus dem *Physikalischen Atlas* von Heinrich Berghaus. Stuttgart, Brockhaus 1978.
106. IBARRA GRASSO, Dick Edgar: *La representación de América en mapas romanos de tiempos de Cristo*. Buenos Aires 1970.
107. IBERO-AMERIKANISCHES INSTITUT: Der Behaim-Globus zu Nürnberg. Eine Faksimile-Wiedergabe in 92 Einzelbildern. *Ibero-amerikanisches Archiv* XVII/1—2. Berlin 1943.

108. IMBELLONI, José: *La segunda esfinge indiana*. Buenos Aires, Hachette 1956.
109. IMHOF, Eduard: *Die ältesten Schweizerkarten*. Zürich 1939.
110. IMHOF, Eduard: Herstellung, Genauigkeit und Form der alten Schweizerkarten. Anhang zu Leo Weisz: *Die Schweiz auf alten Karten*. Zürich 1945.
111. IJZERMAN, J. W. (Hrsg.): *De reis om de wereld door Olivier van Noort, 1598—1601*. 2Bde. Den Haag, Linschoten Vereeniging, Nijhoff, 1926
112. JOMARD, Edmé François: *Les monuments de la géographie, ou recueil d'anciennes cartes européennes et orientales*. Paris 1862.
113. KERN, H.: Java en het goud-eiland volgens de oudste berichten. *Bijdragen van het Koninklijk Instituut*, verspr. Geschriften, Deel V, 1869.
114. KIEPERT, Heinrich: *Lehrbuch der alten Geographie*. Berlin 1878.
115. KLAPROTH, Julius Heinrich: *Tableaux historiques de l'Asie depuis la monarchie de Cyrus jusqu' à nos jours*. Paris, Schubart 1826.
116. KLAPROTH, Julius Heinrich: Recherches sur le Pays de Fousang. *Nouvelles Annales des Voyages*, XXI. Paris 1831.
117. KOHL, Johann Georg: Eine Weltkarte mit der Jahreszahl 1489. *Zeitschrift für allgemeine Erdkunde*, Neue Folge Bd. I S. 444—454. Berlin 1856.
118. KOHL, Johann Georg: *Geschichte der Entdeckungsreisen und Schiffahrten zur Magellan's Straße und zu den ihr benachbarten Ländern und Meeren*. Berlin, Reimer 1877.
119. KOSOK, Paul: *Life, Land and Water in Ancient Peru*. New York 1965.
120. KRETSCHMER, Konrad: Eine neue mittelalterliche Weltkarte der vatikanischen Bibliothek. *Zeitschrift der Gesellschaft für Erdkunde zu Berlin*. Bd. XXVI. S. 371—406. Berlin 1891
121. KRETSCHMER, Konrad: *Die Entdeckung Amerikas in ihrer Bedeutung für die Geschichte des Weltbildes*. Berlin, Kühl 1892.
122. KRETSCHMER, Konrad: *Geschichte der Geographie*. Leipzig, Göschen 1912.
123. KUBITSCHEK, Wilhelm: Artikel *Karten* in *Paulys Realencyclopädie der classischen Altertumswissenschaft*, X/2. Stuttgart, Druckenmüller 1919.
124. LACERDA, José de: *Exame das Viagens do Doutor Livingstone*. Lissabon 1867.
125. LACTANZ (Lucius Caecilius Firmianus Lactantius): *Divinarum Institutionum Libri Septem*, Buch III, Kap. 24.
126. LAGUARDA TRIAS, Rolando A.: *El predescubrimiento del Río de la Plata por la expedición portuguesa de 1511—1512*. Abb. 1, Lissabon, Junta de investigações do Ultramar 1973.
127. LANDSTRÖM, Björn: *Knaurs Buch der frühen Entdeckungsreisen in Farben*. München, Droemer Knaur 1969.
128. LASSEN, Christian: *Indische Altertumskunde*, Bd. III. Leipzig 1874.
129. LECHLER, Jörg: *Die Entdeckung Amerikas vor Columbus*. Leipzig 1939.
130. LELAND, Charles G.: *Fusang or the discovery of America by Chinese Buddhist Priests in the fifth Century*. London, Trübner 1875.
131. LELEWEL, Joachim: *Géographie du Moyen-Age*. Brüssel, Pilliet 1852.
132. LEVILLIER, Roberto: *América la bien llamada*. Buenos Aires 1948.
133. LILIUS, Zacharias: *Orbis Breviarium*. Florenz 1493.
134. MACROBIUS, Ambrosius Aurelius Theodosius: *Comentarius ex Ciceronis in Somnium Scipionis* (Ms.) Gedruckt erschienen unter dem Titel: *In Somnium Scipionis Expositiones*, Brixen 1485.
135. MAHIEU, Jacques de: *Des Sonnengottes grosse Reise, Die Wikinger in Mexiko und Peru*, Tübingen, Grabert 1972.
136. MAHIEU, Jacques de: *Des Sonnengottes Todeskampf, Die Wikinger in Paraguay*, Tübingen, Grabert 1974.
137. MAHIEU, Jacques de: *Des Sonnengottes heilige Steine, Die Wikinger in Brasilien*, Tubingen, Grabert 1975.
138. MAHIEU, Jacques de: *Wer entdeckte Amerika? Geheimgeographie vor Kolumbus*, Tübingen, Grabert 1977.

139. (KÖNIGL. SPANISCHE MARINE): *Apéndice a la Relación del viaje al Magallanes de la fregata de guerra Santa María de la Cabeza que contiene el de los paquebotes Santa Casilda y Santa Eulalia para completar el reconocimiento del estrecho en los años 1788 y 1789.* Madrid, Viuda de Ibarra 1793.
140. MARKIANOS VON HERAKLAIOS (Marcianus Heracleensis): *Periplus Maris exteri.* In: MULLERUS, Curtius: siehe *(147).*
141. MARTELLUS, Henricus: siehe Hammer, Heinrich.
142. AL-MAS'ŪDĪ: *Kitāb al tanbih wa'l-išraf.* In: GOEJE: siehe (75).
143. MAYR, Franz: Verzerrungsgitter des Tirol-Ausschnittes der Cusanus-Martellus-Karte und Deutung des Karteninhalts. In GRASS, Nikolaus: siehe (77).
144. MERCATOR, Gerhard: *Weltkarte.* Duisburg 1569.
145. MIGUEL, Raimundo de: *Diccionario latino-español etimológico*, 26. Aufl. Madrid, Victoriano Suárez 1952. Erstausgabe 1867.
146. MILLER, Konrad: *Mappae arabicae.* Bd. I, Heft 3: Die kleine Idrisikarte vom Jahre 1192 n. Chr. Stuttgart 1926.
147. MULLERUS, Curtius (Curt Müller): *Geographi Graeci Minores,* Paris 1861.
148. MURIS, Oswald: Der Erdapfel des Martin Behaim. *Ibero-amerikanisches Archiv* XVII/ 1−2. Berlin 1943.
149. MURR, Christoph Gottlieb von: *Diplomatische Geschichte des portugesischen berühmten Ritters Martin Behaims.* Nürnberg 1778.
150. MŽIK, Hans von: Ptolemäus und die Karten der arabischen Geographen. *Mitteilungen der Geographischen Gesellschaft zu Wien.* Wien 1915.
151. MŽIK, Hans von: Klaudios Ptolemaios: *Theorie und Grundlagen der darstellenden Erdkunde (Geographikḗ Hyphḗgesis I und II ins Deutsche übertragen und mit Erläuterungen versehen von H. v. M.*. Wien, Gerold 1938.
152. NALLINO, Carlo Alfonso: Al-Huwarizmi e il suo rifacimento della Geografia di Tolomeo. *Memorie della Classe di Scienze morali, storiche e filosofiche,* CCXCI/II-1. Rom, Reale Accademia dei Lincei 1894.
153. NAVILLE: Deir el Bahri. *Records of the Egypt Exploration Fund.* London 1894.
154. NEUMANN, Carl Friedrich: *Mexiko im 5ten Jahrhundert unserer Zeitrechnung.* München 1845.
155. NISSEN, H: Der Verkehr zwischen China und dem Römischen Reich. *Jahrbuch des Vereins von Altertumsfreunden im Rheinlande,* XCV, 1894.
156. NORDENSKIÖLD, Adolf Erik Freiherr von: *Facsimile Atlas till kartographiens äldsta historia.* Stockholm 1889.
157. NORDENSKIÖLD, Adolf Eric Freiherr von: *Periplus, an Essay on the early history of charts and sailing directions.* Translated by A. Bather. Stockholm 1897.
158. NUNN, George E.: *The Geographical Conceptions of Columbus. A critical consideration of those problems.* New York, American Geographical Society 1924.
159. NUNN, George E.: *The Columbus and Magellan Concepts of South American Geography.* Glenside 1932.
160. NUNN, George E.: Marinus of Tyre's place in the Columbus Concepts. *Imago Mundi,* Bd. 2. (1937) S. 27 ff.
161. NUNN, George E.: The three Maplets attributed to Bartholomew Columbus. *Imago Mundi,* Bd. 9 (1952).
162. PARAVEY, Hippolyte de: *L'Amérique sous le nom de Fou Sang est-elle citée dès le cinquième siècle de notre ère dans les Grandes Annales de la Chine et, dès lors, les Samanéens de l'Asie Centrale et du Caboul y ont-ils porté le bouddhisme?* Paris, Truttel & Wurz 1844.
163. *PAULYS Realencyclopädie der classischen Altertumswissenschaft,* Stuttgart, Alfred Druckenmüller 1893−1962.
164. PHILIPP, Hans: Artikel *Massalia* in *Paulys Realencyclopädie der classischen Altertumswissenschaft,* XIV/2. Stuttgart, Druckenmüller 1930.
165. PIGAFETTA, Antonio: *Magellan's Voyage, a Narrative Account of the first Circumnavigation.* Übersetzung und Anmerkungen von R. A. Skelton. New Haven, Conn.,

Yale University Press 1969.
- PIGAFETTA, Antonio: *Die erste Reise um die Erde.* Hrsg. v. Robert Grün. Tübingen, Erdmann 1968.
166. PIRES FERREIRA, Edgardo u. a.: Utilización de animales durante el período precerámico en la cueva de Uchcumachay y otros sitios de los Andes centrales del Perú. *Journal de la Société des Américanistes,* LXIV. S. 149—154. Paris 1977.
167. POLASCHEK, Erich: Ptolemy's Geography in a new light. *Imago Mundi* XIV 1959.
168. POLO, Marco: *Il Milione,* prima edizione integrale a cura di Luigi Foscolo Benedetto. Florenz, Leo S. Olschki 1928.
- *Die Reisen des Venezianers Marco Polo.* Vollständige Ausgabe, neu übertragen und herausgegeben von Hans Eckart Rübesamen. München, Wilhelm Goldmann Verlag, 1969.
169. POSEIDONIOS: *Vom Ozean* (Zitiert von Dionysos dem Periegēten).
170. PTOLEMAIOS, Klaudios (Claudius Ptolemäus): *Geographiké Hyphégesis.* vgl. *(151).*
171. RAVENSTEIN, Ernest George: *Martin Behaim, his Life and his Globe.* London, Philip & Sohn 1908.
172. REICHE, Maria: *Geheimnis der Wüste.* Stuttgart 1968.
173. RENOU, Louis: *La Géographie de Ptolémée: L'Inde (VII, 1—4).* Paris, Edouard Champion 1925.
174. REESE, Wilhelm: *Die griechischen Nachrichten über Indien bis zum Feldzug Alexanders des Großen.* Leipzig 1914.
175. REY BALMACEDA, Raúl: Anmerkung 55 zum Kapitel I von MUSTERS, George Chaworth: *Vida entre los Patagones.* Buenos Aires, Solar-Hachette 1964.
176. RIBEIRO dos SANTOS, António: Da possibilidade e verosimilhança da demarcação do Estreito de Magalhães no Mappa do Infante Dom Pedro. *Memorias da Academia Real das Sciencias de Lisboa,* Bd. V, Teil 1. Lissabon 1817.
177. RICHTHOFEN, Ferdinand Freiherr von: Über den Seeverkehr nach und von China im Altertum und Mittelalter. *Verhandlungen der Gesellschaft für Erdkunde zu Berlin* Bd. IV. Berlin, Dietrich Reimer 1876.
178. RICHTHOFEN, Ferdinand Freiherr von: *Vorlesungen über allgemeine Siedlungs- und Verkehrsgeographie* Bd. III. Berlin 1877.
179. RICHTHOFEN, Ferdinand Freiherr von: *China,* Bd. I. Berlin, Dietrich Reimer 1877. Fotoreprint: Graz, ADEVA 1972.
180. SANZ, Carlos; *El nombre América.* Madrid 1959.
181. SANZ, Carlos: *La Geographía de Ptolomeo ampliada con los primeros mapas impresos de América.* Madrid 1959.
182. SANZ, Carlos: *Mapas antiguos del mundo (siglos XV—XVI)* Textband und 1 Atlas, Madrid 1962.
183. SANZ, Carlos: *Ciento noventa mapas antiguos del mundo de los siglos I al XVIII que forman parte del proceso cartográfico universal.* Madrid, Real Sociedad Geográfica, 1970.
184. SANZ, Carlos: *Problema histórico resuelto?* Madrid, R.S.G. 1973.
185. SARTON, George: *Introduction to the History of Science.* Baltimore 1953.
186. SCHLEGEL, Gustave: *Fou-Sang Kouo, le Pays de Fou-Sang.* Extrait du T'oung-Pao, III, 2. Leiden, Brill 1892.
187. SCHNABEL, Paul: Die Entstehungsgeschichte des kartographischen Erdbildes des Klaudios Ptolemaios. *Sitzungsbericht der Akademie der Wissenschaften zu Berlin, phil.-hist. Klasse,* XIV. Berlin 1930.
188. SCHNABEL, Paul: Text und Karten des Ptolemäus. In: HERRMANN, Albert (Hrsg.): *Quellen und Forschungen zur Geschichte der Geographie und Völkerkunde.* Bd. II. Leipzig 1938.
189. SCHOOF, W. H.: *Periplous Maris Erythraei.* Stuttgart 1912.
190. SCHULZE, Peter H.: *Herrin beider Länder: Hatschepsut.* Bergisch Gladbach, Lübbe 1974.
191. SHERBONDY de TORD, Jeannette: El regadío en el área andina central. *Revista española de Antropología americana* IV. Madrid 1969.

192. SILVA RAMOS, Bernardo de Azevedo da: *Inscripções e tradições da América préhistorica especialmente do Brasil*, Rio de Janeiro, Imprensa Nacional 1930.
193. SKELTON, Raleigh Ashlin: *Looking at an early map*. Lawrence, Kansas 1965.
194. SKELTON, Raleigh Ashlin: Anmerkung 4 zu Kapitel XIV von PIGAFETTA siehe *(165)*.
195. SPITTA in *Zeitschrift der deutschen morgenländischen Gesellschaft* XXX, S. 294–297. 1879.
196. STOLP, Carl: Indianische Zeichen aus der Cordillere Chile's. *Verhandlungen des deutschen wissenschaftlichen Vereins zu Santiago* II, S. 35–37. Santiago de Chile 1889.
197. STRABON: *Geographica*. Hrsg. v. August Meineke. 3 Bde., Leipzig 1877. Reprint Graz, ADEVA, 1969.
198. TÉLEKI, Paul Graf T. von Szék: Die ptolemäische Geographie von Ost-Asien. *Petermanns Geographische Mitteilungen*, Bd. 61/2, S. 304 Gotha 1910.
199. TELLO, Julio C.: *Origen y desarrollo de las civilizaciones prehistóricas andinas*. Lima, Gil 1942.
200. TELLO, Julio C.: *Arqueología del Valle de Casma*. Lima, Universidad de San Marcos, 1956.
200a. THÉVENIN, René: *Les pays légendaires devant la science*, Paris, P.U.F. 1971.
201. TOMASCHEK, Wilhelm: *Die topographischen Capitel des indischen Seespiegels*. Wien 1897.
202. VINCENT, William: *Periplus of the Erythrean Sea*. 2Bde. London 1800.
203. VINNING, Ed. P.: *An inglorious Columbus, or evidence that Hwinshin and a party of buddhist monks of Afghanistan discovered America in the fifth century*. New York, Appleton 1885.
204. VIVIEN DE SAINT MARTIN, Louis: *Histoire de la Géographie et des découvertes géographiques*, Paris 1873.
205. VOLZ, Wilhelm: Südostasien bei Ptolemäus. *Geographische Zeitschrift* XVII, 1910.
206. WAGNER, Hermann: *Lehrbuch der Geographie*, Bd. I. Leipzig, Hahn 1900.
207. WAGNER, Hermann: Die Rekonstruktion der Toscanelli-Karte vom Jahre 1474 und die Pseudo-Facsimilia des Behaim-Globus vom Jahre 1492. *Nachrichten der Gesellschaft der Wissenschaften zu Göttingen, phil.-hist.Klasse*, Bd. III Göttingen 1894.
208. WALLIS, Helen: Silver medal for the Golden Hind. *The Geographical Magazine*, London 1977.
209. WHEELER PIRES FERREIRA, Jane u. a.: Domesticación de los camélidos en los Andes centrales durante el período precerámico. *Journal de la Société des Américanistes*, LXIV. S. 155–166. Paris 1977.
210. WIESER, Franz Ritter von: *Magalhaes-Straße und Australcontinent auf den Globen des Johannes Schöner*. Innsbruck 1881.
211. WIESER, Franz Ritter von: Die Karte des Bartolomeo Colombo über die vierte Reise des Admirals. *Mitteilungen des Instituts für österreichische Geschichtsforschungen*, Ergänzungsheft Bd. IV. Innsbruck 1893.
212. WRIGHT, John Kirtland: *Geographical Lore of the time of the Crusades*. New York, American Geographical Society 1925.
213. WURM, A.: *Marinus of Tyre*. Chobetoi 1931.
214. ZYHLARS, E.: Das Land Punt. *Zeitschrift für Eingeborenensprachen*. Leipzig 1941.
215. Hiroshi Nakamura: *East Asia in Old Maps*. Tokyo, Honolulu 1963.
216. GROSJEAN, Georges und KINAUER, Rudolf: *Kartenkunst und Kartentechnik vom Altertum bis zum Barock*. Bern, Hallwag, 1975.

XVII. Personenverzeichnis

(Nicht enthalten sind die Autoren, die im Text nur als Quellenangabe genannt werden)

Abul-Feda 89
Agathodaimon 39, 86, 96
Ailly, Pierre d' 81
Albuquerque, Alfonso de 32
Alexandros 66, 98–100, 105–111, 116,
Alfons V. (der Afrikaner) 32   [126
Alliacus, Petrus, vgl. Ailly, Pierre
Almagià, Roberto 46, 51, 68, 80, 83
Almeida, Francisco de 32, 54
Angelo, Jacopo d' (de Scarperia) 34, 35, 39, 96, 97
Anville, Jean Baptiste Bourguignon d' 109
Apian, Peter 49
Augustinus (St.) 97
Asa, Pharao (Isesi) 118
Attalos II. von Pergamon 61

Bagrow, Leo 38, 61, 68
Bakr az-Zuri 86
Ballesteros y Beretta, Antonio 95, 109
Barfuß, ... 64
Barthel, Thomas 20
Bartolozzi, Francesco 109
Basso, Francesco 36, 37, 39
Bastidas, Rodrigo de 44
Battani, Al- 89
Bauer, Karl 62
Bauzá, Felipe 57
Behaim, Martin 46, 56, 61–66, 69, 90–92,
Beneventano, Marco 50   [102
Berger, Hugo 104, 109
Bering, Vitus 36
Berthelot, André 110
Bigelow, John 46
Binggeli, Valentin 72
Bishop, Eric de 24
Bombard, Alain 122
Bordone, Benedetto 49, 50
Borgatello, Maggiorino 58, 66
Boulengier, Louis 50
Bretschneider, Ernst 118
Brouwer, Hendrik 33
Bunbury, Edward Herbert 95, 103

Cabot, Sebastian 36, 68
Cabral, Pedro Alvares 32
Carmago, Alonso de 32
Camo, Giovanni Francesco 37
Caõ, Diego 67
Caro, Cristobal 38
Carondelet, Jean 43
Castellón, Juan Antonio 38

Chamberlain, Basil Hall 118
Chi-Wang-Ti 117
Chrysoloras, Manuel 35, 96, 97
Cicero, Marcus Tullius 84, 97
Claudius 23, 89
Coelho, Gonzalo 50
Coig y Sansón, Claude 57
Contarini, Giovanni Matteo 50, 51, 64–66,
Conti, Nicolo de 59, 65, 67   [93
Coppo, Pietro 49, 50
Cortesão, Armando 27, 30, 31, 79
Crispius 97
Cusanus, vgl. Nikolaus von Kues

Dall, William Healey 118
Darius 37
Daunicht, Hubert 89–94
Davies, Arthur 68
Delbrueck, Richard 23, 24
Delekat, Lienhard 20, 121, 127
Deodat, Leoncio S. M. 57
Desliens, Nicolas 36, 44
De Smet, Antoine 43
Diaz, Bartolomeu 32, 67
Dionysios der Periegēt 103
Dioskoros 98
Doppelmayr, Johann Gabriel 62, 63
Drake, Francis 33
Dschingis Khan 87
Durand, Dana Bennett 80, 82

Eichthal, Gustave d' 118
Elcano, Sebastián de 39
Erasmus von Rotterdam 31, 35
Eratosthenes 101, 102

Fell, Barry 112, 127
Finé, Oronce 40, 42–44
Fitz-Roy, Robert 57
Franz von Mecheln 43, 44

Galvão, Antonio 31–33
Galvão, Duarte 32
Gallois, Lucien 42
Gama, Vasco da 32, 45, 54
Gandía, Enrique de 27, 30, 55, 73, 107, 112, 115, 125
Gastaldi, Jacopo 37, 39, 40
Gemma Frisius 44
Gerini, G. E. 110
Ghillany, Friedrich Wilhelm 62

Girava, Hieronymo 37—39
Glareanus, Henricus 50
Glockendon, Georg 61
Goeje, Michael Jan de 86
Gosselin, Pascal François Joseph 105
Greenlee, W. B. 68
Groussac, Paul 57
Grynaeus, Simon 48
Guignes, Joseph de 117, 118
Guillemard, Francis H. H. 62, 63
Gumilow, Lew 22
Gundophorus (Gondiffer) 65
Günther, Siegmund 110

Habich, Eduardo 112, 121, 127
Hammer, Heinrich 46, 49, 56, 57, 61—79, 85, 90—95, 112, 115—129
Hamy, Ernest Théodore 52
Hapgood, Charles H. 42, 43
Haro, Cristóbal de 32, 60, 63
Harun al-Raschid 86
Hatschepsut 118—120
Heine-Geldern, Robert von 24
Heinrich der Seefahrer 32
Hennig, Richard 110, 122
Herodot 37, 65, 96, 122
Herrmann, Albert 101, 104, 109, 111
Herrmann, Paul 106, 111
Hervey de Saint Denis, Marie Jean Leon, Marquis d' 118
Heyden, Gaspard van der 43
Heyerdahl, Thor 20—24, 120
Hieronimus 46, 47
Hipparchos 101, 102
Hiram 120
Hirth, Friedrich 109, 110
Homem, Lopo 38
Honigmann, Ernst 104—106, 111
Honterius, Johannes 38
Horn, Werner 40
Hui-Chen 117
Humboldt, Alexander von 19, 23, 24
Hwārizmī, Al- 86—95, 103, 116, 125—129

Ibarra Grasso, Dick Edgar 27, 98, 105—107, 112, 114, 122, 125
Idrīsī, Al- 86, 92, 93, 109
Imbelloni, José 127
Imhof, Eduard 72
Ingstad, Helge 20
Isidor (St.) 91

Jesus Christus 80
Johann I. von Portugal 32
Jomard, Edme François 62—65
Josephus, Flavius 122

Kalperger, ... 61
Karl V. 43, 44
Kaspar, König 82
Kepler, Johannes 19
Kiepert, Heinrich 110
King, Richard 52
Klaproth, Julius Heinrich 109, 118
Knemhotep 118
Knöbl, Kuno 24
Kohl, Johann Georg 19, 68
Kolumbus, Bartholomeus 45—47
Kolumbus, Christoph 19—22, 28, 31, 35, 44—48, 61, 67, 68, 78, 97, 102, 125,
Konstantin 97   [126
Krates von Mallos 61
Kretschmer, Konrad 80, 81
Ktesias 37, 65
Kubitschek, Wilhelm 104
Kurdadbe 86
Kusnetzow, Bronislaw 22
Kyros 121

Lacerda, José de 68
Lactanz 97
Ladrillero(s), Juan 32
Lafreri, Antonio 40
Laguarda Trías, Rolando A. 68
Landström, Björn 68
Lassen, Christian 110
Laurentius Frisius 49, 50
Leland, Charles G. 118
Lelewel, Joachim 62, 63, 86—89
Le Maire, Jakob 33, 39
Levillier, Roberto 38
Lilius, Zacharias 97
Loaysa (Loaisa), García Jofre de 32

Macrobius 35, 44, 83—88
Magalhães, Fernão de (Magellan, Fernando de) 18, 28, 32, 35, 39, 57, 68, 81, 83,
Magnaghi, Alberto 52   [110
Mahieu, Jacques de 112, 122, 127
Malaspina di Mulazzo, Alessandro 57
Malombra, Giovanni 34
Mamun, Al- 86—88
Mandeville, Sir John 81
Manuel I. von Portugal (Manoel o Venturo-
Marcianus von Heracleia 112   [so) 32
Marcus Aurelius Antonius 24
Marinos von Tyros 18, 37, 46, 65, 66, 73, 74, 79, 88, 95, 98—116, 125, 126, 129
Martellus, Henricus, vgl. Hammer, Heinrich
Mas'udi, Al- 88, 89, 93, 101, 104
Ma-Twan-Lin 117
Mayr, Franz 72, 76

139

Megasthenes 65
Mercator, Gerardus 36, 110
Milanesio, Domingo 57
Monachus, Franziskus, vgl. Franz von Mecheln
Montecorvino, Johannes von 117, 128
Morison, Samuel E. 21
Müller, Carl 118
Münster, Sebastian 48, 53, 79
Muris, Oswald 61, 62
Murr, Christoph Gottlieb von 62
Myrica, Gaspard a, vgl. Heyden, Gaspard van der
Mžik, Hans von 103

Nallino, Carlo Alfonso 93
Necho 96
Nero 101
Neumann, Carl Friedrich 117, 118
Nikolaus von Kues 61, 67, 84, 128
Noort, Olivier van 58
Nordenskiöld, Adolf Erik Freiherr von 46, 62, 68
Nunn, George E. 45, 47, 110

Ojeda, Alonso de 44
Onesikritos 65
Orellana, Francisco de 35
Ortelius, Abraham 36, 97

Paolino Minorita 83
Paravey, Hippolyte de 118
Pedro von Coimbra 32, 33, 127
Pigafetta, Antonio 41, 55, 81, 110
Piri Re'is 50
Plato 19
Plischke, Hans 22
Polaschek, Erich 96, 99
Polo, Marco 23, 39, 60, 63, 67
Polyhistor 99, 126
Pomponius Mela 84
Poseidonios 101−104
Ptolemaios, Klaudios 24, 34, 46, 73, 74, 79, 88−117, 125−127
Ptolemaios Philopator 122

Qumari, Al- 87

Ramos Perez, Demetrio 53
Ramses 119
Ravenstein, Ernst Georg 62
Richthofen, Ferdinand Freiherr von 109
Ringmann, Mathias 53
Ritter, Carl 19
Roger II. von Sizilien 86, 109
Rosselli, Francesco 50, 51, 64−68

Rubruk, Wilhelm von 117
Ruscelli, Girolamo 34
Ruysch, Jan 50, 51, 66

Sahure 118
Salomon 120
Sanudo (il Vecchio), Marin 83
Sanuto, Giulio 34−37, 39, 79, 97
Sanz, Carlos 62, 68, 83
Schlegel, Gustave 118
Schliemann, Heinrich 115
Schnabel, Paul 96, 111
Schöner, Johannes 18, 40−44, 50, 53
Scipio 35, 83, 84
Seandkare 118
Serrano, Juan 35
Silva Ramos, Bernardo de Azevedo da 121,
Sittig, Otto 22 [127
Skelton, Raleigh Ashlin 38, 67, 68, 109
Smunck, Frans, vgl. Franz von Mecheln
Sonetti, Bartolomeo dalli 51
Sousa Tavares, Francisco de 32
Spitta, Wilhelm 89
Stobnicza, Joannes de 50
Stolp, Carl 112
Strabon 24
Sylvanus, Bernardus 50

Téleki, Paul Graf T. von Szék 110
Thomas (St.) 63−65
Titianos, Maes 65, 103
Tomaschek, Wilhelm 93, 115
Toscanelli, Paolo 46, 67
Trajan 101
Tramezini, Michael 36
Trimborn, Hermann 20

Urdaneta, Andrés de 24

Vadiano, Joachim 48
Vesconte, Pietro 83
Vespucci, Amerigo 45, 50, 52, 68, 125
Vinning, Edward P. 118
Vivien de Saint Martin, Louis 109, 118
Volz, Wilhelm 110
Vopelius, Gaspar 38, 40, 41
Vuletin, Alberto 57

Wagner, Hermann 103
Waldseemüller, Martin 49−69, 79, 85, 92,
Walsperger, Andreas 80−83 [93
Wieser, Franz Ritter von 18, 46
Wurm, A. 95

Zaltieri, Bolognino 36
Zorzi, Alessandro 45−47, 84

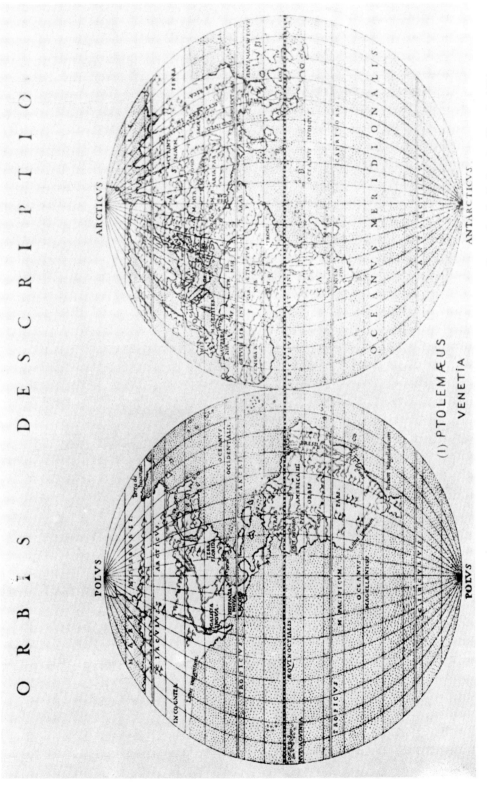

Karte 1: Weltkarte von Giulio Sanuto, erschienen in der von Girolamo Ruscelli übersetzten *Geographie des Ptolemaios*, Venedig 1574.

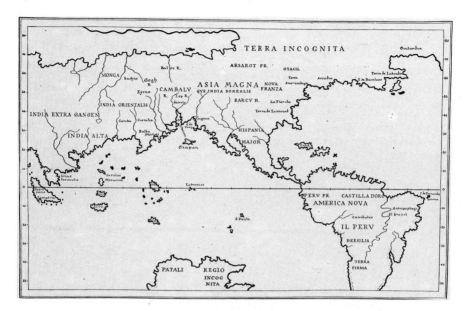

Karte 2: Karte von Francesco Basso, 1571.

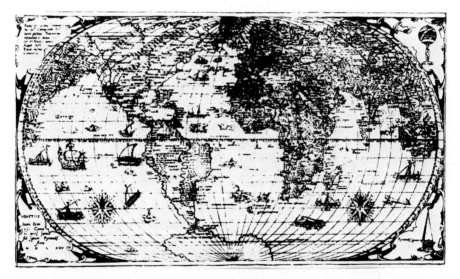

Karte 3: Weltkarte von Jacopo Gastaldi, 1562.

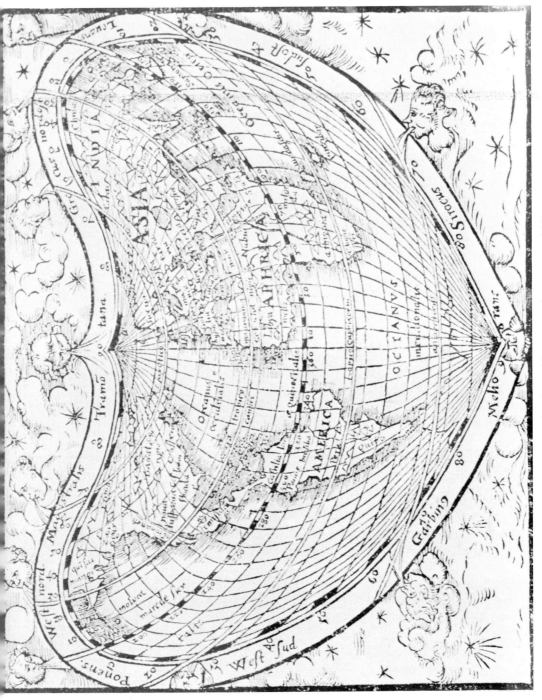

Karte 4: Herzförmige Weltkarte von Johann Honter, 1561.

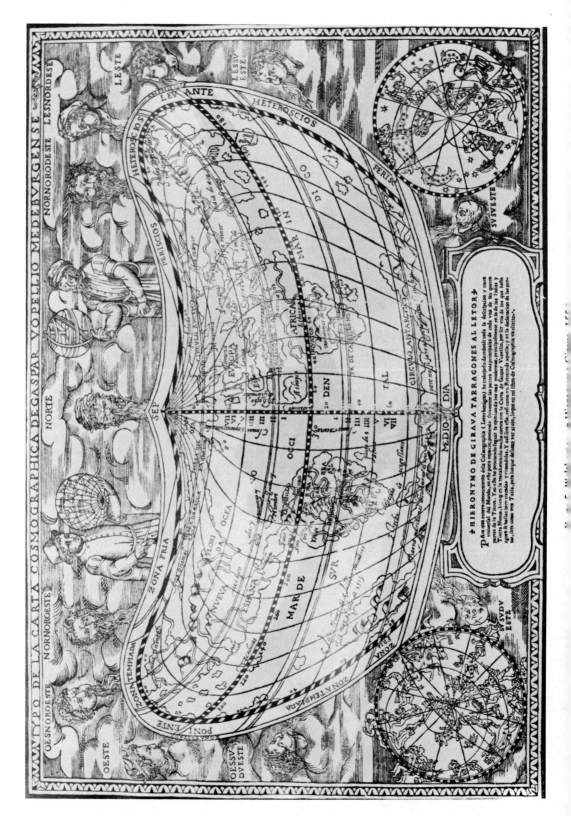

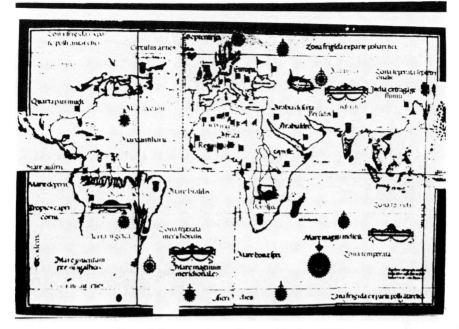

Karte 6: Karte von Lopo Homem, Lissabon 1554.

Karte 7: Carta Marina Nuova Tavola von Jacopo Gastaldi, 1548.

Karte 8: Globus von Gaspar Vopelius, 1542.

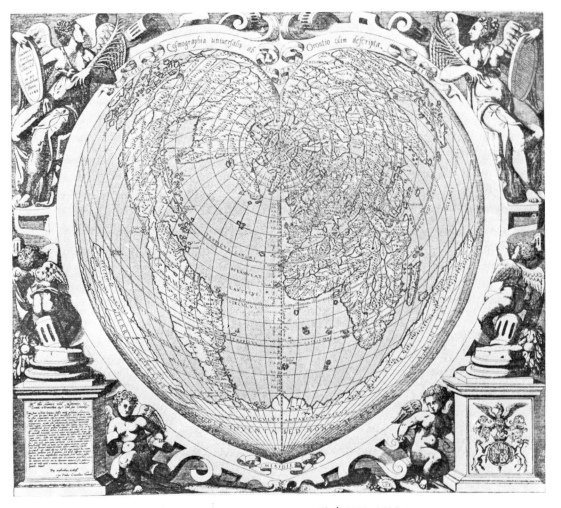

Karte 9: Herzförmige Karte von Oronce Finé, 1534–1536.

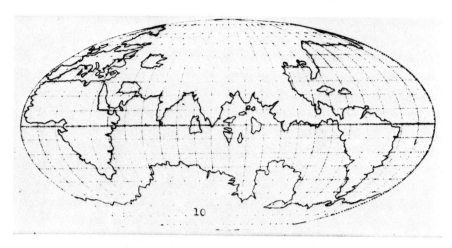

Karte 10: Gothaer Marmorglobus, ca. 1533.

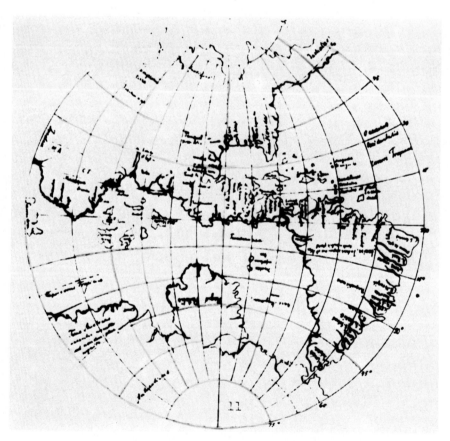

Karte 11: Globus von Johannes Schöner, 1533.

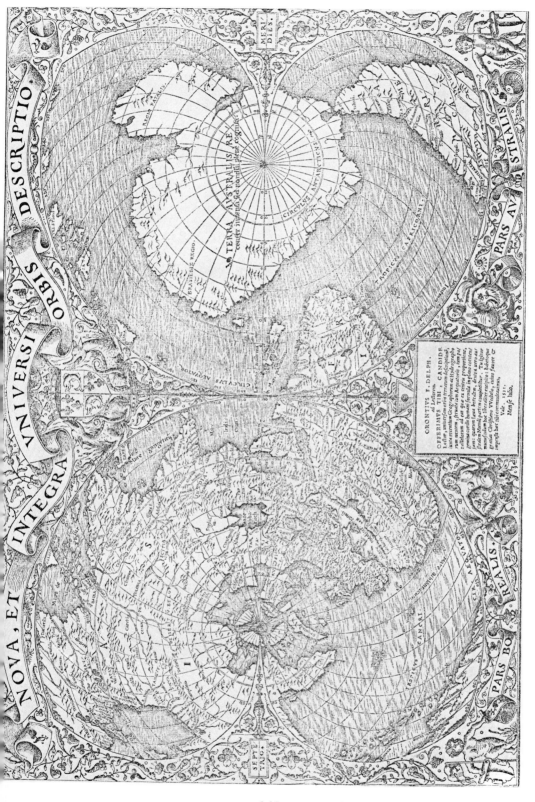

Karte 12: Doppelherzförmige Weltkarte von Oronce Finé, 1531.

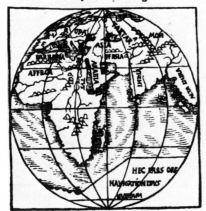 

Karte 13: Globusentwurf von Franz von Mecheln, ca. 1528.

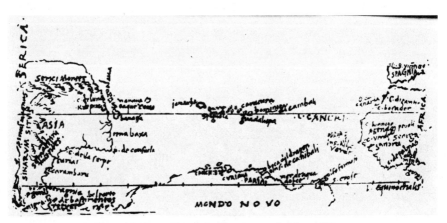

Karte 14: Erste Alessandro Zorzi zugeschriebene Skizze

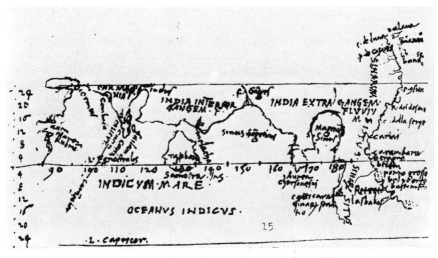

Karte 15: Zweite Alessandro Zorzi zugeschriebene Skizze

Karte 16: Typus Cosmographicus Universalis von Sebastian Münster, 1532.

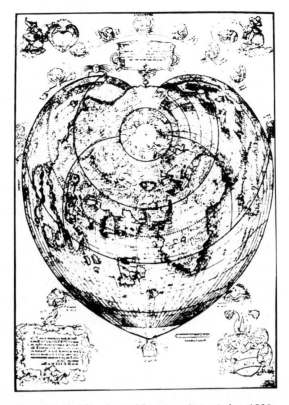

Karte 17: Herzförmige Weltkarte von Peter Apian, 1530.

Karte 18: Typus Orbis Universalis von Peter Apian, 1530.

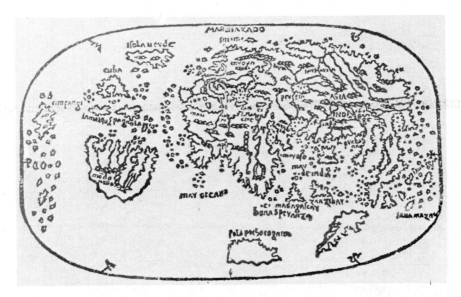

Karte 19: Portulan von Pietro Coppo, 1528.

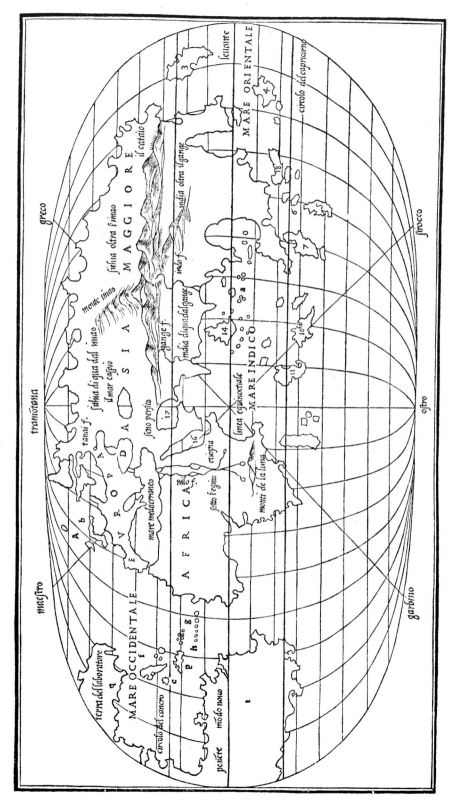

Karte 20: Weltkarte von Benedetto Bordone, 1528.

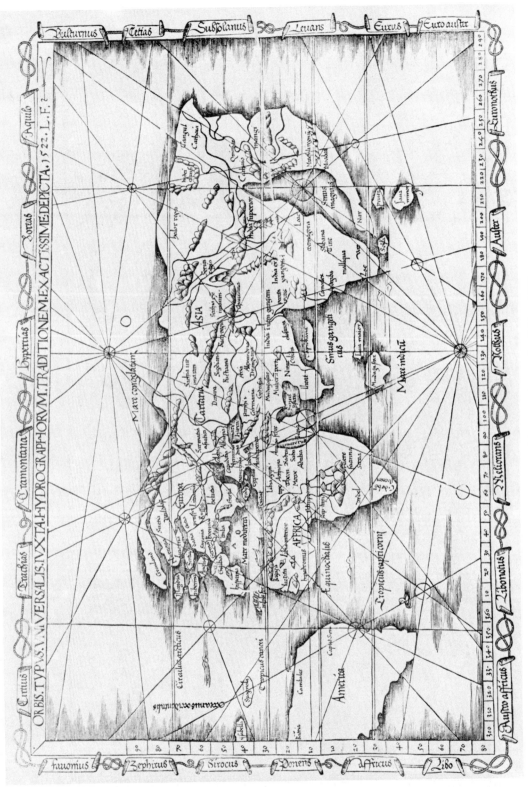

Karte 21: Weltkarte von Laurentius Frisius, 1522.

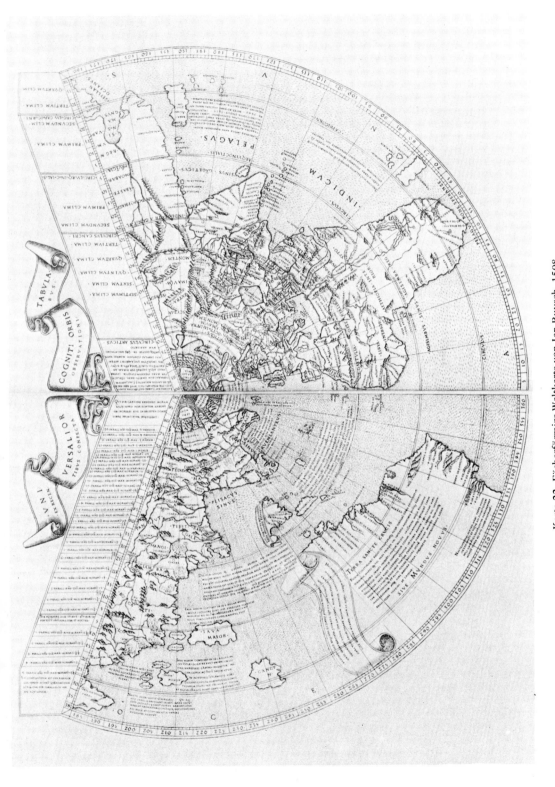

Karte 22: Fächerförmige Weltkarte von Jan Ruysch, 1508.

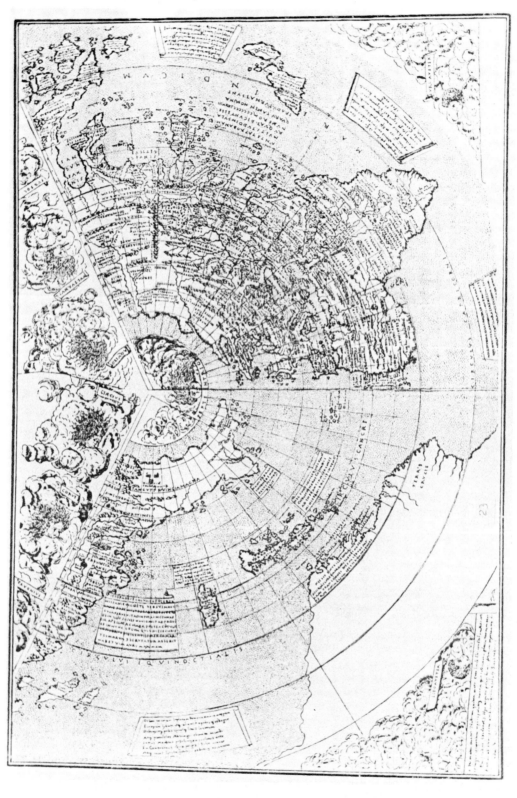

Karte 23: Fächerförmige Weltkarte von Contarini und Rosselli, 1506.

Karte 24: Weltkarte von Waldseemüller, 1506—07

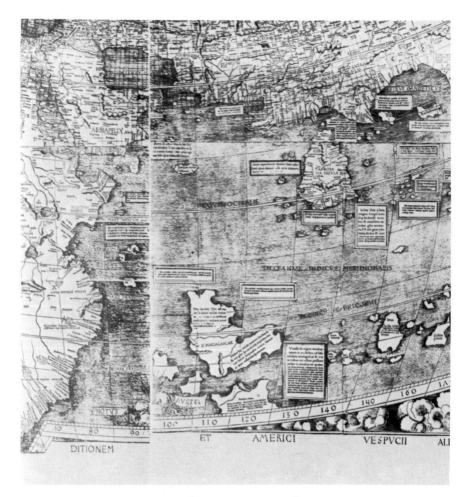

Karte 25: Weltkarte von Waldseemüller, 1507.
Ausschnitt: Ostafrika und Malabarküste.

Karte 26: Weltkarte von Waldseemüller, 1507.
Ausschnitt: Drachenschwanz und verschobene Inseln

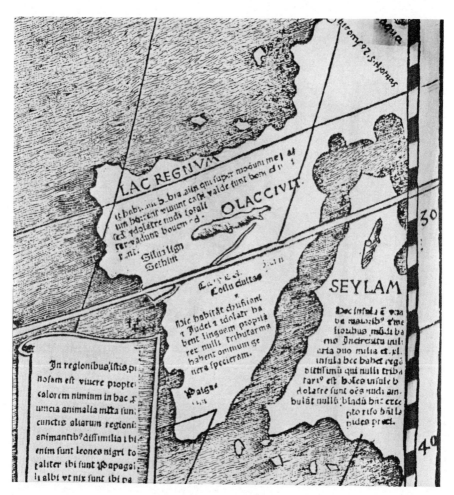

Karte 27: Weltkarte von Waldseemüller, 1507.
Ausschnitt: Feuerland.

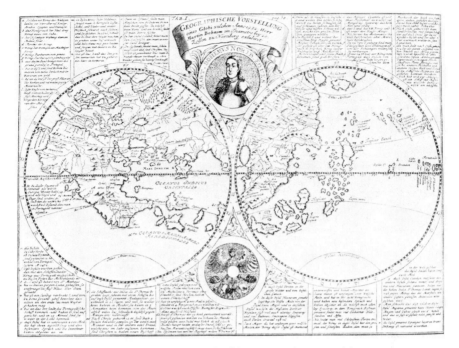

Karte 28. Der Nürnberger Erdapfel von Doppelmayr gezeichnet.

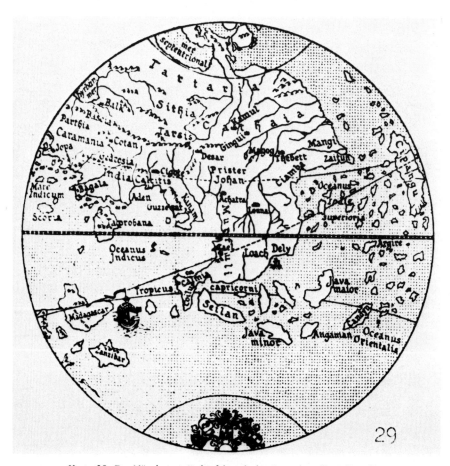

Karte 29: Der Nürnberger Erdapfel nach der Encyclopedia Britannica

Karte 30: Der Nürnberger Erdapfel.

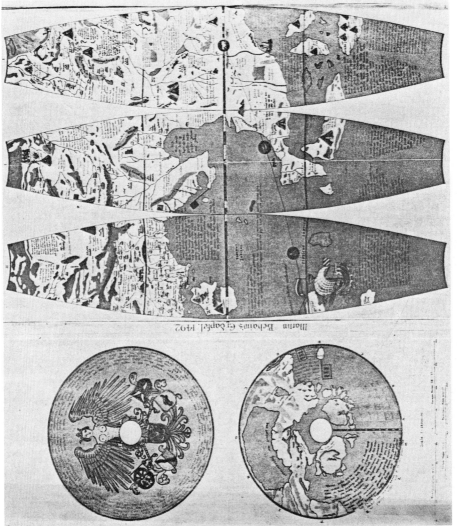

Karte 31: Der Nürnberger Erdapfel.

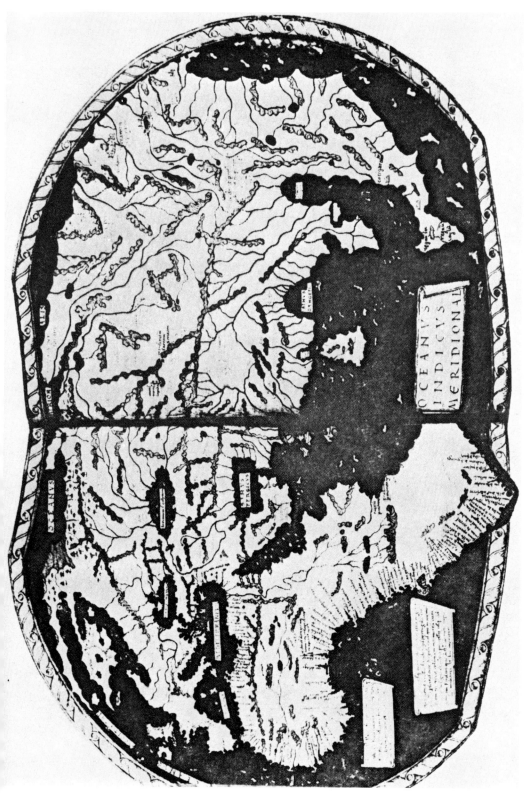

Karte 32: Die Londoner Ptolemaios-Karte von Hammer

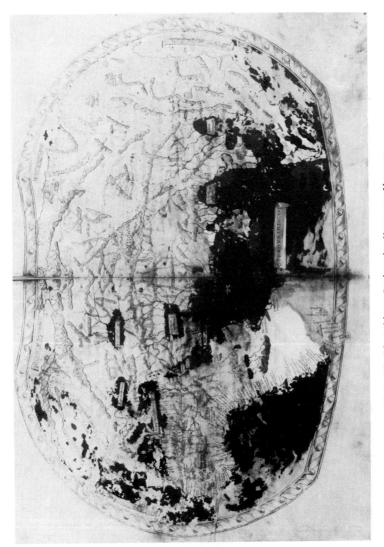

Karte 33: Die Leidener Ptolemaios-Karte von Hammer.

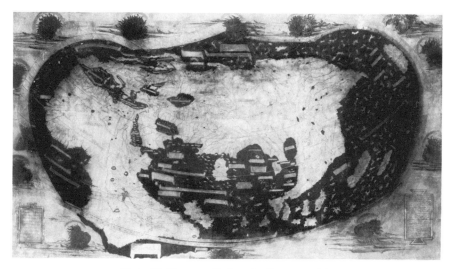

Karte 34: Hammers Ptolemaios-Karte aus Yale

Karte 35: Der Drachenschwanz auf der Ptolemaios-Karte aus Yale

Karte 36: Der südöstliche Teil von Hammers Londoner Ptolemaios-Karte

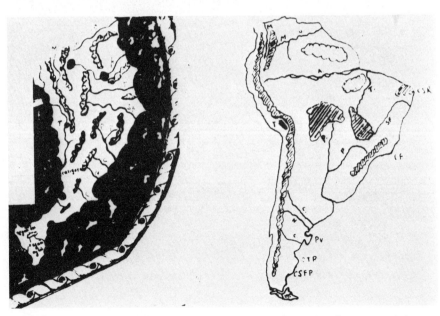

Karte 37: Das Flußnetz Südamerikas auf Hammers Londoner Ptolemaios-Karte und einer heutigen Karte.

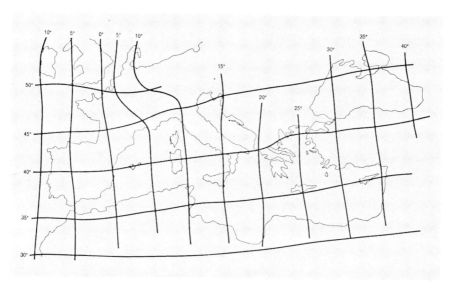

Karte 38: Verzerrungsgitter der Europakarte von Willem Blaeu um 1630

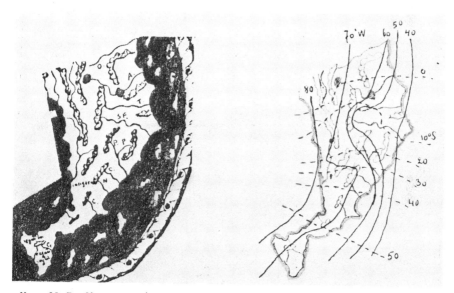

Karte 39: Das Verzerrungsgitter von Südamerika auf Hammers Londoner Ptolemaios-Karte.

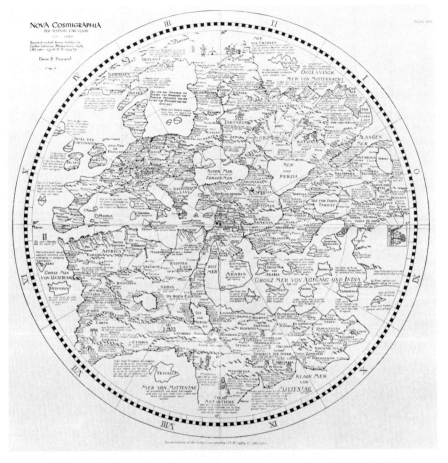

Karte 40a: Rekonstruktion der *Nova Cosmographia per totum circulum* (1440)

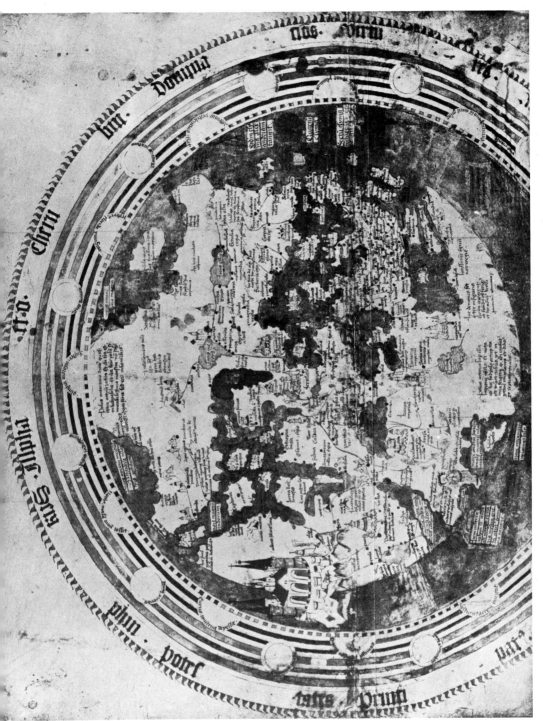

Karte 40b: Weltkarte von Andreas Walsperger (1448). (Süden ist oben)

Karte 40c: Karte aus der Stiftsbibliothek von Zeitz (1470). (Süden ist oben)

Karte 41: Weltkarte von Macrobius oder seinem Kopisten.

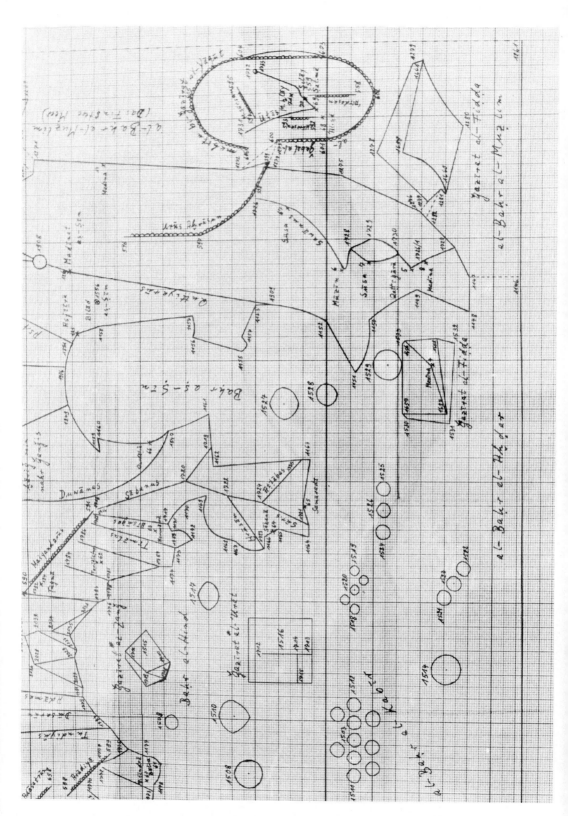

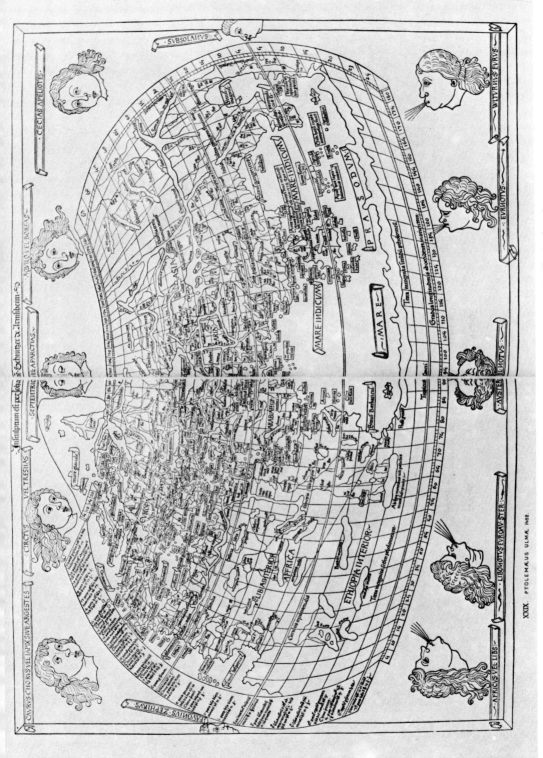

Karte 43: Karte der Oikumene nach den Vorstellungen von Klaudios Ptolemaios.

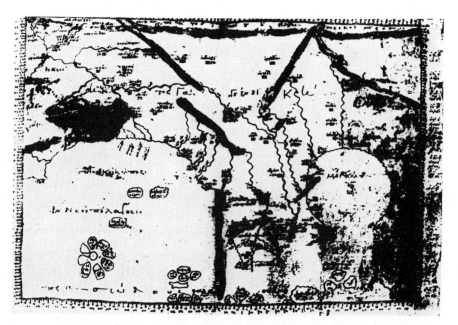
Karte 44: India Transgangetica und der Pazifik auf einer Ptolemaios-Karte

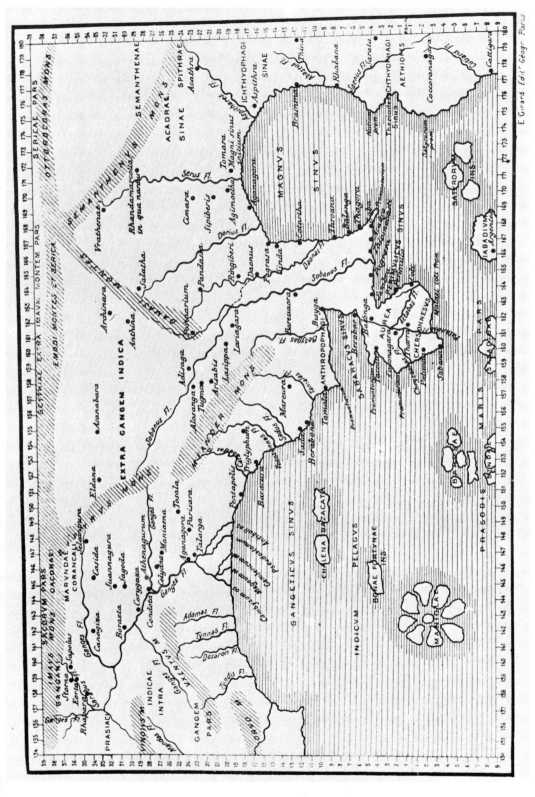

Karte 45: Lateinische Übersetzung der Karte Nr. 44.

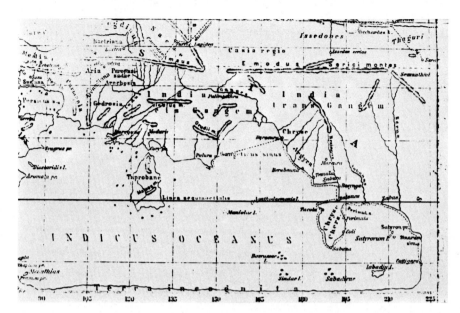

Karte 46: India Transgangetica und der Pazifik nach Marinos von Tyros.

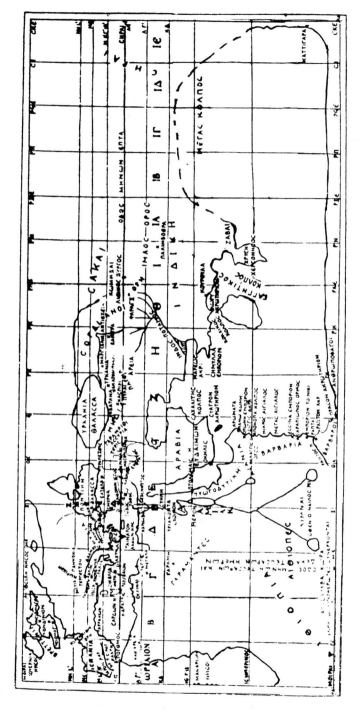

Karte 47: Rekonstruktion der Karte von Marinos von Tyros

Abb. 48: Mann aus Fu-Sang, der ein Lama melkt.

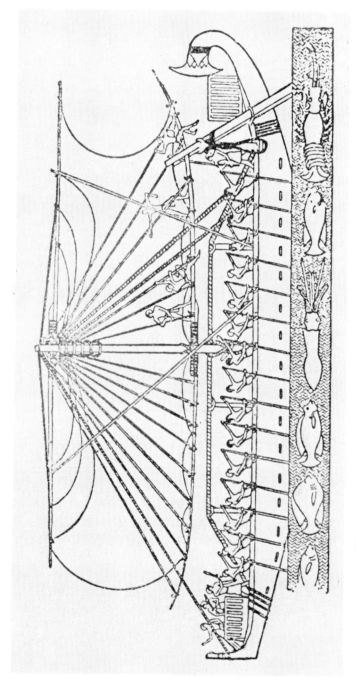

Abb. 49: Expeditionsschiff der Königin Hatschepsut. Relief aus dem Tempel Deir-el-Bahri.

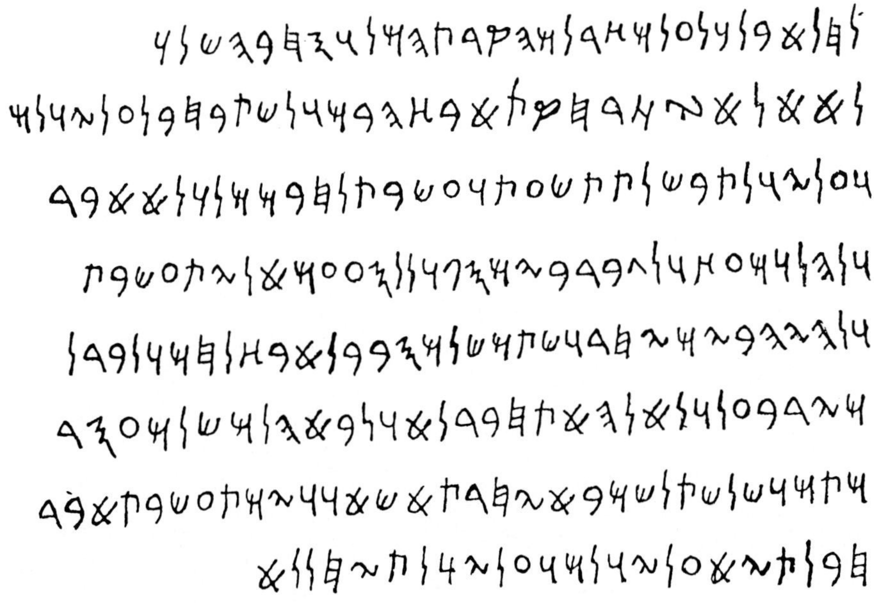

Abb. 50: In der brasilianischen Provinz Paraiba entdeckte phönizische Inschrift.

WEITERE NEUERSCHEINUNGEN
IM
DIETRICH REIMER VERLAG BERLIN

Hanno Beck
Carl Ritter
Genius der Geographie
132 Seiten mit 17 Abbildungen.
Englische Broschur DM 17,50
ISBN 3-496-00102-X

Carl Ritter, dessen Geburtstag sich am 7. August 1979 zum 200. Male jährte, ist neben Alexander von Humboldt der bekannteste Geograph der Neuzeit.
Wie nie zuvor werden in diesem Buch die historischen Bedingungen der erstaunlichen Bahn des großen Menschen und Gelehrten und seine geographische Konzeption verdeutlicht.

Der Bonner Professor für Geschichte der Naturwissenschaften, Hanno Beck, hat den mehr lexikal überlieferten Ruhm dieses Mannes mit einer Biographie und einer Werkanalyse so gründlich fundiert, daß hinter dem Titel „Genius der Geographie" nicht nur ein faszinierendes Gelehrtenporträt erscheint, sondern ein deutsches Weltbild aus der Goethezeit. *Münchener Merkur*

Dieses Buch wird fürderhin die maßgebliche Biographie sein, mit dem Vorteil der fachlichen, unentbehrlichen Behandlung des Lebenswerkes aus Hanno Becks heute einzigartiger geographiegeschichtlicher Übersicht. Er stellt frühere Fehldeutungen richtig und widerlegt endgültig das oft gebrauchte Wort vom „Schreibtischgeographen", indem Ritters zahlreiche Reisen durch Europa bewußtgemacht werden. *Neue Zürcher Zeitung*

Volker Jacobshagen (Hrsg.)
Alfred Wegener (1880–1930)
– Leben und Werk
Katalog zur Ausstellung anläßlich der 100. Wiederkehr seines Geburtsjahres. Unter Mitarbeit von Gerrit Fichtner, Peter Giese, Sigrid Görner, Gudrun K. Zögner und Lothar Zögner
60 Seiten mit 94 Abbildungen.
Format 24,5 x 22,5 cm
Broschiert DM 12,80
ISBN 3-496-01008-8

Anhand von Bildern, Expeditionsgegenständen, Briefen und anderen Dokumenten wird der Lebensweg des berühmten Geowissenschaftlers in einem ersten Teil nachgezeichnet. Ein zweiter ist seinen Grönland-Expeditionen gewidmet, auf deren letzter er 1930 den Tod fand. In einem dritten wird seine Kontinentalverschiebungstheorie vorgestellt, mit der er das wissenschaftliche Bild der Erd-Entwicklung revolutioniert hat.

DIETRICH REIMER VERLAG BERLIN

Halina Nelken
Alexander von Humboldt
Bildnisse und Künstler

Mit einer Einführung von Professor Dr. Hanno Beck
176 Seiten mit 21 vierfarbigen und 140 einfarbigen
Abbildungen, Format 23 x 27 cm.
Englische Broschur DM 68,–/Leinen DM 78,–
ISBN 3–496–00110–0
Das Buch ist auch in englischer Sprache lieferbar.
ISBN 3–496–00128–3

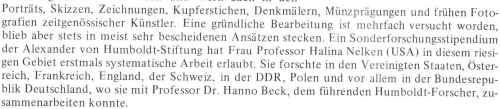

Alexander von Humboldt kannte noch Georg Forster, Schiller, den Freiherrn vom Stein, Goethe, Metternich und Bismarck. Sein neunzigjähriges Leben spiegelte einen wesentlichen Teil der damaligen Weltgeschichte. Als geheimer Kultusminister Europas, vorbildlicher Mäzen, maßgebender Geograph und Forschungsreisender war er zum bekanntesten Deutschen seiner Zeit geworden. Weltläufig wurde sein Leben und Werk auch in den Porträts, Skizzen, Zeichnungen, Kupferstichen, Denkmälern, Münzprägungen und frühen Fotografien zeitgenössischer Künstler. Eine gründliche Bearbeitung ist mehrfach versucht worden, blieb aber stets in meist sehr bescheidenen Ansätzen stecken. Ein Sonderforschungsstipendium der Alexander von Humboldt-Stiftung hat Frau Professor Halina Nelken (USA) in diesem riesigen Gebiet erstmals systematische Arbeit erlaubt. Sie forschte in den Vereinigten Staaten, Österreich, Frankreich, England, der Schweiz, in der DDR, Polen und vor allem in der Bundesrepublik Deutschland, wo sie mit Professor Dr. Hanno Beck, dem führenden Humboldt-Forscher, zusammenarbeiten konnte.

Ihr Ergebnis überrascht selbst noch die wenigen Sachkenner. Dabei ging es der bekannten Kunsthistorikerin nicht um eine Bestandsaufnahme, sondern vor allem auch um die Interpretation und die zeitgenössische Atmosphäre der Bildnisse selbst. An einzelnen Darstellungen sind die Kenner bisher wie Blinde vorübergegangen. Erst Halina Nelken hat auch die verborgenen Winkel ihres Themas erforscht und kann regelrechte Entdeckungen vorweisen – interessanterweise auch in nie gewürdigten und gesehenen Sektionen sehr bekannter Gemälde und selbst noch der Abbildung des berühmten Reisewerkes A. v. Humboldts.

Rainer Vollmar
Indianische Karten Nordamerikas
Beiträge zur historischen Kartographie
vom 16. bis zum 19. Jahrhundert
216 Seiten mit 170 Abbildungen und
12 Faltplänen. Paperback DM 68,–
Mit englischem Summary
ISBN 3–496–00129–1

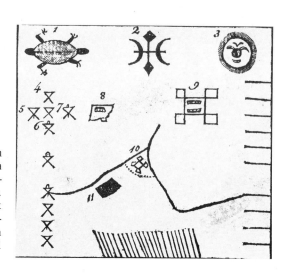

Diese Veröffentlichung stellt zum ersten Mal eine umfangreichere Sammlung von kartographiegeschichtlichen Beispielen indianischer Herkunft aus Nordamerika vor. Sie ist als wissenschaftliches Bezugswerk und kulturhistorische Dokumentation angelegt, die sich mit bisher vernachlässigten ethnokartographischen Darstellungen und Einflüssen beschäftigt.

DIETRICH REIMER VERLAG BERLIN

Herbert Wilhelmy
Geographische Forschungen in Südamerika
Ausgewählte Beiträge. Zusammengestellt und mit einem einleitenden Lebensbild des Autors versehen von Gerd Kohlhepp (Kleine Geographische Schriften. Herausgegeben von Professor Dr. Hanno Beck. Band 1)
305 Seiten mit 64 Abbildungen und 15 Zeichnungen.
Englische Broschur DM 36,–
ISBN 3–496–00121–6

Diese Aufsatzsammlung, die zum 70. Geburtstag des Autors erschien, enthält wesentliche und zum Teil grundlegende Texte zur Landeskunde Südamerikas (Kolumbien, Venezuela, Paraguay, Argentinien, Brasilien, Amazonien u.a.). Dabei werden aus dem breiten Spektrum der Arbeiten des bedeutenden Geographen Beiträge zur **Stadtgeographie, Siedlungs- und Wirtschaftsgeographie**, aber auch zur **Geomorphologie, Klimamorphologie und Vegetationsgeographie** vorgestellt.
Die angeschnittenen Themenkreise sind nicht nur für den Fachwissenschaftler, sondern auch für die größere Öffentlichkeit von Interesse; dies vor allem durch die Fähigkeit des Autors seine Forschungsergebnisse sprachlich in allgemeinverständlicher Form vorzulegen und Landschaft und Mensch verschiedener Regionen Südamerikas fesselnd zu beschreiben. Herbert Wilhelmy gehört zu den herausragenden Vertretern der deutschen Geographie und genießt auch international hohes Ansehen.

Günter Kahle
Simón Bolívar und die Deutschen
ca. 120 Seiten mit 10 Abbildungen.
Englische Broschur DM 16,80
ISBN 3–496–00130–5

Die Studie des Kölner Historikers, die zum 150. Todestag Simón Bolívars erscheint, stellt zum ersten Mal Persönlichkeit und Leistung des Freiheitshelden dar – wie sie sich im deutschen Schrifttum jener Zeit bis in unsere Gegenwart spiegeln.
Günter Kahle beschäftigt sich darüber hinaus eingehend mit den persönlichen Beziehungen zwischen Simón Bolívar und Alexander von Humboldt und berichtet schließlich von den deutschen Freiwilligen, die in Bolívars Armee am südamerikanischen Unabhängigkeitskampf teilnahmen – vor allem von Johann von Uslar und Otto Philipp Braun, deren Beitrag zur Befreiung Südamerikas besonders bedeutungsvoll erscheint.